실용재무행정

배득종 · 유승원

圖書出版 오래

필자가 신임 교수가 된 지 얼마 지나지 않아, 오래 출판사의 황인욱 대표를 만났다. 그 이후 평생 동안 내 책을 많이 출판해주신 황 대표님. 결국은 평생의 선배가 되었다. 이제 은퇴를 얼마 남겨 놓지 않은 시점. 그 사이에 많은 사람들과 만나고 헤어지는 인연이 얽혔지만, 결국에 내 옆에 있는 남아 있는 사람들이 내 인생이리라.

학생들도 그러하다. 삼십 년이 넘는 교직 생활 중에 수 많은 학생들을 만나고 헤어졌다. 대부분 둥지를 떠나간 새들이지만, 그리고 사람의 몸은 두 달마다 완전히 교체되어 새로운 몸이 되지만, 기억은 그대로 남아 전달된다.

다른 과목도 마찬가지이겠지만, 재무행정을 가르칠 때마다 필자 본인에게 항상 되돌아오는 질문이 있다. 나야 재미로 이것을 하지만, 학생들은 도대체 이걸 배워서 어디다 써먹겠는가?

이 책을 처음 구상할 때, 나의 마지막 저서이니만큼 한국 최고의 저서를 쓸 생각이었다. 그래서 잠정적인 제목으로 한국재무행정론을 염두에 두었었다. 하지만 이것이 내 수업을 듣는 학생에게는 무슨 유익이 되겠는가? 이런 생각에 저술 방침을 바꾸었다. 나의 마지막 책은 학생들에게 실용적인 가치가 있는 책을 쓰자고 결정하였다.

학생들이 이 책을 읽고 배워서 정부예산에 대해서 쉽고, 정확하게 이해한다면 고맙겠다. 학생들이 이 책을 읽고 배워서 각종 시험이나 자기계발에 도움을 받을 수 있다면 고맙겠다.

나의 저술활동이 1996년의 신재무행정에서 시작했다면, 2022년의 실용재무행정은 내 저술의 마지막 열매가 될 것이다. 그렇다고 해서 필자의 탐구 여행이 여기서 멈추지는 않을 것이다. 소프트뱅크의 손정의가 은퇴를 번복하고 돌아왔듯이, 필자도 새로운 인생을 꿈꾼다. 인공지능이다.

40여 년 전 미국에서 처음 만났던 인공지능 프로그램. 그때는 너무 허접하여서, 내 인생을 거기에다 걸 수 없었다. 그러나 기술이 발전한 지금은 해볼 만한 상대로 보여진다. 내가 이 나이에 인공지능 개발자가 될 수는 없겠지만, 그것을 재무행정 분야에 활용하는 데에는 기여할 수 있을 것 같다. 나중에 하늘에 가서, 소풍 즐겁게 다녀 왔습니다 할 수 있겠다.

지난 40여 년간 재무행정이나 재정학 분야에서 학문적인 발전은 거의 없었다. 그러나 인공지능과 만나는 실용적인 측면은 앞으로 크게 발전할 것으로 보인다.

이 책을 공저하기로 결정해 준 유승원 교수한테 감사한다. 연부역강하기를 바라고, 역시 소풍 잘 다녀 왔습니다 할 수 있기를 바란다.

믿음. 소망. 사랑. 이들보다 더 중요한 것이 감사다. 나의 신과 가족, 친구, 교회에 모두 감사드린다. 그리고 이 책을 만드신 편집진에게도 특별한 감사를 드린다.

2022. 7. 2. 저자대표 배득종

제 3 장   현행 예산제도

제 4 장   예산과정

제 5 장   예산제도의 개혁

제 6 장   지방재정

제 9 장   미래의 재무재정

제 **1** 장

입문

각 가정의 가장이 하는 많은 일들 가운데 중요한 것 한 가지는, 1년 동안 수입이 얼마가 되고, 또 지출은 어떻게 되며, 장래를 대비하기 위해 저축은 어느 정도 할 것인가 생각하고, 실행하는 것이다. 또 집이나 자동차, 가재 도구 등을 구입하기 위해 할부구매, 대출금 신청 등도 해야 하고, 부채에 대한 상환도 해야 한다.

이런 경제 활동을 하기 위해 과거에는 남자 가장이 생계를 책임지는 경향이 있었으나, 요즘에는 여자 가장도 많고, 일반적으로는 배우자가 함께 상의해서 가정 경제를 꾸려간다.

정부의 경우도 가정 살림과 마찬가지이다. 1년 동안 얼마만큼의 세입을 받아서, 지출을 어느 정도 할 것인가를 결정해야 한다. 이런 결정에 있어서 과거에는 행정부가 일방적으로 일을 했지만, 요즈음은 국회와 협의하는 과정이 훨씬 더 중요해졌다.

다음 [그림 1-1]은 2020년도 국가예산에 대한 결산을 요약한 것인데, 총세입이 465.5조 원이고, 총세출이 453.8조 원이다. 이월금 2.3조 원을 합하면 실제 지출액은 456.1조 원이어서, 세계잉여금이 9.4조원이다.

이 그림표를 보면 한국 정부는 2020년도에 재정운용을 매우 잘 한 것이다. 잉여금, 즉, 개인으로 치면 저축액이 9.4조 원이나 된다. 2020년에 코로나19가 창

그림 1-1 · 2020년도 국가결산

출처: 기획예산처. 한국재정정보원(2021)

궐하여 개인과 민간경제가 모두 고생하였다. 그리고 정부는 막대한 재원지원금을 국민에게 제공했고, 추경예산도 3차례나 했었다. 이런 것들을 감안하면, 2020년에 정부는 살림살이를 매우 훌륭하게 수행한 듯 하다.

그러나 What if?

국가가 빚을 내서 세입규모를 늘렸다면? 여러분의 가장이 빚을 내서 조달한 자금으로 가정 생활을 꾸렸다면? 그러면 다시 생각해 봐야 할 것 같다.

그림 1-2 • 국가채무추이

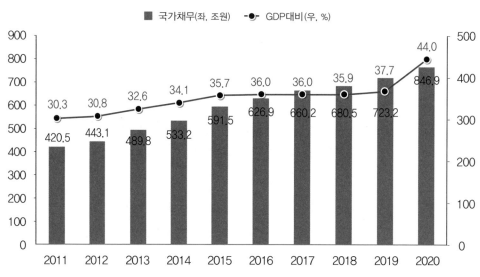

출처: 한국재정정보원. 국가살림 2020.

다음 [그림 1-2]는 한국의 국가채무가 2020년에 갑작스레 증가한 것을 볼 수 있다. 금액으로는 2019년에 비하여 123.7조 원이 증가하였고, GDP 대비 국가채무비율로는 37.7%에서 44.0%로 급증하였다.

국가의 세입이 증가한다고 마냥 좋은 것은 아니다. 어떤 방식으로 재원을 조달했는지 잘 따져 봐야 한다. 마찬가지로 국가의 세출이 커졌다고 마냥 나쁜 것도 아니다. 다시 2020년으로 돌아가면, 하반기에 부동산 가격이 급등하였다.

What if?

한 가정의 가장이 2020년 상반기에 집을 사서 지출을 많이 하였다고 하자. 그러면 이 가정은 단기간에 20%에서 40%의 수익을 올릴 수 있었을 것이다.(세전) 그리고 국가 차원에서는 단가가 비싸다 하더라도 mRNA 백신을 대량으로 구매하였더라면, 코로나19 대응에 훨씬 수월하였을 것이다.

따라서 세입이 많다고 무조건 좋은 것도 아니고 세출이 많다고 무조건 나쁜 것도 아니다. 중요한 것은 일일이 세입세출 항목을 따져 보고 나서야 좋고 나쁨을 알 수 있다. 그래서 이 책에서 배우는 내용들은 정부의 재정활동을 겉보기만 볼 뿐 아니라, 그 세부내용을 좀 더 자세히 알아 보자는 것이다.

우선 기본 개념들부터 익숙해지면 공부가 수월할 것이다. 재정에서 사용하는 용어들은 영국, 미국, 독일, 프랑스 등에서 사용하는 전문용어들을 일본에서 번역한 것을 그대로 사용하고 있는 것들이 많다. 즉, 우리가 일상적으로 사용하고 있는 것과 다른 전문용어들이 많다.

제 2 절　기본 용어

1. 세입, 세출, 이월금, 세계잉여금

앞의 [그림 1-1]에서 보면 총세입이란 말이 나온다. 이것은 정부가 걷은 총세금을 말하는가? 전혀 그렇지 않다. 총세입에서 "세"자는 歲이다. 세금을 뜻하는 세(稅)가 아니다. 歲는 1년, 한 해라는 뜻이다. 그래서 방년 20세, 그러면 1년이 20번 지난 나이를 말한다. 불혹 40세도 1년이 40년 지난 중년을 일컫는다. 따라서 총세입이란 1년 동안 걷어 들인 모든 수입을 말한다. 구체적으로 세금수입과 세(금)외수입에 있다. 세법에 의한 세금수입이 아닌 것은 모두 세(금)외 수입이 된다.

여러 수입항목들 중에서 단연 세금의 비중이 가장 크다. 2020년의 경우 정부의 수입 481.8조 원 중에서 국세 수입은 284.1조 원이다. 두 번째로 많은 수입원은 기금 수입으로서, 각종 기금수입의 합계는 161.9조 원이다. 이밖에 각종 세외수입(부담금, 배당금, 수수료 등)이 있고, 국채발행으로 인한 수입도 있다.

세출(歲出)도 마찬가지로 歲자를 쓴다. 1년 동안 지출한 금액이란 뜻이다. 따라서 총세출이라 하면, 정부가 1년 동안 지출한 모든 금액의 합계를 말한다.

세계잉여금이란 말은 더욱 이해하기 어렵다. 세계(世界, world)가 아니고 세계(歲計), 즉 1년 동안 집계한 금액을 말한다. 즉, 1년 동안 발생한 잉여금(=총세입-총세출-이월금)을 모두 합한 금액이다.[1]

이월금은 정부가 민간 등 상대방과 계약(지출원인 행위)을 했으나 연도 내에 지출하지 못한 금액(사고이월)이나, 사업이 지체되어 아예 차년도에 사용하기로 한 금액(명시이월)이다. 사실상 지출이 이루어지기는 하는데, 그 시일이 늦어질 뿐인 경우로서, 당해연도에 지출한 것으로 의제 하는 회계처리 방법이다.

2. 세금이란? 예산이란?

2014년에 기획재정부는 국민에게 더 가까이 다가가기 위해 유명 인포테이너 설민석씨를 초빙하여 동영상을 2개 제작하였다(그림 1-3). 세금이란 무엇인가? 예산이란 무엇인가?

1 　응용(7국08 & 9국20): 세계잉여금은 1)세입예산 보다 훨씬 더 많은 초과세입이 발생한 금액과 2)세출예산 중에서 쓰지 않은 불용액을 합한 금액이다. 세계잉여금은 정부가 이 금액을 다음 연도 예산으로 편성하지 않고 지출할 수 있다. 따라서 국회의 사전 동의 없이 행정부가 지출할 수 있는 돈이지만, 지출용도와 순서는 다음과 같이 법으로 정해져 있다.(국가재정법 제90조) ① 세계잉여금을 지방교부세 및 지방교육재정교부금 정산에 우선적으로 사용한다. ② 그 다음으로 공적자금상환기금에 출연한다. ③ 다음 순서로 국가의 채무 상환에 지출한다. ④ 이렇게 사용하고도 남은 세계잉여금이 있다면 추가경정예산의 재원으로 사용하거나 ⑤ 다음 연도 세입예산으로 쓴다. 2020년의 경우, 일반회계에서 발생한 세계잉여금 5.7조원은 지방재정확충에 2.3조원, 국가채무상환에 1.8조원, 그리고 차년도 세입예산으로 1.7조원을 편입하였다. 특별회계 세계잉여금 3.1조원은 각 특별회계에서 자체세입으로 처리하였다. (기획재정부. 2021국가결산보고서) 세계잉여금은 세입세출예산(=일반회계+특별회계)을 대상으로 하는 것이므로, 기금 잉여금은 세계잉여금에 포함하지 않는다.

각자 작성하시오

1. 다음 동영상에서 예산은 무엇이라고 정의하는가?

2. 다음 동영상에서 세금은 무엇이라고 정의하는가?

3. 각 영상에서 가장 인상 깊은 사안은 각각 무엇인가?

그림 1-3 • 동영상 학습자료

역사 속의 세법 이야기

설민석의 역사 속 예산

출처: 기획재정부 제작.

3. 추가적인 기본 개념들

정부에서 쓰는 용어들은 우리가 일상생활에서 사용하는 용어와 다른 뜻일 경우가 있다. 또는 같은 용어를 가지고 다른 뜻으로 사용하는 경우도 있다. 따라서 혼란을 줄이기 위하여 기본적인 용어들을 추가로 학습하도록 한다.

(1) 국가재정, 지방재정, 일반정부재정

통상 국가라 함은 중앙정부와 지방정부를 모두 아우르는 개념이다. 그러나 재정에서 국가라고 하면 중앙정부만 칭하는 경우가 있다.

원래 한국에서 공식적으로 중앙정부와 지방정부는 없다. 이들은 외국 용어를 차용한 상식적인 용어일 뿐 공식 용어가 아니다. 한국에서 중앙정부라 할 때 공식명칭은 "대한민국 정부"이다. 지방정부는 "지방자치단체"이다. 마찬가지로 한국의 입법부의 공식명칭은 "대한민국 국회"이며, 사법부는 "대한민국 법원"이 정식명칭이다.

지방자치단체들은 재정활동을 할 때 "지방재정법"에 따라 행정을 한다. 이에 비해 중앙행정기관들은 "국가재정법"에 따라서 재정을 운용한다. 이 법의 명칭을 따라서 중앙행정관서들의 재정을 "국가재정"이라고 통칭한다. 국가재정을 좀 더 정확하게 표현하자면, "국가재정법에 따른 재정활동"이 되겠다. 마찬가지로 지방재정은 "지방재정법에 따른 재정활동"을 말한다.

〈표 1-1〉에는 "일반정부"란 용어도 나온다. 이것 역시 외국어 general government를

〈표 1-1〉 상식 용어와 정식 명칭

상식 용이	공식 용어	재징관련 법률	재정분야 용어
중앙정부	대한민국 정부	국가재정법	국가재정
지방정부	지방자치단체	지방재정법	지방재정
일반정부	General Government	없음	일반정부재정 (국제비교 목적)

번역한 것인데, 중앙정부와 지방정부를 합하여 일반정부라고 정의한다. 이것은 주로 국제 비교에 많이 사용된다. 세계 여러 나라들은 매우 다양하여서, 중앙정부가 큰 나라가 있는 반면 지방정부가 더 큰 나라도 많다. 따라서 국제적으로 중앙정부만 비교한다든지, 혹은 지방정부만 비교하면 오류를 일으키기 쉽다. 그래서 국제 비교에서는 양자를 합한 일반정부의 재정을 비교의 대상으로 삼는다.

(2) 중앙행정기관, 특별지방행정기관, 지방자치단체, 공공기관, 소관별 예산

모든 돈에는 주인이 있고, 관리주체가 있다. 정부가 예산을 편성하면 각 행정기관들이 그 돈을 관리한다. 이를 소관기관이라고 부르며, 정부의 예산을 소관별로 구체화한 것이 소관별 예산이다.

다음 〈표 1-2〉는 우리나라 정부조직을 요약한 것인데, 독립기관 4개가 있다. 국회, 대법원, 헌법재판소 및 중앙선거관리위원회는 헌법에 의해 설립된 기관이어서, 이들은 소위 헌법기관으로 불리기도 한다. 삼권분립을 위하여 이들 4개 기관에 내해서는 국가재정법 상 여러 가지 특례가 있다.[2]

우리가 배우는 재무행정은 공공부문(일반정부＋공기업) 모두에 적용된다. 일반정부는 물론이고, 정부의 재원이 상당 규모 전달되는 공기업에도 적용된다. 일반정부는 중앙정부와 지방정부를 합한 개념이다 중앙정부에는 중앙행정기관 및 특별지방행정기관 뿐만 아니라 중앙공공기관(공기업 제외)도 포함된다. 지방정부에는 광역자치단체, 기초자치단체 뿐만 아니라 지방교육행정기관 및 지방 공공기관

2　응용(7국07): 헌법상 예산편성권을 갖고 있는 행정부는 예산을 통해 입법부 및 사법부를 견제할 수 있다. 그러나 삼권분립의 원칙을 유지하기 위해서는 그 권한이 남용되어서는 안 된다. 그래서 국가재정법에서는 "독립기관의 예산"이란 조항(제40조)이 있다. 이들 4개 독립기관에 대해서는. ① 정부는 독립기관의 예산을 편성할 때 해당 독립기관의 장의 의견을 최대한 존중하여야 하며, 국가재정상황 등에 따라 조정이 필요한 때에는 해당 독립기관의 장과 미리 협의하여야 한다. ② 정부는 제1항의 규정에 따른 협의에도 불구하고 독립기관의 세출예산요구액을 감액하고자 할 때에는 국무회의에서 해당 독립기관의 장의 의견을 들어야 한다. 즉. 행정부가 예산편성권을 이용하여, 독립기관들을 과도하게 제약하지 못한다는 것이다.

〈표 1-2〉 한국의 공공부문: 정부부문 및 공기업

부문	구분	세부 구분	명칭	기관수
공공부문	일반정부	독립기관	국회, 대법원, 헌법재판소, 중앙선거관리위원회	4
	중앙정부	중앙행정기관	부	18
			처	4
			청	17
			원 실 위원회 등	감사원 등 2 대통령실 등 4 금융위 등 6
		특별지방행정기관	지방청 등 (지방교육행정기관 포함)	5,137
	지방정부	광역자치단체	특별시	1
			광역시	6
			세종특별자치시	1
			도	8
			제주특별자치도	1
		기초자치단체	시	226 (특례시 포함)
			군	
			구	
			(특례시)	(4+)
	민간부문	공기업	중앙	공기업	시장형	15

부문	구분		세부 구분	명칭	기관수
공공부문	민간부문	공기업	중앙	공기업	시장형	15
					준시장형	21
				준정부기관	기금관리형	13
					위탁집행형	83
				기타공공기관		218
			지방	지방직영기업		159
				지방공사공단		254
				지방출자출연기관		843

(공기업 제외)도 포함된다. 지방교육행정기관, 중앙 공공기관 및 지방 공공기관도 정부에 포함되는 것이다. 이는 IMF, UN, OECD, EU에서 공통적으로 설명하는 사항이다.

중앙행정기관이란 그 관할권의 범위가 전국에 미치는 행정기관을 말하며, ① 정부조직법과 ② 다른 법률에 특별한 규정이 있는 경우를 제외하고는 부·처 및 청으로 한다. 2020년 현재 18부 4처 17청이 있다. 다른 법률에 의한 중앙행정기관으로는 2원(감사원, 국가정보원), 4실(대통령비서실, 국가안보실, 국무조정실, 국무총리비서실) 그리고 6위원회(방송통신위원회, 공정거래위원회, 금융위원회, 국민권익위원회, 개인정보보호위원회, 원자력안전위원회)가 있다.[3]

한편 지방자치단체로는 광역자치단체(특별시, 광역시, 세종특별자치시, 도, 제주특별자치도)와 기초자치단체(시, 군, 구, 특례시)가 있다. 특례시는 인구 100만 명 이상의 대도시를 말하며, 2022년부터 지정된다.(지방자치법 195조)[4]

그런데 지방에는 지방자치단체 말고도 행정기관이 있다. 이들은 중앙행정기관들의 지방청으로서, 특별지방행정기관이라고 한다. 이들은 지방자치단체 소속이 아니고, 중앙행정기관의 일선기관이다. 따라서 특별지방행정기관 소속 직원들은 국가직 공무원이다. 2020년 현재 전국의 특별지방행정기관은 총 5,137개소가 있으며, 인원수도 23만6천명에 달한다.[5, 6]

---

3 응용 (7국13): 위원회 제도는 전문가의 지식을 행정에 활용하고, 정책결정의 민주성이나 정당성을 확보하기 위한 것이다. 크게 보아 4개의 유형이 있다. ① 행정위원회(중앙선거관리위원회, 소청심사위원회, 방송통신위원회, 금융위원회, 국민권익위원회, 노동위원회 등) ② 독립규제위원회(공정거래위원회 등) ③ 자문위원회, ④ 조정위원회

4 응용 (준비): 2020년 지방자치법의 개정으로 수원, 용인, 창원, 고양 등이 2022년부터 특례시가 될 준비를 하고 있다. 그러나 아직 '특례'라는 이름만 주어졌을 뿐, 구체적인 행재정상의 권한과 의무가 명기되어 있지 않은 상태이다. 향후 특례시에는 도시계획, 복지서비스, 공무원충원 등의 변화가 있을 것이다.

5 응용(7국08): 지방환경청, 보훈지청, (지방) 세무서 등 중앙행정기관의 일선기관이 특별지방행정기관이다. 특별지방행정기관은 당초 지자체가 수행하기 적합하지 않은 전문적 사무를 담당하기 위해 설치됐다. 그러나 지역의 특성이나 주민의 요구를 반영하지 못하는 경우가 있다.

6 응용(9지13): 특별지방행정기관을 명칭만 가지고 구분하기 어려운 경우가 있다. 예를 들어,

우리나라에는 공공기관들도 많은데, 이들은 중앙행정기관 또는 지방자치단체는 아니다. 이들은 업무의 연속성 및 전문성 등을 고려하여 중앙행정기관 또는 지방자치단체가 직접 수행하지 않고, 법률에 의해 중앙행정기관 또는 지방자치단체가 해야 할 일을 위탁 또는 의뢰받아 수행하는 기관이다.

중앙 공공기관 및 공기업은 "공공기관 운영에 관한 법률"에 관련 사항을 규정하고 있다.[7, 8] 지방 공공기관 및 지방공기업은 "지방공기업법" 등에서 관련 사항을 규정하고 있다.

"공공기관의운영에관한법률"의 제정 취지는 모든 공공기관에 대한 소유권은 기획재정부에 있음을 명확히 하기 위함이다. 그러나 운영과 관리는 소관부처가 담당한다.

지방자치단체에서는 교통공사, 시설관리공단, 상하수도 공기업, 지역개발공사 등 398개가 있다. 그러나 지방공기업 이외에도 각종 출자출연기관 등이 자치단체별로 존재한다.

한강유역환경청 등은 명확히 특별지방행정기관으로 구분할 수 있지만, 농촌진흥청, 산림청 등은 애매할 수 있다. 이들은 청 단위의 정식 중앙행정기관이고, 예를 들어, 북부산림청, 강원지방기상청, 질병관리청의 인천공항 국립검역소 등은 특별지방행정기관이다.

7 **응용(9지l1):** 공공기관의 분류와 사례

시장형 공기업	자산규모 2조원 이상	한국전력공사, 한국가스공사, 인천국제공항공. 등
준시장형 공기업	시장형이 아닌 공기업	한국토지주택공사, 한국마사회, 한국수자원공. 등
기금관리형 준정부기관	기금운영. 위탁관리	국민연금공단, 공무원연금공단, 근로복지공단, 국민체육진흥공. 등
위탁집행형 준정부기관	기금형 외 준정부기관	한국농어촌공사, 한국장학재단, 한국소비자원.한국콘텐츠진흥. 등
기타 공공기관	218개 기관	한국잡월드, 중소기업은행, 서울대학교병원, 한국개발원, 영화진흥위원. 등

8 **응용(9지l1):** 공기업의 자율적인 책임운영을 강화하기 위하여 ① 공공기관의 기관장은 주무부처의 장관이 임명한다. ② 그리고 상임이사는 기관장이 임명한다. 단, ③ 비상임이사의 경우에는 주무부처 장관이 임명함으로써, 견제와 균형을 도모한다.

소관별 예산, 기능별 예산, 성질별 예산

우리나라 예산의 분류는 〈3위1체〉이다. 같은 예산을 소관별로 보기도 하고, 기능별로 보기도 하며, 이를 다시 성질별로 나누어 보기도 한다. 즉, 같은 사람을 앞에서, 옆에서, 뒤에서 보는 것과 마찬가지로 실체는 하나이나 분류는 3면에서 분류한다.

소관별 예산은 그 예산의 주인이 어떤 기관인가를 밝혀준다. 즉, 어느 기관이 1년 동안 얼마를 쓰는지 알려준다. 각 기관들이 독립된 회계 실체(entity)이므로, 회계처리에 유리하다.

기능별 예산은, 정부가 추구하는 목표별로 예산을 분류하는 것이다. 예를 들어, 정부가 1년에 교육을 위해 얼마, 복지를 위해 얼마, 그리고 치안을 위해 쓰는가 하는 그 목적(기능)에 따라 예산을 분류하는 것이다. 한국 정부의 기능(목적)은 16분야−75부문으로 체계화되어 있다. 기능별로 예산을 분류하면, 국민들은 정부가 무슨 일에 얼마를 투입하는 지 알기가 쉽다. 그러나 복지 분야의 예를 들면, 복지부만 복지예산을 쓰는 것이 아니다. 교육부, 농림부 등등 여러 부처청에서 복지를 위한 지출을 하기 때문에, 이것을 회계 책임이 다소 불분명하거나 매우 복잡할 수 있다.

성질별 예산이란, 정부가 어떤 품목을 구입하기 위해 지출을 했는지 잘 알려준다. 사람의 서비스를 구입했으면 인건비 용도, 물품을 구입했으면, 물건비 등등으로 분류가 된다. 예산으로 1년 후에 쓸 돈을 미리 지정하였으면, 실제 예산을 집행할 때는 그 규정을 최대한 지켜서 지출해야 하기 때문에, 예산 신축성이 제약되지 않을 수 없다.

그래서 어느 기관이(소관별), 무슨 무슨 물품과 서비스를 구입해서(성질별), 어떠한 목적을 달성하기 위해(기능별) 지출했는지, 3 측면에서 예산을 분류하게 한 것이다.[9]

---

9 **응용(7지21):** 한 조직(기관)에서 여러 기능을 수행하기도 한다. 예를 들어, 교육부에서는 당연히 교육기능을 하지만, 사회 소외층을 위한 교육을 한다면, 이것은 복지 기능의 일부일 수 있다. 따라서 소관별 예산에 나오는 기관 이름만 가지고, 그 기능을 다 파악할 수는 없다.

(3) 일반회계, 특별회계, 기금

행정기관들은 일반회계(general account), 즉, 종합통장을 하나씩 갖고 있다. 일반적인 정부활동에 필요한 예산으로서, 국세 및 자체수입을 세입으로 한다. 정부재정에서 가장 핵심적인 역할을 하며, 정부가 보유한 다른 통장(특별회계나 기금)과의 내부거래도 많다. (다음 [그림 1-4] 참조)

각 가정도 여러 가지 용도로 통장을 여러 개 사용하고 있듯이, 정부기관들도

그림 1-4 • 일반회계 운용구조(2021년 예산)

(단위: 억원)

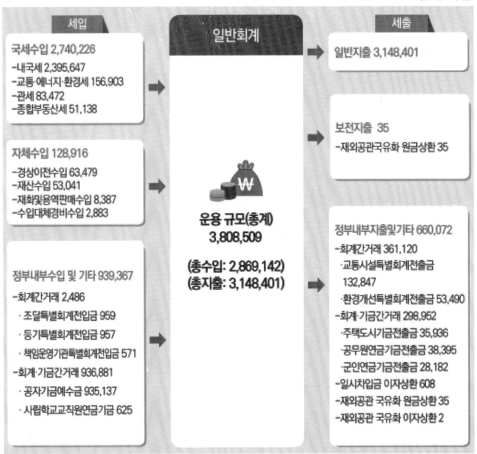

출처: 한국재정정보원. 2021 회계기금 운용구조.

일반회계 이외에 특별회계를 가지고 있다. 특별회계는 특정한 세입으로 특정한 세출을 충당하기 위한 회계를 말한다.[10]

예를 들어, 우체국의 경우 우편과 소포 업무에 요금을 받으며, 이 수입으로 건물, 자동차 구입 및 운영에 지출한다. 이것을 우편사업특별회계라고 한다. 이 특별회계는 이메일 등 정보화 및 민간택배사업의 확대로 인한 적자 요인이 있다.

우체국의 경우, 금융 업무도 한다. 고객들의 예금을 잘 관리하기 위하여 예금은 별도의 특별회계로 관리하는데, 이것이 우체국예금특별회계라고 한다. 이 회계에서는 고객 예탁금을 정부에 빌려주고(우정사업본부는 기업대출을 하지 않는다), 고객에게 이자 지급 및 각종 금융서비스를 제공한다. (우체국예금이 가장 활성화된 국가는 일본이며, 일본 직장인들의 가장 보편적인 재테크 수단이다.)

또 우체국보험특별회계도 있다. 고객이 납부한 보험금을 이 특별회계에서 전담

그림 1-5 • 우체국예금특별회계의 운용구조(2021년 예산)

(단위: 억원)

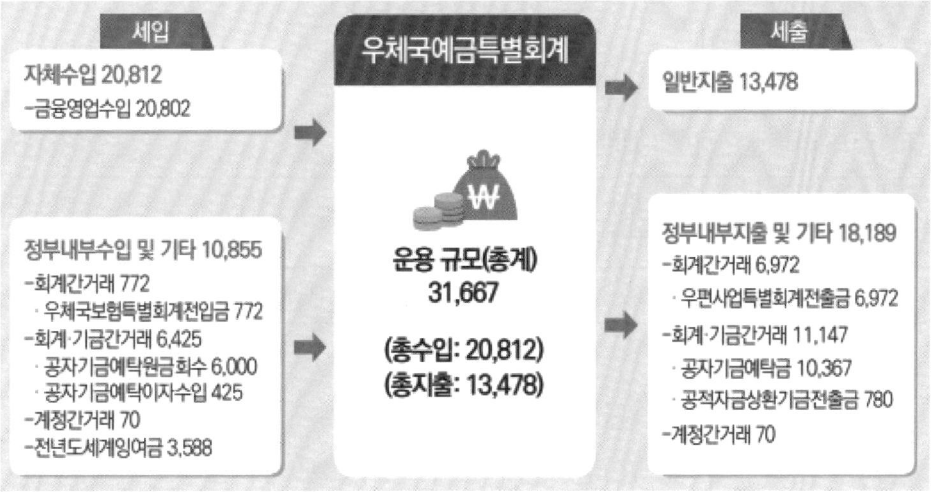

세입	우체국예금특별회계	세출
자체수입 20,812 -금융영업수입 20,802		일반지출 13,478
	운용 규모(총계) 31,667 (총수입: 20,812) (총지출: 13,478)	
정부내부수입 및 기타 10,855 -회계간거래 772 · 우체국보험특별회계전입금 772 -회계·기금간거래 6,425 · 공자기금예탁원금회수 6,000 · 공자기금예탁이자수입 425 -계정간거래 70 -전년도세계잉여금 3,588		정부내부지출 및 기타 18,189 -회계간거래 6,972 · 우편사업특별회계전출금 6,972 -회계·기금간거래 11,147 · 공자기금예탁 10,367 · 공적자금상환기금전출금 780 -계정간거래 70

출처: 한국재정정보원. 2021 회계기금 운용구조.

---

10 응용(7지20): 세출예산 뿐 아니라 세입예산도 일반회계와 특별회계로 구분한다. 특별회계는 법률로써 설치하고, 국회에서 일반회계와 동일한 절차와 방법으로 심의받는다. 따라서 명칭이 특별이라고 해서, 국회 심의 범위를 벗어나서 예산을 사용하지는 않는다. 그래서 "한정성 원칙의 위배"라고 할 수는 없다.

하여 관리함으로써 고객을 각종 위험으로부터 보호한다.

이처럼 특정 자금을 특정 용도에 쓰기 위해 특별회계를 만드는 경우가 있는데, 아무렇게나 만드는 것이 아니고, 법률에 의해서만 설치가 가능하다. 2020년 현재 중앙행정기관에는 5개의 기업특별회계와 15개의 기타특별회계가 있다. 2020년에 이들 20개 특별회계의 세출규모는 약 69조 원이다.

기업특별회계는 정부기업예산법에 따라 설치된 ① 우편사업특별회계, ② 우체국예금특별회계, ③ 양곡관리특별회계, ④ 조달특별회계가 있으며, 이밖에 책임운영기관의 설치운영에 관한 법률에 따른 ⑤ 책임운영기관특별회계가 있다. 책임운영기관이란 쉽게 말해, 독립채산제로 운영되는 행정기관을 말하는데, 현재 18개가 있다.

기타 특별회계는 환경개선특별회계, 농어촌구조개선특별회계, 에너지및자원사업특별회계, 광역·지역발전특별회계 등이 있다.[11]

정부예산은 일반회계와 특별회계로 구성되어 있다. 그런데 정부는 예산외로 운영하는 자금이 또 있다. 기금인데, 이것은 특별한 자금으로 특정한 목적의 사업을 하기 위한 것이다.

〈표 1-3〉 특별회계와 기금의 정의

특별회계	특정한 사업을 운영하거나 특정한 세입으로 특정한 세출에 충당함으로써 일반회계와 구분하여 회계처리
기금	특정한 목적의 사업을 하기 위한 특정한 자금을 운용하는 것

특별회계와 기금의 정의를 보면, 대동소이해서 그 차이점이 별로 없어 보인다. 세입이란 말과 자금이란 말 정도가 다르지만, 실질적인 차이는 크지 않다.

그러나 특별회계와 기금의 진정한 차이점은 자금 운용의 탄력성에 있다. 기금은 집행 기간 중간에 20% 미만(금융성 기금의 경우에는 30%)의 계획변경은 국회에

---

11 응용(7국17): 특별회계는 정부기업예산법, 책임운영기관법, 국가균형발전특별법 등에 따라 설치된다. 공무원연금과 사학연금은 별도의 연금관리공단이 있으나, 군인연금 만은 국방부에서 직접 지급한다. 1973년에 기금이 고갈되어 만성적자이기 때문이다.

그림 1-6 · 예산과 기금의 차이점

출처: 한국재정정보원. (2021) 재정배움터 재정웹툰.

사전 보고하지 않고 집행할 수 있다. 단, 결산은 하여야 한다. 이에 비해 특별회계는 지출계획을 변경하려면, 추경예산을 편성하여 국회의 심의를 얻어야 한다. 기금은 융자사업 등을 하기 때문에 기금자산의 운용 원칙은 ① 안정성, ② 공공성 뿐 아니라 ③ 유동성 및 ④ 수익성까지 고려하여야 하기 때문에 자산운용에 탄력성을 부여한 것이다.(국가재정법 63조)[12]

2020년 현재 기금은 8개의 금융성 기금을 포함하여 총 67개의 기금이 있다.

이해를 돕기 위하여, 한강수계관리기금의 사례를 살펴 보도록 하자. 한강의 수질 관리를 위하여, 상류 지역 주민들은 지역개발에 제한을 받는다. 그 혜택은 하류지역 주민이 받게 되므로, 이들은 물부담금을 납부한다. 환경부는 한강수계관

---

12 응용(9지21 & 9지11): 기금은 특정 수입과 지출의 연계가 강하고, 예산보다 지출의 자율성과 탄력성이 있다. 그러나 기금도 엄연한 국가재정이기 때문에 예산과 동일하게 ① 기금의 중기사업계획서를 기획재정부 장관에게 제출하고, ② 기재부의 사정을 거쳐서, ③ 회계연도 120일 전까지 국회에 제출하여야 한다. 그리고 ④ 결산심의도 승인받아야 한다.

〈표 1-4〉 예산(일반회계와 특별회계)과 기금

구분	예산		기금
	일반회계	특별회계	
설치사유	• 국가 고유의 일반적 재정활동	• 특정사업운영 • 특정자금운용 • 특정세입으로 특정세출 충당	• 특정목적을 위해 특정자금을 운용 • 운용형태
운용형태	• 공권력에 의한 조세수입과 무상급부 원칙	일반회계와 기금의 운용형태 혼재	• 출연금, 부담금 등 다양한 재원으로 융자사업등 수행 • 확정절차
확정절차	• 부처의 예산요구 • 기획재정부가 정부 예산안 편성 • 국회심의·의결로 확정	좌동	• 기금관리주체가 운영 계획 (안) 수립 • 기획재정부장관 협의·조정 • 국회심의·의결 확정
집행절차	• 합법성에 입각하여 엄격히 통제 • 예산의 목적외 사용금지 원칙	좌동	• 합목적성 차원에서 상대적으로 자율성과 탄력성을 보장 • 수입과 지출연계
수입과 지출연계	• 특정수입과 지출의 연계 배제	• 특정수입과 지출의 연계	• 특정수입과 지출의 연계
계획변경	• 추경예산편성	좌동	• 주요항목지출금액의 20% 이상 변경시 국회의결 필요 (금융성기금의 경우 30%)
결산	• 국회 결산심의 승인	좌동	좌동

출처: 한국재정정보원.

리기금을 설치하여, 수령한 물부담금을 상류지역 주민지원사업 등에 사용한다. 이를 추진하기 위하여 특별지방행정기관인 한강유역환경청이 존재한다.

우리나라에는 낙동강수계, 영산강섬진강수계, 그리고 금강수계도 있으므로, 각 수계별로 관리기금이 있으며, 각 수세별관리기금은 독립적으로 운영되고 있다. 즉, 금강 수계에서 징수된 물부담금은 금강 수계 제한구역의 주민지원사업에 사용된다.

그림 1-7 • 한강수계관리기금(2020)

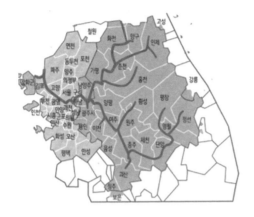

<지출 계획>

(단위 : 백만원)

사 업 명	'19 예산 (A)	'20 예산 (B)	증감 (B-A)	증감률 (%)
계	557,123	650,981	93,858	16.8
주 민 지 원 사 업	72,313	74,672	2,359	3.3
환 경 기 초 시 설	192,044	223,790	31,746	16.5
토지매수및수변구역관리	119,566	109,474	△10,092	△8.4
오 염 총 량 관 리	8,458	9,768	1,310	15.5
기타수질개선지원	45,038	43,377	△1,661	△3.7
친 환 경 청 정 사 업	19,275	24,275	5,000	25.9
기 금 운 영 비	8,874	9,599	725	8.2
여 유 자 금 운 용	91,555	156,026	64,471	70.4

출처: 한강유역환경청

제 3 절　입문편 종합

1. 재정의 범위

이상 복잡한 재정용어들을 몇 가지 학습하였으므로, 우리나라의 총 재정규모를 논의할 수 있는 단계에 도달하였다.

과제　**각자 작성하시오**

다음 [그림 1-8]을 보고 1) 국가예산의 범위, 2) 국가재정의 범위, 그리고 3) 일반재 정의 범위를 각각 표시해 보시오.

그림 1-8 • 재정의 범위

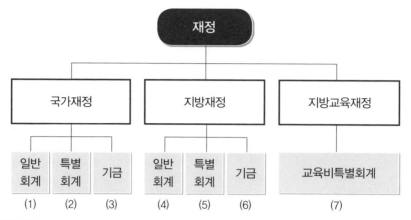

출처: 열린재정(openfiscaldata.go.kr)

이미 학습한 내용을, [그림 1-8]에 있는 재정 범위 구성요소들과 연결하면 다음과 같다.

국가예산 = (1) + (2)
국가재정 = (1) + (2) + (3)
지방예산 = (4) + (5) + (7)
지방재정 = (4) + (5) + (6) + (7)
교육재정 = (1)의일부 + (7)
일반정부재정 = (1) + (2) + (3) + (4) + (5) + (6) + (7)

여기서 교육재정에 약간의 논란이 있다. 전세계적으로 초중등교육은 지방행정 서비스로 보지만, 한국은 초중등교사를 국가공무원으로 임명하고 있으며, 그 숫자가 전체 국가공무원의 약 1/3 정도이다. 따라서 이들에 대한 인건비의 약 90%를 중앙정부 일반회계에서 지출한다. 나머지 재원은 지방자치단체에서 교육비특별회계를 통해 지방교육청에 자금을 이전한다.

서울특별시교육청의 2021년도 예산규모는 9조7천억 원인데, 중앙정부 일반회계로부터의 이전수입이 5조7천억 원이고, 인건비지출은 6조3천억 원이다. 서울시에서 교육특별회계로 책정한 금액은 3조6천억 원으로 전체 예산의 37%이다.[13] 교육청은 광역자치단체에 두는 지방교육행정기관이며, 이를 지원하기 위한 교육지원청이 기초자치단체에 설치되어 있다. 이들이 전국의 학교 약 38만 개의 행정을 집행하고 있다.

그런데 지방자치단체들은 행정안전부 관할이고, 지방교육청은 교육부 관할이다. 따라서 자치단체들은 교육예산은 자치재정에서 제외하는 경향이 있다. 반면, 기획재정부는 교육은 지방서비스이므로, 일반회계에서 이전한 금액은 지방재정에 속해야 한다고 본다. 이처럼 행·재정적으로 매우 애매한 영역에 속한 것이 교육재정이다.[14]

2. 재정규모: 총지출규모 vs 통합재정규모

(1) 재정규모의 측정 필요성

재정의 규모는 나라의 재정현황을 파악하는데에도 중요하고, 그것의 국민경제적 효과도 중요하다. 거시경제학에 나오는 균형국민소득은 국민총생산이 국민총소비와 같을 때 이루어진다.

$$GNP = C + I + G + (X - M)$$

개인의지출 C = 소비　　　기업의지출 I = 투자
정부의지출 G = 재정지출　　외국의지출 X - M = 수출 - 수입

---

[13] 한국처럼 교사가 국가공무원인 경우가 전세계적으로 몇 사례가 있는데, 그 중의 하나가 Thailand이다.

[14] 그러다 보니 사단이 난 경우가, 과거 오세훈 서울시장의 무료급식비 제공 거부로 인한 불신임 사태였다. 또한 IMF, UN, OECD, EU 등 국제기준에 의하면 일반정부 재정 중에 중앙 공공기관(공기업 제외) 재정 및 지방 공공기관(공기업 제외)재정까지 포함되는 것이 원칙이다. 그러나 한국에서 이들은 대체로 일반정부 재정에서 배제되어 왔다. 앞으로 개선되어야 할 것이다. (유승원, 2020)

정부의 소비, 즉, 재정지출은 그 규모가 국민총생산의 약 25%에 달하여서, 정부지출의 경제적 효과가 막대하다. 그래서 정부재정 지출의 규모를 정확하게 측정하고, 이를 국민들에게 알려주어야 한다. 정부는 국민들이 알기 쉽도록 "총지출규모"란 개념을 사용하고, 국제비교를 위해서 "통합재정규모"라는 개념을 사용한다.[15]

(2) 총지출 규모

2021년도 중앙정부의 총지출 규모는 555.8조 원으로서, 다음과 같은 방식으로 계산된다.

$$총지출＝일반회계지출＋특별회계지출＋기금지출－내부거래－보전지출$$

내부거래란 회계간, 회계-기금간 이전지출 중에서 중복되는 부분을 말하는데, 이 부분을 차감해주어야 비로소 진정한 지출규모가 포착된다. 우정사업본부의 사례를 들어 설명하면 다음과 같다.

우정사업본부의 예산은 1개의 일반회계와 3개의 특별회계로 구성되어 있으며, 회계들 간의 내부거래는 [그림 1-9]와 같다. 그리고 일정 자금은 우정사업본부 소관이 아닌 금융위원회 소관의 공적자금상환기금과도 거래가 있다.

이처럼 내부거래 되는 부분을 차감하고 총량을 측정하는 것을 순계(Net)규모라고 하고, 특별한 언급이 없으면, 모든 계산은 순계규모로 이루어진다. 이에 비해 총계(Gross)규모는 내부거래를 차감하지 않고 있어서, 이중계산 및 중복계산 되는 부분이 있다. 따라서 총계규모는 실제보다 과장된 수치를 보여준다는 점에 유의하여야 한다.

한편, 보전거래란 정부가 일시적으로 돈이 부족할 때 한국은행에서 차입을 하거나 또는 여유가 있을 때 채무를 상환하는 거래를 말한다.

---

15 응용(9지19).

그림 1-9 · 우정사업본부 자금흐름도

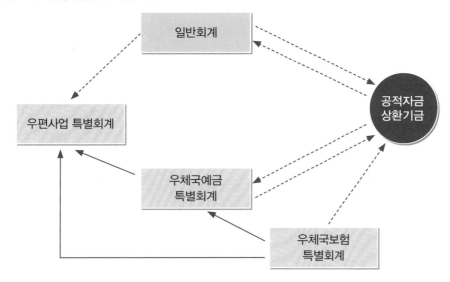

(3) 총지출규모의 성질별 특성

정부의 지출규모는 국민총생산에 영향을 주는 매우 중요한 변수 중 하나이다. 그런데 당해연도 정부지출이 국민총생산에 바로 당해연도에 영향을 줄 수도 있지만, 그 효과가 시간을 두고 나타나는 수도 있다. 이런 시차를 반영하는 성격의 지출이 경상지출과 자본지출이다. 따라서 총지출 규모를 경상지출과 자본지출로 나누어 볼 수도 있다.

다음 〈표 1-5〉는 중앙정부의 예산을 경제성질별로 구분하여 보여주는 것인데, 여기서 "재화와 용역" 및 "경상이전"은 경상지출에 해당한다. 이 둘을 합하면, 총지출의 약 80%를 차지한다. 그런 반면, 자본지출은 총지출 대비 약 7~8%의 비중을 차지하며, 그 수치는 점차 감소하고 있다.

경상적 지출이란 영어로 current expenditures로서 "늘상 나가는 지출"이어서 현금(currency)을 준비해두어야 하는 지출이다. 공무원 인건비나 청사유지비(재화와 용역), 그리고 사회복지비 지출(경상이전비) 등이 가장 대표적인 경상지출이며, 혹자는 이를 소비적 지출 또는 비수익적 지출이라고 하기도 한다. 그 편익(benofit)이 통상 당해 연도에 한정된다.

<표 1-5> 총지출규모의 경제성질별 구분 (단위: 조원, %)

	2013 본예산	2014 본예산	2015 본예산	2016 본예산	2017 본예산
총지출	342.0	355.8	375.4	386.4	400.7
(전년대비 증감)		(13.8)	(19.6)	(11.0)	(14.3)
재화및용역 (총지출대비비율)	67.0 (19.6)	69.5 (19.5)	74.2 (19.8)	75.1 (19.4)	77.1 (19.2)
(전년대비 증감)		(2.5)	(4.7)	(0.9)	(2.0)
경상이전 (총지출대비비율)	194.4 (56.8)	205.2 (57.7)	214.7 (57.2)	226.5 (58.6)	241.4 (60.2)
(전년대비 증감)		(10.8)	(9.5)	(11.8)	(14.8)
자본지출 (총지출대비비율)	34.0 (9.9)	32.8 (9.2)	34.3 (9.1)	32.0 (8.3)	30.0 (7.5)
(전년대비 증감)		(-1.2)	(1.6)	(-2.4)	(-2.0)
기타 (총지출대비비율)	46.6 (13.6)	48.3 (13.6)	52.2 (13.9)	52.8 (13.7)	52.3 (13.1)
(전년대비 증감)		(1.7)	(13.9)	(0.7)	(-0.5)
경상GDP	1,428	1,485	1,559	1,621	1,685

출처: 국회예산정책처(2016, p. 16)

이에 비해 자본적 지출(capital expenditures)이란 "한꺼번에 나가는 지출"이다. 즉, 자동차를 구입하거나, 고속도로, 항만 등을 건설하여, 그야말로 고정자산을 확보하고 유지하는데 드는 비용이다. 수익적 지출이라고도 하는데, 고정자산은 그 편익(benefit)이 장기간에 걸쳐 발생하는 특징이 있다.

총지출 규모를 성질별로 분해한 결과를 공식으로 나타내면 다음과 같다.

$$총지출규모 = 경상지출규모 + 자본지출규모 + 총융자지출규모$$

(4) 통합재정규모

총지출 규모를 굳이 이렇게 어렵게 분해하는 이유는, 국제적으로 통용되는 "통합재정규모"와 일치시키기 위한 것이다. 통합재정은 총지출과 마찬가지로 ① 일

그림 1-10 · **총지출규모 vs 통합재정규모(중앙정부)**

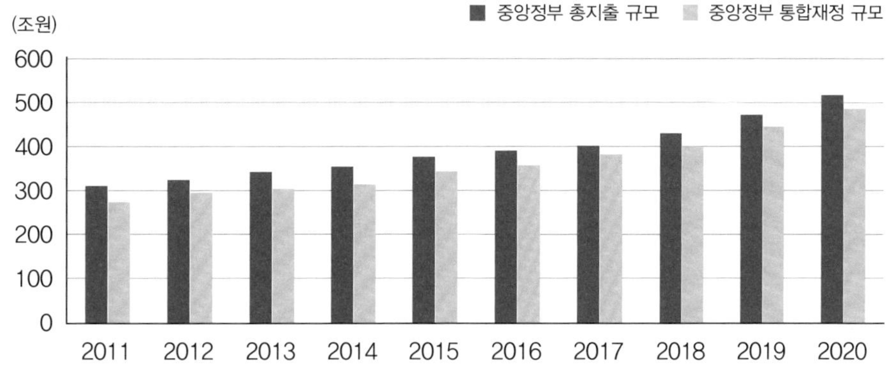

출처: e-나라지표

반회계, 특별회계, 기금의 지출 규모를 모두 합하되, ② 내부거래를 차감하고, ③ 이를 다시 경상지출과 자본지출로 구분한다. 그리고 ④ 총지출 규모를 산정할 때와 마찬가지로 공공기관의 지출은 포함시키지 않는다.[16]

"총지출규모"와 "통합재정규모"의 차이점은 ⑤ 보전거래를 추가한다는 점인데, 이것은 정부의 순융자지출을 달리 표현한 말이다.(상태혁, 2010, p.9)

$$통합재정규모 = 경상지출규모 + 자본지출규모 + 순융자지출규모$$

순융자지출이란, 쉽게 말해, 국채를 발행하여 얻은 수입(보전수입)에서 국채를 상환한 금액(보전지출)을 차감한 금액이다. 통합재정 규모는 총융자지출 대신 순융자지출을 사용하기 때문에 항상 총지출규모 보다 작다. ([그림 1-9] 참조)

(5) 통합재정수지

정부는 국민이 알기 쉽도록, 즉, 상식에 부합하는 총지출 규모를 산정함과 동시에 다소 복잡한 통합재정 규모를 산출한다. 그 이유는 바로 통합재정수지를 구

---

16 응용(9지19) 참조.

그림 1-11 · 통합재정수지의 정의

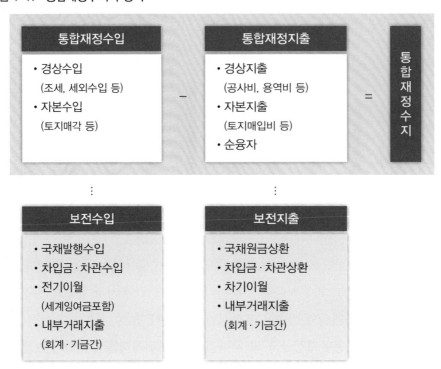

출처: 기획재정부. 2020-2024 국가재정운용계획(p.45)

하기 위한 것이고, 이것이 재정건전성을 판단하는 중요한 지표이기 때문이다.

통합재정수지는 다음 [그림 1-10]에 정확하고도 자세히 설명되어 있다.

(6) 일반정부의 통합재정수지

이상 국가(중앙정부)의 통합재정수지를 설명하였는데, 지방정부(지방자치단체)의 통합재정수지도 동일한 방법으로 산출이 된다. 행정안전부가 운영하는 "지방재정365" 포털에 가면 항상 검색할 수 있다.

일반정부란 중앙정부와 지방정부를 합한 개념이므로, 한 국가의 진정한 재정상황은 일반정부 통합재정수지로 파악된다. 특히 이 개념은 국채와 지방채의 발행과 상환을 포함하고 있으므로, 재정건전성 파악에 유효하다. 그리고 재정을 경상지출과 자본지출로 나누고 있어서, 한 나라가 미래에 더 투자하고 있는지 아닌지

〈표 1-6〉 지방자치단체의 통합재정수지(억원, 2020)

통합재정수입			통합재정 지출		
합계		2,401,591	합계		2,593,891
세입	계	2,382,234	세출	계	2,565,152
	1. 경상수입	1,184,339		1. 경상지출	1,901,029
	지방세	926,047			
	세외수입	258,292			
	2. 이전수입	1,1,187,148		2. 자본지출	664,123
	3. 자본수입	10,747			
융자회수	4. 융자회수	19,357	융자지출	3. 융자지출	28,739

- 통합재정수지 = 세입 - 세출 - 순융자 융자지출 융자화수) = 192,301억 원
- 통합재정수지(순세계잉여금 158,124억 원 포함시) = 34,177억 원

출처: 지방재정365(www.lofin.mois.go.kr).

도 파악할 수 있게 해준다.

또 상당수의 국가들은, 한국과 달리, 자본예산을 편성하고 있는데, 이것은 자본지출을 적극적으로 관리하기 위함이다. 예를 들어, 역사적 유적이 많은 영국의 경우 예산을 감축하더라도, 경상지출은 억제하고, 자본지출은 유지하는 경향이 있다.[17]

---

17 응용(9국17): 통합재정수지는 재정건전성을 파악하는 중요한 지표이자, 실물경제에 미치는 효과 및 통화를 포함한 거시경제 관리를 위해 유용하게 사용된다.

바람직한 정부재정

정부예산은 국가의 운명서이자, 부국강병 국태민안의 초석이다. 그러나 낭비 앞에서는 개인이든 국가든 당해낼 장사가 없다. 한때 원유가격이 100달러를 넘던 때의 베네수엘라는 넘쳐나는 재정으로 반미운동을 하는 이웃나라에 지원금을 퍼주기도 하였다. 그러나 원유가격이 40달러 선으로 내려앉자(베네수엘라의 생산원가는 약 70달러), 국가는 파산지경이고, 국민은 생필품을 못 구해 아비규환이 되었다.

그러나 재정을 알뜰하게 운영하고, 이를 토대로 신성장동력을 찾은 국가들은 세계 역사에 굴기하였다. 일례로, 1500년대 일본이 한국으로부터 회치법을 도입하여 은(silver) 생산량이 세계 2위에 달하자, 일본은 세계강국의 길을 걷게 되었다.

세계 1, 2차 대전 및 한국전쟁에서 막대한 재원을 마련한 스웨덴은 세계 최고의 복지정책을 몇 십년간 펼친 결과, 1990년대에 심각한 재정위기에 빠졌었다. 같은 1990년대에 "산업화는 늦었지만 정보화에는 앞서가자"며 정보통신분야에 막대한 투자를 한 한국은 이후, 정보화 강국이 되었다. 정보화에 관한 한, 일본이나 유럽을 가보면 실망스러울 것이다.

나우루 공화국

좋았던 시절의 나우루

- 전 국민에게 매년 1억 원씩 생활비 지급
- 외국 유학시 전액 장학금
- 결혼하면 무상으로 주택 제공
- 한 가구당 가사도우미 1명 지원

세금 제로로 낭비하던 이 나라의 현재 상황은

- 하루 전기공급 4시간
- 검은 돈 세탁하는 조세피난처
- 난민수용소 유치해서 살아가는 세계 최빈국

보통 국민들에게 정부예산을 어떻게 사용하면 좋겠냐고 물어보면, 대체로 다음과 같이 응답한다.

보통사람들이 생각하는 좋은 예산

- 수입과 지출이 균형되어야 한다.
- 경제성장에 도움이 되어야 한다.
- 나와 가족에게 도움이 되는 예산이 되어야 한다.
- 소외된 계층에 도움을 주어야 한다.
- 세금을 적게 거둬야 한다.
- 합리적으로 결정되는 예산이어야 한다.
- 장기계획에 입각해서 세워지는 예산이 좋다.
- 사회적으로 필요한 부문(예, 사회간접자본, 과학기술, 교육, 복지)에 쓰여야 한다.
- 낭비가 없어야 한다.

출처: 배득종 유승원. (2014, p. 70)

우리가 흔히 시장(市場)은 항상 옳다고 하듯이, 정부재정에 대해서도 국민들의 의견이 항상 옳다. 학자들은 단지, 좀 더 멋있는 개념과 이론으로 포장할 뿐이다.

좋은 예산이 무엇이냐 하는 규범적 질문에 대해 모든 학자들이 저마다의 의견이 있지만, 그 중에서도 가장 많이 인용되고, 나름대로 수긍도 되는 견해는 아마 Musgrave와 Schick의 설명일 것이다.

학술적 재정규범

1. Musgrave의 재정규범

저명한 재정학자 Musgrave는 재정이 지켜야 할 3대 규범을 다음과 같이 제시하였다.[1]

① 효율적 자원배분
② 소득재분배
③ 경제성장과 안정

이 규범은 매우 유명하여서, 정부의 세입과 세출에 모두 적용되곤 한다. 그런데 재정학의 주요 분석 대상이 조세(taxation)라는 점을 감안하면, Musgrave의 3대 재정규범은 다분히 조세의 3대규범이라 해도 과언이 아니다.

즉, 세금은 자원을 효율적으로 배분하는 도구여야 하고, 세금은 소득재분배를 강화해야 하며, 세금은 경제 침체기에는 경제 성장을 촉진하는 도구여야 하며, 반대로 경기가 과열되면 이를 안정화시키는 역할도 해야 한다는 것이다.[2]

2. Schick의 재정규범

이에 비해 훨씬 나중에 등장하는 Schick는 세출 예산에 더 가까운 규범을 제시하였는데, 이 또한 널리 사용되고 있다.

---

1 응용(9지18).
2 응용(9지18): Musgrave는 전형적인 경제학자로서 "자원의 효율적 배분" 및 이와 관련된 제도 디자인에 관심이 많았고, 상대적으로 조직관리나 통제와 같은 경영학 및 행정학 분야는 연구대상으로 삼지 않았다.

① 총량 재정규율 (aggregate fiscal discipline)
② 배분적 효율성 (allocative efficiency)
③ 운영 효율성 (operative efficiency)

그런데 Musgrave의 규범이나 Schick의 규범을 서로 구분 짓고, 배타적으로 사용할 것이 아니다. 이들은 서로 보완적인 역할을 하고 있으므로, 이들을 통합하면 다음과 같이 표현될 수도 있겠다.

① 총량 재정규율 (aggregate fiscal discipline)
② 배분적 효율성 (allocative efficiency)
　 - ① 효율적 자원배분
　 - ② 소득재분배
　 - ③ 경제성장과 안정
③ 운영 효율성 (operative efficiency)

즉, Musgrave가 얘기한 규범들은 어찌 보면 모두 다 배분적 효율성을 좀 더 자세히 설명한 것이고, 실무 컨설팅을 많이 한 Schick는 여기에 좀 더 현실적인 요소를 추가한 것이다. 총량 재정규율과 운영 효율성은 1980년대 이후에 중요성이 더욱 더 부각되고 있는 매우 중요한 이슈들이다.

Allen Schick

그는 1966년에 "The Road to PPB: The Stages of Budget Reform"이란 유명한 논문을 썼다. 그 당시 그는 약관 20대의 대학원생이었다. 연방정부 예산실에 인턴으로 가 있으면서, 1920년내~1960년대까지의 예산제도 개혁을 깔끔하게 정리하였다. 그의 리포트에 감동 받은 상급자가 이 보고서를 모든 직원들이 읽게 하였으며, 그것이 나중에 학술지에 발표되었다. 필자도 1970~80년대에 이 논문을 열심히 읽으며 공부하였었다.

논문의 요지는, 미국 연방정부 예산제도 "통제중심"에서 "관리중심"으로, 그리고 다시 "기획중심"으로 발전했다는 것이다.[3]

1920년대 품목별 예산제도: 통제 중심(부패방지)
1940년대 실적주의 예산제도: 관리 중심(효율성)
1960년대 계획예산제도: 기획 중심(주어진 자원의 전략적 사용)

그는 현재 메릴랜드 대학의 교수로 있으면서, 미국 뿐 아니라 세계 각국의 예산제도에 대한 컨설팅을 하고 있다. 한국에서도 디지털예산회계시스템(dBrain)을 구축할 때 Schick 교수의 자문을 받았었다. dBrain은 나중에 UN 행정상 대상을 받았다.

그는 수많은 경험에 기초하여, 앞에서 제시한 3대 재정규범(총량재정규율, 배분적 효율성, 운영 효율성)을 제시하게 되었다.

제 2 절   총량 재정 규율: 재정건전성

와그너의 법칙(Wagner's Law)이라는 것이 있다. 경제규모가 성장하는 속도 보다 정부지출이 성장하는 규모가 훨씬 더 크다는 것이다. 한국의 경우, 최근 10년간 경제성장율은 평균 3% 정도인데, 정부재정 규모는 약 7% 정도 증가하였다.

전위효과(displacement effect)라는 것도 있다. 국가에 위기가 발생하면, 정부지출도 증가하기 마련인데, 이에 따라 세금도 증가하게 된다. 그러나 위기가 사라져도 세금은 줄어들지 않는다. 1997년 외환위기, 2001년 911테러, 2008년 세계

---

3 응용(7지10 & 9국12): 미국 연방정부의 예산제도는 1920년대(통제)–1940년대(관리)–1960년대
   (기획)–1980년대(감축관리)로 발전해왔다. 최근에는 긴축, 성과관리, 시민의 참여 등이 모두 중요
   하게 여겨진다.

경제위기, 2020 코로나 사태로 정부지출과 세금이 증가하였는데, 위기 종료 후에도 정부의 세입과 세출은 감소하지 않았다.

예산극대화 이론으로 유명한 시카고 경제학파의 W. Niskanen은 고위정책결정자들이 자신의 승진, 명망 등을 위해 적극적으로 예산자원을 획득하려고 한다고 한다. 그 결과 사회가 필요로 하는 것보다 2배 정도 많은 예산이 편성된다고 본다.

이처럼 예산규모가 슬금슬금 늘어나는 것에 대한 많은 가설들이 많다.[4] 그런데 이런 예산증액이 지속가능(sustainable)하다면 다행이겠으나, 그 국가의 경제력을 넘어선다면 문제가 발생한다.

Schick 교수는 재정에서 가장 중요한 것은 총량관리라고 하였다. 즉, 최대한 균형예산(세입과 세출이 동일한 규모인 예산)을 견지해야 하며, 확장예산(즉, 국가 채무를 발행하는 예산)을 편성하더라도 빚 갚을 능력과 계획이 있어야 한다는 것이다.

프랑스혁명을 촉발한 루이16세는 마리 앙트와네트의 조언을 받아들여서, 미국 독립운동을 지원하였다. 그런데 지원 규모가 프랑스 1년 예산의 4배에 달하였는데다가, 독립한 미국이 영국하고만 무역을 하게 됨에 따라 프랑스에서는 재정난을 겪었고, 그 결과로 인민혁명이 발생하였다. 한국도, 구한말 국채보상운동을 하였음에도 불구하고, 빚을 갚지 못하는 대한제국은 멸망하게 되었다. 포퓰리즘이란 용어가 태어난 아르헨티나 역시, 만성적인 재정적자로 인하여 자주 IMF 구제금융을 받고 있다.

정부의 재정은 국민이 주인이다. 그런데 국민 누구? 모두가 주인이면, 사실상 주인이 없는 것과 마찬가지일 수 있다. 정부 돈은 먼저 보는 사람이 임자라는 말도 있듯이, 전형적인 "공유재"(common resources)이다. 특히 정치인들은 너나 할 것 없이 선거에 나서면, 많은 일을 하겠다고 공약한다. 그것은 다 정부의 막대한 재정지출을 수반한다. 너도 나도 낭비하다 보면, "공유재의 비극"(tragedy of the commons)과 같은 사태가 발생할 수 있다. 특히 국운이 기울어가는 국가에서는 더욱 그러하다.

---

4 응용(7국09): 파킨슨 법칙이라든지, 보몰효과 등이 있는데, 거의 머피의 법칙 수준이다. 예산점증에 대한 제대로 된 이론으로는 Wildavsky 등이 있다.

공유지의 비극

마을 공동소유의 목초지가 있다. 주민들은 자기 가축들이 통통하게 살쪄서, 비싸게 팔리기를 원한다. 너도 나도 가축을 방목하다 보면, 공유지인 목초지가 황폐해진다. 결국 모두가 패자가 되고 만다. [5]

한국 정부도 공유재인 정부재정을 잘 관리하기 위하여 국가재정법에 "재정건전화" 관련 조항을 포함시키고 있다. (제86조부터 제92조) 국채 발생을 최소화하며, 재정지출에 최대한 억제하고, 추가경정예산이나 조세감면을 최소화하고, 세계잉여금은 우선적으로 채무 상환에 쓰도록 한다는 선언적 내용이다.

사실 총량재정규율, 즉, 재정건전성을 유지하기 위해서는 먼저 1) 나라 빚의 규모를 측정하고, 2) 그에 따른 대책을 수립하여, 3) 집행하는 것이 필요하다.

1. 나라 빚의 측정

금붕어를 뜨거운 물에 집어 넣으면 깜짝 놀라 팔짝 뛴다. 그러나 어항 물의 온도를 아주 조금씩 올리면, 금붕어는 변변히 저항도 못하고 죽어간다. 마찬가지로 한 나라의 세입보다 세출이 더 커서 국가채무가 조금씩 증가한다면, 재정위기가 잘 포착되지 않을 수 있다. 이런 현상을 위트 있게 표현한 것이 "악어의 입" 현상이다. (이 표현은 국가채무가 많은 일본에서 유래되었다고 한다.)

국가가 소리 없이 접근해오는 악어에게 물리기 전에 경보기(Alarm 또는 Alert)를 울려야 한다. 경보기가 잘 작동하려면, 믿을 만한 센서가 있어야 하는데, 그것이 "나라 빚"을 측정하는 것이다. 정확한 센싱 작업을 하기 위한 일환으로 제1장에서 복잡한 "통합재정"의 개념을 이미 학습하였다.

5　공유재와 관련된 보다 자세한 내용은 배득종. 공유재 이론의 적용 대상 확대. 「한국행정학보」, 38(4): 147–157. 참조.

그림 2-1 · 악어의 입

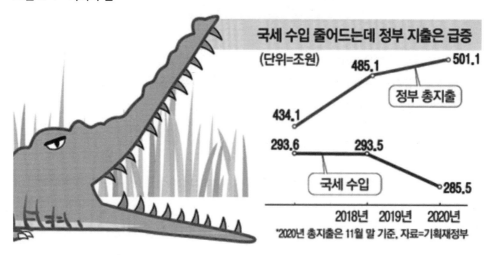

국세 수입 줄어드는데 정부 지출은 급증
(단위=조원)   485.1   501.1
                                         정부 총지출
            434.1
293.6   293.5
                                         285.5
            국세 수입
         2018년   2019년   2020년
*2020년 총지출은 11월 말 기준, 자료=기획재정부

출처: 매일경제신문. 2021.02.09

　나라 빚에는 국가채무(debt)와 국가부채(liability)라는 두 개의 개념이 사용되는데, 전자는 현금주의 관점이고, 후자는 발생주의 관점이다. 채무란 언제, 얼마를 갚아야 하는지가 분명한 빚이다. 예를 들면, 당장 올해 변제해야 할 국공채는 채무이다. 그런 반면, 부채란 나중에 갚기는 갚아야 하는데, 언제 얼마를 상환해야 하는지 불분명한 빚이다. 예를 들어, 국민연금의 경우, 나중에 연금기금에서 지불해야 할 금액인데, 얼마만한 금액이 언제 지급될 것인지 확정되어 있지는 않다. 또 정부가 한국전력이 수입하는 발전설비에 대해 지불보증을 하였다면, 빚은 빚인데 확정된 채무는 아니다.

(1) 현금주의 기준 국가채무(D1)

　제1장에서 학습한 일반정부 통합재정수지의 누계(쌓인 것)가 바로 국가채무이다.

　국가채무(D1) = 통합재정수지의 누계 = (통합재정 수입 - 통합재정 지출)의 누계

　당연히 중앙정부와 지방정부의 일반회계, 특별회계, 기금의 합계를 순계규모로

나타낸 것이다. 즉, 내부거래 차감 후의 합산금액이고, 보전거래(순융자)를 이미 포함하고 있다. 그런데 세입, 세출이란 용어 대신 수입과 지출로 표시하였다. 세입, 세출은 예산(일반회계와 특별회계)에 대해서만 사용하고, 기금에는 적용하지 않기 때문이다.

(2) 관리재정 수지

그런데 한국의 경우, 통합재정 수지에 약간의 문제가 있다. 기금의 수입과 지출이 통합재정에 포함되어 있다고 하였는데, 한국의 국민연금은 아직 성숙되지 않았다. 즉, 국민연금이 도입된 지 얼마 안 되었기 때문에, 아직까지는 연금 납부자는 많고 연금수령자 및 수령금액은 작은 편이다. 그래서 연금 흑자규모가 매우 크다. 그런데 연금기금의 흑자분이 통합재정에 포함되면, 정부는 재정을 펑펑 낭비하고도 흑자를 기록할 수 있다.

반대로 시간이 많이 흘러 연금성숙도가 높아지면, 즉 연금을 받는 국민들이 많아지면, 연금기금은 큰 폭의 적자를 기록할 것이다. 만약 연금적자가 통합재정에 합산되면, 정부가 재정을 아무리 아껴 써도 통합재정은 적자를 벗어나지 못할 것이다. (선진경제국의 재정적자가 많은 주된 이유는 연금재정의 적자에 유래된 것이 많아서, 한국과 외국의 재정 데이터를 비교할 때 이 점을 유념하여야 한다.)

이런 문제를 보정하려면, 여기서 예로 든 국민연금기금의 수지 같은 것들은 통합재정에서 제외시켜야 한다. 그래야 정부의 재정활동이 더욱 정확하게 센싱될 것이 될 것이다.

통합재정에서 사회보장기금의 수지를 제외한 것을 관리재정수지라고 한다.

$$관리재정수지 = 통합재정수지 - 사회보장성기금수지$$

(제외되는 사회보장성기금은 4개로서 ① 국민연금기금, ② 사립학교교직원연금기금, ③ 고용보험기금, ④ 산업재해보상보험및예방기금 등 고용보험기금이다.)

다음 [그림 2-2]은 한국의 통합재정수지와 관리재정수지를 GDP 대비 비율로

그림 2-2 · 통합재정수지와 관리재정수지의 비교

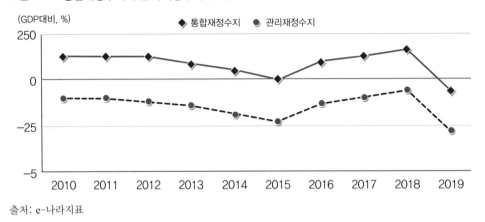

출처: e-나라지표

나타낸 것이다. 통합재정수지는 대체로 "0"선 위에 있어서 흑자이다. 그러나 이
것은 사회보장성기금에서 발생한 흑자에 기인한 것으로서, 이 부분을 차감한 관
리재정수지를 보면 거의 항상 "0"선 아래에 있는 적자 상태이다.

이처럼 만성적인 적자가 있다는 것은 "악어의 입"이 점점 벌어지고 있다는 징
후이다.

(3) 발생주의 기준 일반정부 부채(D2)

정부의 재정규모는 일반정부(중앙＋지방)의 예산과 기금에 한정되지만, 만약에
어떤 공공기관에 자금 문제가 생기면 정부의 지원이 불가피하다. 예를 들어, 과거
의 어떤 시장(市長)은 시 재정을 적자에서 흑자로 만들었다고 하였지만, 실제로는
적자요인을 산하 비영리공공기관으로 옮겨 놓았던 적이 있다. 장부 상으로만 흑
자이고, 실제로는 적자가 해소되지 않았던 것이다. 이런 문제를 방지하기 위해서
라도 나라 빚 산정의 범위를 넓힐 필요가 있다.

사실 한국의 현금주의 기준 국가 채무비율(D1)은 OECD 평균보다 작지만(앞의
제1장에 있는 [그림 1-11] 참조), 발생주의 기준 비영리공공기관의 부채는 OECD
평균의 2배 이상으로 높은 수준이다. (다음 [그림 2-3] 참조)

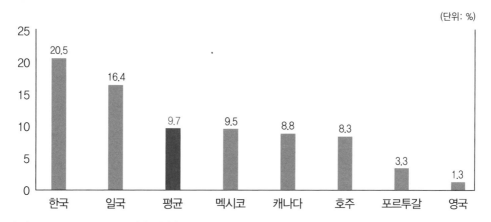

그림 2-3 · 주요국 비영리공공기관의 GDP 대비 부채 비율

(단위: %)

출처: KERI Brief. 2020.10에서 재인용

이상의 정황을 감안하여 정부는 일반정부 부채규모(D2)를 다음과 같이 계상한다.

$$D2 = D1 + 일반정부의 부채$$

(4) 확장된 공공부문 부채(D3)

그런데 공공기관에는 비영리기관 뿐 아니라 한전이나 가스공사 같은 공기업들이 있다. 이들까지 공공부문을 확장하면, 당연히 부채규모도 확대될 것이다.

$$D3 = D2 + 비금융공기업의 부채$$

(5) D1 D2 D3

이상 서로 다른 기준으로 측정된 나라 빚을 각각 측정하여 비교하면 다음 [그림 2-4]와 같다. (보다 자세한 수치를 보려면, KERI Brief(2020.10) 참조)

그림 2-4 • 나라 빚의 규모

	국가채무 (D1)	일반정부 부채 (D2)	광의의 국가부채 (D3)
중앙정부	O	O	O
지방·교육지자체	O	O	O
비영리공공기관	X	O	O
비금융공공기업	X	X	O
규모	591.5	676.2	1,003.5

2015년 기준 (단위: 조원)　　　　자료 : 기획재정부

출처: 서울경제. 2017.8.26.에서 재인용

D3는 2018년에 1,078조 원으로 증가한다. 이 해의 명목 GDP는 1,658조 원이기 때문에, 광의의 부채규모는 엄청나다고 할 수 있다. 그런데 이밖에 잠재적인 부채가 아직 더 있다. D1을 계산할 때 사회보장성기금 4개를 제외하였으므로, D2와 D3에도 빠져 있다. 군인연금과 공무원연금을 포함한 총 연금의 충당부채는 2018년에 940조 원이다.[6]

소송으로 번진 D4의 존재 여부

2022년 1월 당시 A당 대통령 후보는 2088년이 되면 연금 누적 적자가 1경 7,000조 원이라고 하면서, 정부가 D4(=D3+연금충당부채)를 발표하지 않는다고 비판하였다. 이에 대해 B연구소는 D4란 개념은 존재하지 않으며, 기획재정부 담당자도 모르는 개념이라고 반박하였다. 혹시 후보가 만들어낸 것 아닌가 의혹을 제기하였다. 이에 A정당은 그를 공직선거법상 허위사실 공표 등으로 검찰에 고발하였다.(경향신문, 2022.4.28.)

• Fact Check: D4라는 개념은 존재한다. 그러나 널리 사용되는 기준은 아니고, 아직은 연구자들이 분석을 위해 사용하는 개념이다.

6 　D4란 개념도 있기는 하지만, 이는 많이 쓰이지는 않는다. (D4=D3+충당부채)

이런 충당부채까지 감안하면, 2018년도 한국의 GDP 대비 국가부채비율은 106.5%이다.(KERI Brief, 2020.10.)[7]

실로 엄청난 규모의 나라 빚이 있는데, 그렇다면 이것은 큰 문제인가? 아닌가? 적정 채무수준 또는 적정 부채규모는 얼마인가?

2. 적정 채무 수준

기업회계에는 이자보상비율이라는 것이 있다. 이 비율이 1보다 크면, 기업이 영업활동을 해서 금융기관 대출 이자는 갚을 수 있다는 비율이다. 유동부채가 유동자산의 2배가 넘으면 부도 징후가 있다고 보기도 한다.

그렇다면 국가채무가 어느 정도 수준이면 나라가 위험하다고 할 것인가? 민간 기업에 비해서 정부부문에서는 이런 경고 지표가 없다. 경제체력이 약한 국가에서는 국가채무비율이 낮아도 재정위기에 빠지고, 체력이 강한 국가는 국가채무비율이 높아도 문제가 없다(예, 일본: 약 200%).

조경엽(2020)은 D2를 종속변수로 하고, 경제성장율, 고용증가율, 투자증가율, 개방도, 65세 이상의 인구비중을 독립변수로 하는 분석을 실시하였다. 그 결과 한국과 같은 소국개방형 국가의 적정채무비율은 41.4~45%임을 실증하였다.[8]

한국은 이 범위 내에 속하므로, 아직은 적정채무 수준에 있다고 할 수 있다. 다만, 연금성숙도 변수를 분석에 포함시킨다든지, 종속변수를 D3 기준으로 한다면, 적정범위를 초과하였을 수도 있다. 한국과 함께 소국개방국에 포함된 체코, 폴란드, 덴마크 등의 경제적 위상이 한국에 못 미침도 충분히 감안되지 않았다.

---

7 단순 수치로 재정위기를 과대평가해서는 안 된다. 체력이 강하면, 많은 부채도 감당할 것이고, 체력이 약하면 약간의 충격으로도 큰 위기에 빠질 수 있기 때문이다.

8 국가유형별 최적 국가채무비율 연구 결과 요약(조경엽, 2020)

소국개방국	41.4%~45%
비기축통화국	37.9%~38.7%
기축통화국	97.8%~114%

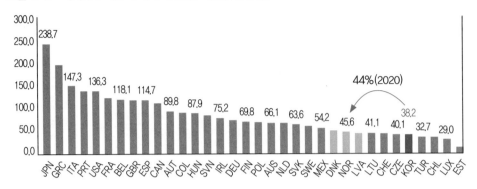

그림 2-5 · 국가채무비율의 국제비교(D2 기준, 2018년)

출처: KERI Brief. 2020.8.7.
주: 한국의 국가채무비율은 2020년에 44%로 증가하여, 이것은 2018년 당시의 덴마크, 노르웨이, 라트비아와 비슷한 정도이다. 소국개방경제국의 적정채무비율의 상단인 45%에 거의 도달하였다.

현재까지 국민들과 연구자 다수가 공감할 수 있는 적정국가채무비율은 존재하지 않는다. 따라서 추가적인 연구를 필요로 한다.

한국은 최근까지 GDP 대비 40%의 국가채무비율을 금과옥조로 지키고 있었으나, 최근에는 40%를 돌파하여 중기적으로 60%까지 증가할 수도 있게 되었다. 그렇게 되면 소국개방국의 적정 채무 범위를 훌쩍 넘을 수 있으므로, 재정관리에 철저를 기해야만 "총량재정규율"(aggregate fiscal discipline)을 지킬 수 있겠다.

3. 총량재정규율을 지키기 위한 조치들

정부가 빚을 갚을 능력이 충분해 보이지 않으면, 국공채 투자자들은 채권을 조기 회수 하려할 것이고, 이에 따라 채권이자율이 오른다. 정부는 예전보다 더 높은 이자를 지불해야 하게 되어, 재정부족분을 세금 인상으로 채우려 한다. 높은 세율은 기업의 이윤을 줄일 것이고, 기업인은 사업을 접거나 해외로 이전한다. 그러면 국민 경제는 더욱 더 축소되고, 정부는 더 많은 국공채를 발행하게 된다. 이러 악순환의 고리에 빠지면, 부국강병과 국태민안은 바랄 수 없게 된다.

(1) 경제적 조치

총량재정규율 또는 재정건전성을 지키는 최고의 방법은 경제성장이다. 경제가 성장하면 조세 및 세외수입이 증가하여 재정이 건전해지는 선순환구조가 가능하다. 그런데 이와 유사한 견해가 이미 제시된 적이 있다.

바로 1980년 대에 등장한 래퍼 커브(Laffer's Curve)다. 세율을 낮추어서 세금을 적게 걷으면, 경제가 활성화 되고, 그 결과 정부의 수입이 증가하여, 재정적자를 줄일 수 있다는 것이다.[9] 이 방안은 레이건 대통령이 취임하면서부터 채택하여 실제 조세인하정책으로 추진하였다. 그러나 레이건 대통령이 퇴임할 당시에는 사상 최대의 재정적자를 기록하였다.

그러나 최근 래퍼 교수는 레이건 정부 때 재정적자를 많이 낸 것은 사실이지만, 민간부문에서의 그것 보다 훨씬 많은 부를 축적하게 되었다고 한다. 그는 "한국경제"와의 인터뷰에서 다음과 같이 주장한다.

> *"성장에는 다섯 개 축이 있습니다. 낮은 세율, 최소한의 규제, 자유무역, 재정 지출 제한, 그리고 건전한 통화정책입니다. 다섯 가지 정책을 잘 펴면 경제를 급성장시킬 수 있습니다."*
>
> (한경. 2019.01.02.)

케인즈의 국민경제 모형에 의하면 정부의 지출은 승수배(multiplier) 만큼 국민소득을 증대시킨다.[10] 그러나 이것은 어디까지나 규범적으로 그렇다는 것이고, 최근 한국은행이 측정한 바에 따르면, 조세승수(tax multiplier)는 매우 작은 편이다. 특히 정부의 소비(경상적 지출)은 그 효과가 0.91이고, 정부투자(자본적 지출)는 0.86, 그리고 사회복지 등 이전지출은 0.33 밖에 안 된다.(한국은행, BOK20) 즉, 정부가 소득주도성장이나 재난지원금처럼 현금성 지원을 1조원 하면, GDP

---

9 강만수(전 기획재정부 장관)는 "통계를 보면 법인세율을 내릴수록 세입이 늘었다"고 한다. (조선일보. 2022.6.10)

10 구체적인 모형과 산출공식은 배득종(1997) 참조.

는 2,000억 원밖에 증가하지 않고, 거기에서 얻는 추가적인 세금 수입은 훨씬 더 작아진다.[11]

따라서 확장재정 - 경제회복 - 세수회복 - 재정건전성 상승 같은 연역적 추론은 듣기에는 그럴 듯 하여도, 실제로는 작동하지 않는다. 따라서 귀납적 데이터의 뒷받침을 받지 못하는 허구가 된다. 경제에는 왕도가 없고, 규제 완화, 수출경쟁력 강화, 신성장동력 발굴, 기술혁신, 정책혁신 등을 하여야 한다.

(2) 국가재정법상의 재정건전성 확보 조치

국가재정법은 별도의 장(제5장 재정건전화: 제86조~제92조)을 만들어서 재정건전성을 유지하기 위한 여러 가지 조항들이 있다.

① 법률안을 제출할 때 향후 5년간의 재정 추계 자료와 재원조달방안을 첨부해야 한다. (이것은 미국의 Paygo 원칙을 유추케 한다. 법률안에 수반하는 비용을 추계하기 위해 국회에 예산정책처를 설립하였다.)

② 조세감면을 최소화 해야 한다. 그래서 국세감면율에 한도를 두고 있어서, 정부는 국세감면율이 일정수준 이하가 되도록 노력하여야 한다.[12] 나아가 중앙관서의 장이 국세감면을 요구할 때는 감면액을 보충할 방안을 작성해서 제출해야

---

11 김소영(2020)에 의하면, 문재인 정부의 주요정책들인 한국판 뉴딜정책의 재정승수는 0.2, 일자리 지원금은 0.13, 그리고 혁신성장은 0.03, 공정경제는 0.02이다. 즉, 정부가 돈을 쓰면 쓸수록 케인즈의 승수효과에 따라 GDP가 성장하기는커녕 마이너스로 줄어들었다.

12 응용(7국18): 국세감면율=국세감면액 총액/(국세수입 총액+국세감면액 총액)...분모가 조금 복잡하다. 국세감면율은 개념상 [정부가 세금으로 걷을 수 있는 총액] 대비 [국세감면금액]이다. 따라서 [감면제도가 없었더라면 받을 수 있었던 국세수입 총액]이 분모가 됨이 타당하여서, (국세수입총액+국세감면액총액)이 더 합리적인 분모가 된다. 그리고 (국세감면율 한도=지난 3년간의 국세감면율 평균+0.5%)이다. 정부는 국세감면 한도를 준수하도록 노력하여야 하는데, 이것은 권고 규정이어서, 실제로는 국세감면율이 한도를 상회하는 경우가 가끔 있다.

한다.(국가재정법 제88조)

한국의 조세제도를 한마디로 축약하면, 고세율-고감면 제도이다. 즉, 기본 세율이 높은 대신 각종 사유로 감면을 해주는 방식이다. 감면 대상이 불합리한 것은 아니다. 개인이 병원치료를 많이 받으면 개인의 가처분소득이 줄어들기 때문에 소득세에서 일정 부분 공제를 해준다.[13] 벤처기업을 육성정책을 위하여, 법인세을 일부 감면해준다. 농어촌 지원을 위하여 부가가치세 면세 조항이 있다.

이렇듯 조세감면은 사실상 정부가 보조금을 지출을 해 준 것이나 마찬가지이므로, 이를 조세지출, tax expenditure라고도 부른다. 기획재정부 장관은 조세지출예산서를 작성하여야 한다.[14] 어떤 사업은 예산으로 한 번 지원받고, 조세지출로 또 지원받을 수 있다. 이런 중복지원의 문제 등을 파악하는데 조세지출예산서가 기여할 수 있다. 또는 정부가 어떤 정책에 얼마만한 재원을 투입했는지, 그 총량을 알 수 있게 해준다.(강태혁, 2010, p.322)

③ 추가경정예산도 재정지출을 증가시키프로, 그 요건을 엄격하게 한다. 매년 12월에 본예산이 성립되어 1월1일부터 집행을 하던 중에 국가의 중대한 사유가 생겨서 예산을 변경해야 할 때 편성하는 것이 추가경정예산이다. 조금만 더 기다리면 다음 연도 본예산을 편성할 수 있지만, 워낙 중요하고 급박한 상황이 발생하면, 차년도까지 기다리지 않고 예산을 변경한다.[15]

추경은 대체로 추가 지출을 위해 편성하므로,[16] 재정규모를 팽창시키는 요인이다. 따라서 추경 편성 요인을 매우 제한적으로만 허용한다. 즉, 전쟁, 대규모 재

---

13 이것을 Haig-Simons 원칙이라고 한다.

14 응용(7국11): 조세지출은 법률에 따라 집행된다. 조세지출예산서는 조세지출의 세부내역과 규모를 기능별 세목별로 분류하여 국회에 제출한다. 이렇게 공개하는 이유는, 특정 계층에게 기득권화, 만성화된 조세감면이 있는지 파악하기 위함도 있다.

15 응용(7지20): 그러나 아무리 사정이 급하다 하여도, 국회가 추경예산안을 확정 짓기 전에, 정부가 미리 예산을 배정하고나 집행할 수는 없다.

16 지방자치단체의 경우 불용액을 줄이기 위하여 "감추경"하는 경우도 많다. 즉, 지출여건 미비 등으로 예산을 다 지출하지 못하면 이월 또는 불용처리 되는데, 이를 피하기 위해 아예 해당 사업 예산 규모 자체를 줄이는 추경을 하는 수도 있다.

해, 경기침체, 대량실업, 남북관계의 변화, 경제협력 등 중대한 변화가 발생했을 때만 추경이 가능하다.[17]

기획재정부장관은 수정예산안[18]이나 추가경정예산안을 국회에 제출할 때, 재정수지, 국가채무 등 국가재정운용계획의 재정총량에 미치는 효과와 그 관리방안에 대하여 국회에 보고하여야 한다.(국가재정법 제7조)

④ 세계잉여금이 생기면 국채상환 등에 먼저 사용하게 함으로써, 재정건전성을 강화 또는 유지한다. 중앙정부는 세계잉여금을 우선적으로 국채 상환에 써야 한다. 지자체의 경우에는, 세계잉여금은 교부금 정산에 우선적으로 사용한다. 그 다음으로 공적자금상환기금에 출연하여야 하며, 그리고도 남은 금액은 추가경정예산의 재원으로 편입한다.

⑤ 기획재정부장관은 국가채무관리계획을 매년 수립하여 금전채무를 관리한다. 여기에는 국채발행과 차입금의 규모, 그리고 상환계획을 포함하여야 한다. 5년 이상의 관리계획도 세워야 하고, 국회의 승인도 받아야 한다.

국채(Treasury Bond)란 중앙정부가 발행하는 채권으로서, 정부관리 기금 중의 하나인 "공공자금관리기금"에서 원리금을 상환한다. 국채로는 국고채, 외국환평형기금채권, 국민주택채권1,2종 등이 있다. 대표적인 안전자산이다. 지방자치단체가 발행하는 것은 지방채, 정부투자기관이 발행하는 것은 특수채라고 한다.

---

17 **응용(9지13):** 추경은 본예산 편성할 때 예상하지 못하였던 돌발 상황에 대응하는 것이기 때문에 어떤 해(예, COVID-19가 발생한 2020년)에는 2번 이상 추경을 할 때도 있지만, 어떤 해에는 추경을 한 번도 편성하지 않기도 한다. 다만 지방자치단체의 경우 중앙정부로부터 교부금과 보조금을 많이 받는데, 이런 금액이 확정되지 않는 시점에서 본예산을 편성해야 한다. 따라서 추후에 중앙정부로부터의 지원금이 확정되면, 추경을 편성한다. 따라서 지방자치단체의 경우는 매년 2~3번씩 추경 편성을 하는 것이 일반적이다. 중앙정부는 그러하지 아니하다.

18 **응용(9지12):** 추가경정예산은 본예산이 성립되고 난 후에 예산변경을 하는 것이고, 수정예산안은 정부가 예산안을 국회에 제출한 이후 국회의 심의 중에 예산안을 변경한 것이다. 즉, 본예산 성립 전에 수정안을 내는 것이다. 본예산 성립 후에는 추가경정예산을 편성.

이밖에 재정증권(Treasury Bill)이란 것이 있다. 국세 등은 징수되는 주기가 있는데 반하여 지출은 일시적으로 증가하는 때가 있다. 그래서 일시적인 국고 부족분을 충당하기 위해서는 상환기간이 짧은 재정증권을 발행한다.[19]

⑥ 국가채무관리계획이 관리하는 예산(일반회계와 특별회계)과 기금의 금전채무에는 차입금 뿐 아니라 국고채무부담행위도 포함된다.

국고채무부담행위란 정부가 예산 확보 없이 "미리" 채무를 지는 행위이다. 즉, 토지 매입이나 국제기구와의 거래를 할 때 계약은 올해에 체결하고, 지출은 내년에 해야 한다면, 올해 세출예산이나 기금운용에는 지출할 돈이 계상되지 않는다. 그러나 내년에는 반드시 지출이 이루어져야 하므로, 지출권한을 미리 확보하여 차년도 지출에 차질이 없도록 하는 것이다.

일종의 외상거래를 하는 것이므로(유승원, 2020, p.178), 당연히 기획재정부가 엄격히 관리를 해야 한다. 그래서 정부예산안을 국회에 제출할 때 반드시 첨부하여야 할 서류에 속하는데,[20] 국고채무부담행위는 사항마다 그 필요한 이유를 명백히 하고, 그 행위를 할 연도 및 상환연도와 채무부담의 금액을 표시하여야 한다.(국가재정법, 제25조3항) 국고채무부담행위는 예산서를 구성하는 5 요소 중의 하나이므로, 당연히 국회 예산심의의 대상이다.

⑦ 국가가 보증채무를 부담하고자 할 때는 미리 국회의 동의를 얻어야 한다. 중앙관서, 지방자치단체 혹은 공공기관이 채무를 불이행할 경우, 국가가 손실을 대신 갚아야 하는 우발채무이다. 예를 들어, 한 금융기관에서 일인당 예금을

---

19 응용(9지19): 국고채, 외평채, 국민주택채권은 국채이고, 재정증권은 국채에 포함되지 않는다. 정부는 재정증권은 잘 발행하지 않는데, 2005년부터 2011년까지 발행하다가, 그 후 중단하였다가, 2016년부터 다시 발행하고 있다. 발행규모에 있어서도 국채보다 훨씬 적으며, 상환만기도 63일짜리이다.

20 응용(9국08): 예산서는 다음 5가지로 구성되어 있다. ① 예산총칙 · ②세입세출예산 · ③ 계속비 · ④ 명시이월비 및 ⑤ 국고채무부담행위 (국가재정법 제19조) 국가채무부담행위는 외상을 지는 행위이므로, 당해연도 예산 범위를 벗어나는 지출이며, 실제 지출이 이루어지는 차후 연도에 세출예산으로 편성되어야 한다.

5,000만원까지 보장하는데, 간혹 파산하는 금융기관들이 있다. 이럴 경우를 대비하여 예금보장한도까지 국가가 지급할 것을 보증하는 것이 국가보증채무이다. 이것은 재정건전성에 대한 잠재적인 위험요소여서, 보증채무의 종류와 한도에 대하여 국회의 동의를 미리 받아야 한다.

지방자치단체들의 경우 지방재정건전화를 위해 "지방재정법"이 다음 사안들을 자세히 규정하고 있다. (이하의 사안들은 뒤에 "지방자치단체의 재정"에서 별도로 다룬다.)

① 지방채의 발행
② 보증채무부담행위
③ 기부 또는 보조의 제한
④ 출자 또는 출연의 제한
⑤ 지방세의 감면
⑥ 재정분석 및 재정진단
⑦ 재정"위기"단체와 재정"주의"단체의 지정과 관리

(3) 기타 재정건전화를 위한 재정관리 제도들

이상의 조치들을 통해 기획재정부장관은 국가채무를 적정수준으로 관리하여야 하고, 행정안전부 및 지방자치단체장들은 지방채무를 잘 관리하여야 한다. 그런데 재정당국은 국가의 곳간지기(gate keeper)로서, 앞에서 설명한 방법들 보다 훨씬 더 다양한 검약 관리제도들을 운영하고 있다. 즉, 재정관리 자체가 총량규율 또는 재정건전화를 내포하고 있다고 보면 된다.

① 국가재정운용계획 – 향후 5년간의 재원배분계획을 밝힌다. 국가재정운용계획에 포함되어 있지 않은 지출사업은 예산을 편성 받기가 어렵다고 한다. 국가재정운용계획에는 예산 뿐 기금의 중장기 기금재정관리계획, 중장기 조세정책운용

계획, 40년간을 대상으로 하는 장기재정전망 등을 함께 국회에 제출하여야 한다. 정부예산안, 기금운용계획서 등과 마찬가지로 회계연도 개시 120일 전까지 국회에 제출하여야 하며, 특히 소관상임위원회에는 국회 제출 30일 전(회계연도 개시 150일 전)에 재정규모, 통합재정수지, 재원배분 등 수립 방향을 제출하여, 심도 있는 검토를 받도록 한다. 국가재정운용계획은 다른 대부분의 국가들처럼 법률적인 기속력은 없지만, 재정건전화를 위한 중요한 참고자료가 된다.[21]

② 예비타당성분석제도 - 지출규모 500억 원 이상의 사업들은 예비타당성분석을 통과 하여야 예산편성의 대상사업이 된다. 약 1/3의 사업들이 이 과정에서 탈락한다.

③ 총사업비관리제도 - 사업비가 당초 예산 계획보다 20% 이상 소요될 때는 엄격한 예산사정을 받는다.[22]

이상의 재정관리제도들 및 관련한 다른 제도들도 뒤에서 자세히 다루게 된다.

(4) 외국의 재정건전화 방안들

① 재정준칙(Fiscal Rules) - 1992년 EU 회원국들은 네덜란드의 마스트리흐트에 모여 회원국의 재정에 관한 조약 체결하였다. 핵심내용은 ⓐ 재정적자는 명목 GDP의 3% 이내로, ⓑ 국가채무는 60% 이내로 유지하기로 한 재정준칙의 성립이다.

최근 IMF의 조사에 의하면, 세계 90여 개 국에서 나름대로 재정준칙을 세웠다

---

21 2010년 현재 중기재정계획에 법 기속력을 부여한 나라는 이탈리아와 스웨덴 정도이다. 두 나라 모두 심각한 재정위기를 경험하였다.

22 응용(7지21): 어떤 공사(사업)를 하다 보면, 설계변경을 하지 않을 수 없는 경우가 발생하고, 그 결과 사업비가 당초 예상보다 늘어나는 경우가 종종 있다. 이런 경우, 아무런 통제를 하지 않으면, 총사업비가 당초 예산보다 2~3배 늘어날 수도 있다.

고 한다. 한국도 2025년 도입을 목표로 방안을 마련하고 있다. 대체로 통합재정 수지비율은 −3% 이내로, 국가채무비율은 GDP의 60% 이래로 하는 것이 논의 중이다.

그럼 재정준칙을 도입한 국가들은 이것을 잘 지키며, 재정위기에서 벗어났을 까? 2008년 세계금융위기가 발생하자, EU 회원국 중 PIGS(Portugal, Italia, Greece, Spain 또는 Ireland를 추가하는 경우도 있다) 국가들은 심각한 재정위기에 빠 졌다. 재정준칙은 강제성이 없는 선언적 규정이어서, 그것의 실효성에 대해 부정 적인 견해도 상존하고 있다.

② Budget Sequestration(예산몰수 또는 강제삭감) − 미국 연방정부의 재정적자가 목표치를 초과하여 증가하면, 전 부처의 예산에서 자동적으로 삭감이 이루어지도 록 한 조치이다. 미국은 예산을 법으로 통과시키는데, 법이 1개가 아니고 여러 카테고리별로 다수의 수권법(budget authorization act)들이 각각 의회를 통과한다. 그런데 예산 카테고리별로 재정적자의 최대한(cap)이 설정되어 있다. 그래서 어 떤 수권법이 이 한도를 어기게 되면, 해당 수권법 내의 예산들이 자동적으로 얼 마씩 강제 삭감 당한다.

이 제도는 1985년의 "균형예산 및 재정적자 긴급통제법"(BBEDCAA)에 의해 만들어졌으나, 카테고리별 한도(cap)를 설정하는 절차가 위헌이라는 판결이 이루 어졌다. 그래서 시퀘스트레이션 발동 요건이 바뀌게 된다. 즉, 하원에 "국가 채무 삭감위원회"가 만들어졌고, 이 위원회가 삭감법안을 통과시키지 못할 경우 의회 에 대한 처벌 조치로 시퀘스트레이션이 발동한다. 이 제도가 실제로 발동한 것은 2013년이 처음인데, 이 제도 발동 이후 재정절벽(fiscal cliff; 갑작스런 예산부족)이 란 새로운 문제가 생겼다.

한국에서도 이에 비견될 사례가 있는데, 1993년에 김영삼 대통령이 "고통분 담" 차원에서 모든 예산을 10%씩 삭감한 적이 있었다. 물론 이런 조치는 미국의 sequestration과 달리, 김 대통령의 통치권 행사의 일부였다. 그 후로는 2021년까 지 이런 조치가 한 번도 없었다.

③ Paygo 제도 - 미국의 "예산집행법"(BEA of 1990)은 Paygo라 불리는 제도를 도입하였는데, 그것은 "새로운 정부지출이나 세금제도는 연방채무를 증가시켜서는 안된다"는 것이다. Paygo 원칙은 1990~2002년 기간 동안에 사용되었는데, 실천 방법은 ⓐ 의회가 새로운 "의무적 지출사업"을 승인할 때, 세금 신설 등 새로운 재원을 확보하여야 한다. 또는 ⓑ 새로운 세원을 발굴하지 못하면, 기존의 "의무적 지출 사업" 중 몇 개를 폐지하여야 한다. 여기서 의무적 지출의 거의 대부분은 사회복지지출이다. 사회복지지출은 의무적 지출이라 법률만 만들어 놓으면, 재정지출이 슬금슬금 늘어나고, 결국 재정적자를 초래하는 요인이 된다.

한국의 경우, Paygo 제도를 도입하지 않았지만, Paygo의 원칙의 기본 정신은 국가재정법 제16조(예산의 원칙)도 공유하고 있다. 즉, ⓐ 정부는 재정건전성의 확보를 위하여 최선을 다하여야 한다. ⓑ 정부는 국민부담의 최소화를 위하여 최선을 다하여야 한다. 한국도 2014년에 Paygo제도를 도입하려고 시도는 하였으나, 제반 여건상 잘 추진이 되지 않았다.

그러나 2012년에 정부예산을 ⓐ 의무지출과 ⓑ 재량지출로 구분하여 계상하고 있는데, 이런 조치는 Paygo 원칙을 적용할 기반을 하나 마련한 것이다. 필자의 생각으로는, 한국에는 Paygo 대상이 하나가 아니라 둘이 되어야 한다. 의무지출(복지지출) 뿐 아니라 SOC 건설 사업에 대해서도 Paygo가 적용되어야 재정건전화에 도움이 될 것이다.

④ 스웨덴의 2단계 예산편성제도(Two-stage budget) - 1990년대 초에 국가재정위기를 겪은 스웨덴은, 그 주된 원인으로 의회의 예산결정시스템을 꼽았다. 즉, 여야가 예산협의를 하다가 잘 안 되면, 서로 원하는 예산들을 모두 승인해주곤 하였던 것이다. 이 문제를 해결하기 위해 스웨덴은 봄의회에서는 내년도 예산총액을 결정하고, 가을의회에서는 결정된 총액범위 내에서 구체적인 지출결정을 하였다.

이상에서 살펴본 바와 같이, 모든 국가들은 항상 국가채무의 증가에 신경을 쓰고 있다. 심지어 산유국인 사우디 아라비아 마저 심각한 재정적자를 겪고 있으며, 미국 역시 국가채무를 줄이기 위하여 갖은 노력을 다하고 있으나 "연방정부의 부도"가 언급되고 있을 정도이다.

한국도 재정건전화를 위해 노력하고 있지만, 재정의 최대 위협요소는 정치인이다. 정치인은 민의를 반영하고자 하는데, 그러자며 막대한 재정이 소요되는 경우가 많다. 즉, "사람이 먼저다"라는 말은 "재정은 뒷전이다"라는 뜻일 수도 있다. 선거가 거듭될수록 복지 지출은 지속적으로 증가한다.

제3절 운영 효율성(operative efficiency)

1. 운영 효율성의 개념

Schick의 세 번째 재정규범은 운영 효율성이다. 그러나 설명의 편의상 두 번째로 설명한다.

정부기관은 합리적인 원가(비용)로 재화와 용역을 생산해야 한다. 그런데 이것을 어렵게 하는 요인들이 많다. ① 부정부패, ② 무사안일, ③ 선심성 행정, ④ 능력부족, ⑤ 경직된 행정관행 등이다. 이런 장애요인을 극복하면서 투입 대비 산출 비율이 높은 효율성을 달성하는 것이 운영 효율성이다.

다음은 "함께하는 시민운동"은 2000년부터 대표적인 정부의 낭비사례에 대하여 "밑 빠진 독"상을 수여하고 있다.

노래하는 분수대 / 경인운하 / 성산배수지건설공사 / ㈜중부농축산 / 새마을회관건립
지원 / 정당국고보조금 / 원주시 원일프라자 / 일제시대에 머문 국유지 관리 / 탄천하
수슬러지처리장 / 광명시 음식물쓰레기처리장 / 공공기관 허위출장 / 공무원 직급보
조비 비과세 / 문화체육관광부 공익사업 적립금 / 진주시 음식물류 폐기물 자원화
시설 / 양구군 공공조형물

＊각 사례에 대한 자세한 설명은 www.goodbudget.kr 참조

2. 예산성과금제도

정부가 예산절감을 위해 "예산성과금제도"를 운영한다. 성과급이 아니고 성과금
이다. 성과급은 우리가 통상 알고 있는 상여금이고, 보너스이다. 이에 비해 성과
금은 상당히 다른 개념이다. 이 제도는 공무원이 예산의 집행방법을 바꾸거나 제
도를 개선한 결과로 정부수입이 증대되거나 지출이 절약된 때에, 그에게 성과금을
지불하는 것이다. 절약된 예산은 소관 행정관서가 다른 사업에 사용할 수 있다.[23]

예산성과금 지급 사례

- 정부도 개인처럼 카드사용의 혜택을 받자 (국무총리실)
- 2개 터널에 통합관리시스템을 만들자 (건교부)
- 위성망을 지상망으로 바꿔 인터넷 서비스 향상 (정통부)
- 건설폐기물 다시 보면 건설자재 (해수부)
- 수입잠망경 실리콘을 국산으로 대체 (국방부)

출처: 기획예산처. 2004. 예산성과금 사례집

---

23 응용(7지21 & 7지11): 지방자치단체도 동일한 방식으로 예산성과금제도를 운영하고 있다.

앞에서 예산낭비 사례를 "밑 빠진 독"으로 비유했는데, 이 밑 빠진 독을 막는 것이 "두꺼비"라고 한다. 따라서 성과금은 두꺼비에게 주는 일종의 포상금이다.

3. 재정성과평가제도

미국에서 1992년에 GPRA법(정부성과및결과법)에 따라 의회에 성과계획서/성과보고서를 제출하였다. 이를 참고하여 한국도 성과계획서/성과보고서를 국회에 제출한다.

미국에서 BSC(균형성과표, Balanced Score Card)를 이용하여, 정부업무의 평가를 시작하자 한국도 정부업무평가제도를 도입하였다.

미국의 관리예산처(OMB, Office of Management and Budget)가 프로그램평가제도(PART)를 도입하자, 일정 시차를 두고 한국의 기획재정부는 재정사업자율평가제도를 도입하여 운영하고 있다.

최근에 미국에서 GPRA수정법(GPRA Modernization Act of 2012)이 생겨서 재정사업평가제도를 핵심사업평가 위주로 바꾸었다. 지금까지의 평가제도들은 사후평가였다면, 핵심사업평가제도는 사업이 진행되는 동안 매 분기 성과를 점검하는 제도여서, 예전보다 진일보한 방법이라고 할 수 있다. 한국도 2018년부터 핵심사업평가제도를 운영하기 시작하였다.[24, 25]

성과평가제도에 있어서는 미국의 영향력이 큼을 알 수 있다. 그런데 정부부문에서는 이들 말고도 훨씬 더 많은 종류의 평가 시스템이 운영되고 있다. 이런 제도들이 직접적으로나 간접적으로 운영 효율성을 높여 준다. 다음 〈표 2-1〉은 중앙관서에서 실시하는 재정관련 성과평가제도들이다. 그리고 〈표 2-2〉는 지방자치단체에서 실시하는 재정관련 성과평가제도들의 목록이다.

---

24 자세한 내용은 배득종. 2019. 재정사업의 라이프 사이클 성과관리를 위한 제도개선. 정부회계연구. 참조.

25 2018년에는 핵심사업평가 제도를 도입하여 지난 2년간 614건의 제도개선사항을 발굴하고 예산절감방안도 도출하였다. (기획재정부. 2020-2024 국가재정운용계획. p.222)

〈표 2-1〉 중앙관서 재정관련 성과평가제도

평가명	평가근거	대상사업	평가주체	평가방식
재정사업자율평가	재정법	1,500여개/3년주기 (일반 재정사업 전체)	기획재정부	자체평가＋메타평가
기금사업평가	재정법	자율평가와 통합	기획재정부	자체평가＋메타평가
보조사업평가	보조금법	1,000여개	기획재정부	보조사업평가단 직접평가
복권기금평가	복권기금법	100여개	기획재정부	복권기금평가단 직접평가
R&D사업평가	R&D평가법	425개/3년주기	미래창조과학부	자체평가＋상위평가
지역발전사업평가	균특법	지역사업 80여개	지역발전위원회	자체평가＋상위평가

출처: 기획재정부. 10401_재정개혁

〈표 2-2〉 지방자치단체의 재정관련 성과평가제도

평가명	평가근거	평가대상	평가주체	평가방식
지방재정분석	지방재정법	광역/기초 지자체	행정안전부	자체평가＋ 평가단 평가

이상의 각종 제도들에 대해서는 이 책의 후반부에 상세히 설명된다. 여기서는 개략적인 모습만 파악하도록 한다.

4. 상시적인 행정효율화

행정은 POSDCORB이다.

　P: Planning

　O: Organizing

　S: Staffing

　D: Directing

CO: Coordinating

R: Reporting

B: Budgeting

이런 7가지 요소가 종합적으로 작동해서 운영 효율성을 향상시킨다. 이들 중 어느 한 가지라도 불충분하면 효율적인 행정서비스와 훌륭한 재정운용이 이루어질 수 없다. 그럼에도 성과평가제도가 운영 효율성 향상에 핵심적인 역할을 하는 이유는 "측정 없이 개선 없기 때문이다."

5. 협업예산

한편 사회가 매우 복잡해져 가면서, 대학도 융합학과가 생기 듯, 정부사업에도 융합분야가 많아지고 있다. 그래서 새로 대두되는 예산의 운영 효율화 방안 중 하나가 "협업예산의 활성화"이다.

디지털 신기술 인력 양성, 수소경제, 신약개발 등의 **R&D** 분야와 개발원조 (ODA) 부문 및 생활 SOC 설치 등에 대해서는 기획재정부가 패키지로 예산을 지원하여, 다부처간 협업과제로 추진한다. 여러 부처가 시너지를 내는 방향으로 협업하면, 재정 투입 사업들의 운영 효율성이 증대될 것이다.

6. 기금여유자금의 통합운영

특별회계나 기금은 자체 수입원과 특정 사업목적이 있기 때문에, 재원 사용에 있어서 칸막이가 있었다. 그래서 어떤 특별회계나 기금에는 여유자금이 많고, 그렇지 않은데에는 재정 곤란 상황이 공존하고 있다.

2019년에 기금여유자금 운용규모는 786조 원에 달한다. 정부는 연기금투자풀 완전위탁(OCIO)를 도입하여, 기금을 안정적이면서도 수익성 있게 운영하기 시작하였다.

제 4 절   배분적 효율성(allocative efficiency)

1. 배분적 효율성의 개념

배분적 효율성이란 어떤 분야, 부문, 사업에 얼마만큼의 예산을 편성하는 것이 가장 효율적이겠느냐 하는 것이다. 여기서 말하는 효율은 투입 대비 산출과 같은 기계적 효율성이 아니고, 재원의 최적 배분, 즉, 예산 제약 하에서 국민 만족감을 극대화 하는 것을 말한다. 따라서 시대적 상황에 부합하는 자원배분이 매우 중요하다. 다음 [그림 2-6]은 2020년 한국의 세출예산을 분야별로 나누어 본 것이다. 이런 배분이 만족스러운가요? 최근 부동산 문제가 심각한데, "국토및지역개발" 예

그림 2-6 • **분야별 세출예산**

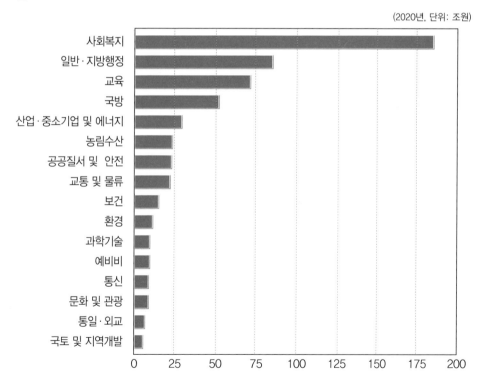

(2020년, 단위: 조원)

출처: 열린재정

산은 충분한가? 사회복지비는 항상 부족하다고 생각하는데, 실제 데이터를 보니, 너무 많다고 느껴지지지는 않는가? 이런 문제를 다루는 것이 배분적 효율성이다.

2. 성장과 분배에 대한 적정 배분[26]

다음 〈표 2-3〉은 SOC 분야에 대한 지출과 복지 분야에 대한 지출 중에서 어느 쪽이 국민경제 성장에 더 큰 영향을 미치는지 재정승수를 통해 비교한 것이다. "교통 및 물류"에 대한 예산투자는 4개년 누적하여 0.49의 재정승수를 갖고 있다. 이에 비해 사회복지지출의 재정승수는 0.144이다.

〈표 2-3〉 분야별 지출의 경제성장 재정승수 비교

(단위: 조원/조원)

재정 승수	2017	2018	2019	2020	누적
교통 및 물류	0.155	0.176	0.088	10.048	0.490
국토 및 지역개발	0.127	0.129	0.064	0.035	0.371
보건	0.177	0.087	0.044	0.024	0.343
사회복지	0.113	0.017	0.008	0.004	0.114

출처: 국회예산정책처. 2017

재정지출이 고용에 미치는 영향력 역시 "교통및물류" 부문이 "사회복지"분야보다 더 크다. (다음 〈표 2-4〉 참조)

〈표 2-4〉 분야별 지출이 고용창출에 미치는 재정승수의 비교

(단위: 천명/조원)

고정 승수	2017	2018	2019	2020	누적
교통 및 물류	0.204	0.421	0.218	0.111	1.009
국토 및 지역개발	0.190	0.301	0.159	0.080	0.770
보건	0.296	0.235	0.108	0.055	0.721
사회복지	0.239	0.046	0.020	0.009	0.319

출처: 국회예산정책처. 2017

---

26 배분(allocation)은 재원을 어디 어디에 나누어 쓰겠다는 개념이고, 분배(distribution) 혹은 재분배(redistribution)은 이미 배분된 재원을 한 번 더 인위적으로 조정하는 것이다.

위의 두 표에서 보여지듯이, 정부재정을 어느 분야에 더 많이 배분하는 것이 경제성장을 더 촉진하는지 명확하다. 그럼에도 불구하고, 2020년 현재 정부는 복지지출에 더 많은 재원을 투입하고 있다. 이런 재원 배분은 ① 경제는 민간 자율에 맡기고, 복지는 정부가 담당한다는 방침이라면 수긍이 간다. 그러나 ② 정부가 복지도 담당하고 민간경제까지 규제하겠다면, 한국의 미래를 고려할 때 개선의 여지가 존재하는 배분방식이라고 볼 수 있다.[27]

3. 효율적 자원배분에 대한 이론과 실제

(1) 경제학적 접근

경제학에서는 최적의 자원배분에 대한 이론이 이미 확립되어 있다.

$$MRS_{1,2} = MRT_{1,2}$$

재화 1과 재화 2에서 얻는 한계효용의 비율(MRS)이 재화 1과 재화 2를 얻는데 소용되는 비용의 비율과 일치하는 데에서 효용이 최적화 된다는 것이다.

정부예산의 경우, $MRT_{1,2}$를 돈으로만 생각하면, 모두 세입에서 지출하는 것이므로 재화 1을 얻는 비용이나 재화 2를 얻는 비용이 동일하다. 그러나 각각의 재화를 획득하는데 들어가는 노력을 포함시키면, $MRT_{1,2}$는 1이 아닌 다른 값을 갖게 된다.

(2) 정치학적 접근

정치는 "Who gets what, when and how?"로 정의된다. Lasswell의 이 정의에

---

27 카카오 T 프리미엄 서비스, 타다 등의 규제를 보면, ①번의 경우는 아닌 것 같다. 오히려 민간기업마저 공기업 같은 역할을 해야 한다고 보는 것일 수도 있겠다.

따르면 예산은 "누가 내년에 어떤 예산을 어떻게 얻어가느냐"의 문제로 치환될 수 있다. 예산은 진실로 정치의 일부분이다. 그러나 어쩌면 정치의 최대한일 수도 있다. 정치는 수많은 약속을 하지만, 그것이 실현되느냐 여부는 결국 예산자원에 의해서 좌우되는 경우가 많기 때문이다. 그래서 "예산정치론"이란 분야가 있다.

이 분야에서는 Wildavsky 교수가 가장 유명하다. 그는 "정치는 국가정책의 결정에 있어서 누구의 주장이 관철되는가에 관한 투쟁이고, 예산은 그 투쟁의 결과에 대한 기록"이라고 하였다. (신해룡, 2011)

일례로, 2021년에 대통령직속 탄소중립위원회는 2050년까지 탄소중립(배출제로) 방안을 발표하였다. 이를 위해서는 설비투자만 1,400조원이 투입되어야 하고, 매년 발전비용이 현재의 2~3배 정도 소요된다. 전기요금은 3배 정도 인상될 수 있다. 이런 막대한 재원과 관련하여, 이번 제2장을 시작하면서 언급하였던 마리 앙트와네트가 연상된다. 당시 프랑스는 1년 예산의 4배나 되는 금액을 미국에 지원해줬었다. 탄소중립에 총 1,800조원이 필요하다면, 현재 정부예산의 3~4배 규모가 되는데, "누가, 그 많은 돈을, 언제 어떻게 쟁취할 것인지" 귀추가 주목된다.

(3) 행정실무적 접근

행정실무자들은 경제학자나 정치학자와 달리 좀 더 현실적인 경험에 기초하여 자원배분의 효율성을 본다. 부족한 예산자원을 여러 용도와 기관에게 나누어 편성하다 보면, 자연히 불만이 쌓이게 된다. 그래서 효용(만족감)의 극대화보다는 불만의 공평분배가 더 적합한, 효율적인 자원배분이라고 본다.

그리고 최적 자원배분은 따로 정해져 있는 것이 아니라, 예산제도와 절차를 거쳐가면서 다양한 힘이 부딪혀서 결정하는 것이다. 그리고 만약 비효율적인 자원배분이 생긴다면, 그것은 다음해, 또 그 다음해 등에 예산과정을 거치면서, 저절로 최적 예산배분을 향해 움직여간다고 본다.

(4) 법률적 접근(예산원칙)

마지막으로 법률적인 접근법이 있는데, 이것은 재정관련법에 명시된 조항들을 준수하는 것이다. 그것을 "예산의 원칙"이라고 부르기도 하는데, 대체로 근대 예산제도 시절에 생겨나서 지금까지 적용되고 있다. 이 내용은 다음의 제3장에서 자세히 다루겠지만, Musgrave나 Schick의 재정규범이 다분히 이상적인 것이고, 우리가 추구해야 할 최고의 경지이다. 이에 반해 법률적인 예산원칙들은, 법이 도덕의 최소한이듯이, 현행 예산제도가 지켜야 할 최소한의 규범이라고 할 수 있겠다.

3장

현행 예산제도

1. 법과 예산

(1) 헌법

헌법은 조세법률주의를 채택하고 있다. 세금을 부과하고 징수하는 것은 국민의 대표가 만든 법률에 의해야 함을 말한다. 그래서 지방자치단체들은 조례 개정으로 세금을 신설 또는 변경할 수 없다. 오직 국세기본법이나 개별조세법에 근거가 있는 세금을 법률에 의해 징수할 수 있다.

우리 헌법은 예산안의 편성은 정부가 담당하게 했다. 즉 국회나 법원이 예산을 편성하는 것은 막고 있다. 그러나 우리 헌법은 삼권분립을 중요시하여서, 예산안 편성권은 정부에 주었지만, 그것은 국회의 심의(심사와 의결)를 얻어야 한다. 단, 새 회계연도가 개시되기 전까지 국회가 예산을 의결하지 않을 때에는 준예산을 집행할 수 있도록 하여, 국회와 정부를 제한한다.[1]

이밖에 정부는 예산을 통해 국회나 법원, 그리고 헌법재판소와 중앙선거관리위원회를 압박할 우려가 없지 않다. 이런 문제는 국가재정법을 통해, 행정부가 이런 독립기관들의 예산을 편성, 변경, 삭감할 때 협의를 거치도록 하고 있다.

헌법은 정부가 국민들에게 지나친 재정적 부담을 지우지 못하도록 견제하는 조항들이 있다. 예비비, 계속비, 국채, 추가경정예산에 대해 국회의 승인을 받아야 하고, 국민에게 중대한 재정적 부담을 지우는 조약 역시 국회의 비준을 얻어야 한다. 반대로 국회가 지출예산을 증액한다든지 새로운 비목을 설치할 때는 정부

---

[1] 응용(7지20 & 9국16 & 9지15): 행정부가 예산을 국회에 제출한 후 아직 심의가 이루어지는 중간에 예산을 변경하는 것을 수정예산이라고 한다. 새 회계연도 시작 전까지 국회가 예산을 확정 짓지 못할 때는 준예산을 사용한다. 그리고 예산안이 성립된 후 예산을 수정하는 것은 추가경정예산이다. 의회가 1달 동안 임시로 사용허가를 해주는 가예산이나 몇 달간 사용허가를 주는 잠정예산은 외국에만 있고, 현재 한국에서는 사용하고 있지 않다.

의 동의가 필요하도록 하였다.[2]

(2) 국가재정법

세입예산에 대해서는 조세법률주의가 있다. 그렇다면 세출에 대해서는 예산법률주의가 있는가? 많은 나라들이 예산법률주의를 채택하고 있지만, 한국은 그렇지 않다. 대신 예산안을 정부가 편성하고 해당 예산안을 국회가 심의하는 방식은 다른 나라와 동일하다.

일반적으로 연방제 국가들은, 연방정부와 지방정부가 명확하게 재정부담과 혜택을 계약해야 해서 예산을 법으로 정한다. 이에 비해 단방제 국가들은 굳이 예산을 법으로 해도 별 실익이 없다. 오히려 예산을 법으로 하면, 국회가 통과시킨 예산법을 대통령이 비토(veto, 거부권)할 수 있다.[3, 4]

중앙관서의 예산편성과 집행 등은 국가재정법을 중심으로 하여 운영된다. 기금도 마찬가지이다.

(3) 기금관련 개별법 및 공공기관운영에 관한법

기금은 개별법에 의해서 신설이 되지만, 국가재정법에 따라서 기획재정부가 기금운용계획서, 평가 등을 실시한다.

---

2   **응용(7국19):** 국회가 증액을 할 때는 정부의 동의가 필요하지만, 삭감할 때는 정부 동의가 필요 없다. 어떤 정부는 의회가 삭감만 할 수 있고, 증액은 못하게 하고 있다. (예: 뉴욕주정부는 주의회가 삭감만 할 수 있다. 프랑스 국회는 삭감만 할 수 있었으나, 최근에는 변화하고 있다.)

3   **응용(7국19):** 한국 대통령은 국회가 의결한 예산에 대하여 거부권(비토)도 없고, 사안별(항목별) 재의요구권도 없다. 법은 모든 국민과 국가기관에 적용되는 반면, 예산은 국가기관에 대해서만 기속력이 있다.

4   **응용(7국19 & 9지08):** 미국 대통령은 예산 항목별 거부권(line-item veto)을 행사할 수 있다. 의회가 끼워넣기 하는 예산으로 인한 낭비를 견제하기 위한 것이다. 클린턴 대통령이 처음 사용하여 총 82회에 걸쳐 항목별 거부권을 행사했다고 한다.

공공기관은 정부부문이 아니지만, 국민들은 공공기관을 정부나 마찬가지로 생각하고 있다. "공공기관운영법"에 따라 공공기관들의 소유권은 국가, 특히 기획재정부에 있다.

(4) 지방재정법

지방자치단체의 세입예산과 세출예산은 지방재정법에 따라 편성, 심의, 집행 및 결산된다. 지방재정법은 자치민주주의를 추구하지만, 국가재정법과 조화를 이루도록 제정이 되어 있다.

2. 전통적인 예산의 원칙

국가재정법이나 관련 법률에는 다음과 같은 전통적인 예산원칙(budget principles)을 명시적으로나 묵시적으로 준수하고 있다.

(1) 예산 공개의 원칙

예산은 국민에게 공개가 되어야 한다. 국가재정법 제1조는 "성과지향적이고 투명한 재정운용"을 천명하고 있다.[5] 예전에는 5개의 서류(예산총칙, 세입세출예산, 계속비, 명시이월비 및 국고채무부담행위)로 구성된 예산서를 공개하는 것으로 충분하였다. 그러나 국가재정법 제16조(예산의 원칙) 4항에서 "예산과정의 투명성"을 추가로 규정함으로써, 요즈음은 공개할 수 있는 모든 자료를 국민에게 공개한다. 그것도 통합재정정보시스템(dBrain)을 통해 실시간으로 국민들에게 공개한다.(openfiscaldata.go.kr) 단, 국가 기밀에 해당하는 것은 공개의 대상이 아니다.

---

5 응용(7지14 & 9지09): 국가재정법 제1조는 건전성, 투명성, 성과지향성을 천명하고 있다.
   그러나 형평성은 제1조에 없다.

(2) 예산총계주의

예산은 한 회계연도의 모든 수입을 세입으로 하고, 모든 지출을 세출로 한다.(국가재정법 제17조) 즉, 세입 세출의 계상에 있어서 "빠지는 것"이 있어서는 안 된다는 원칙이다.[6] 그런데 수입대체경비 등 이 원칙의 예외가 몇가지 있다.(동법 제53조)

수입대체경비란, 예를 들어 국민들이 예상 외로 외국여행을 많이 하여 여권발행수수료 수입이 예상을 초과하였다. 그런데 여권을 발행하려면 여러 경비가 소요되는데, 발행량이 많아져서 정부지출이 예상을 초과하였다 하자. 이런 경우 원래대로 하면, 여권발행 사업에 대한 세출 금액은 이미 정해져 있으므로, 초과된 여권발행 업무는 내년에 예산을 마련하여 내년에 발급해야 한다. 매우 비합리적이다. 그래서 특정 세입이 세입예산을 초과해서 발생한 경우, 원래 사업목적에 충당할 것이라면 굳이 국회의 승인을 받지 않고 바로 지출할 수 있게 하는 것이 수입대체경비이다.[7]

또 국가의 연구개발사업 출연금을 받은 기관이 연구한 결과로 제3자에게 기술료를 받았다 하자. 원래는 이 기술료는 정부 수입으로 이체된 후, 차년도 세출예산으로 편성하여, 국회의 승인 받아 연구개발에 다시 사용해야 한다. 그러나 이것 역시 번거로운 일이다. 정부출연금으로 발생한 기술료를 소관부처 장관의 허락만 얻으면, 세입으로 편입하지 않고 연구개발비로 직접 쓸 수 있게 한다. 이것은 연구개발을 장려하기 위한 조치의 하나이다.

---

6   응용(9지09 & 9지17): 예산총계주의를 예산완전성의 원칙과 동일하게 여기는 경우도 있다. 그리고 특정 세입과 특정 세출을 연결시키지 말고, 모든 세입 세출 예산을 하나로 통일하라는 것은 예산통일성의 원칙이다. "현물출자는 국가가 소유한 재산을 현물의 형태로 정부출자기관에 자본으로서 출자하는 것을 의미한다. 재정자금이 신규로 소요되는 현금출자와 달리 현물출자는 정부가 보유하고 있는 국유재산을 정부출자기관의 재산으로 전환하는 것이므로, 국유재산의 구성만 변동되고 현금의 수입   지출을 수반하지 않는다. 이를 고려하여 「국가재정법」은 현물출자를 예산총계주의의 예외로서 세입세출예산 외로 처리할 수 있도록 규정하고 있다."(국회예산정책처, 재정용어사전)

7   응용(7지13): 수입대체경비는 예산총계주의의 예외이기도 하지만, 하나의 예산으로 모두 통일해서 재정을 운용하라는 원칙인 통일성의 원칙의 예외가 된다.

과거에는 외국으로부터 차관을 많이 받았기 때문에 이와 관련된 전대, 차관물자대 등도 예산총계주의의 예외였다. 그러나 최근에는 차관 받을 일이 없다.

(3) 예산완전성의 원칙

세입세출예산서는 모두 총액규모로 표시한다. 즉, 내부거래를 차감하거나, 잔액만 나타내는 순계규모로 표시하면 안 된다.[8, 9] 그런 계산을 하는 과정에서 국민에게 알려야 할 재정 정보가 손실되거나 왜곡될 수 있기 때문이다. 즉, 가공하지 않은 수치를 있는 그대로 제출해야 한다는 측면에서 예산완전성(豫算完全性)의 원칙이라고도 한다. 간혹, 예산완전성의 원칙을 예산총계주의로 해석하기도 한다.

(4) 사전의결의 원칙

모든 예산은 집행되기 이전에 국회의 사전 의결을 거쳐야 한다. 추가경정예산도 마찬가지이다. 그런데 회계연도 개시 30일 전까지 국회의 예산심의가 완결되어야 한다. 그리고 회계연도가 개시될 때까지도 의결이 이루어지지 않으면, 준예산을 사용한다. 한국에서 준예산이 사용된 사례는 한 번도 없다. 몇 년전 12월 31일까지도 예산이 성립되지 않은 경우가 있긴 하였다. 그러나 1월 1일 09시에 새 회계연도 업무가 개시되기 직전에 여야합의로 본예산이 합의된 적은 있다.[10, 11]

---

8 앞의 제1장에서는 순계규모가 default라고 하였으나, 그것은 재정분석이나 통계처리를 하는 경우에 해당한다. 국민에게 보여주는 예산서는 총계로 표시하고, 나중에 분석을 할 때는 순계로 한다.

9 응용(9지09): 모든 세입과 세출을 빠짐없이 계상하는 것은 예산총계주의, 또는 예산완전성의 원칙이다.

10 응용(9지13 & 9지08).

11 응용(9지09).

(5) 하나의 국고로 통일하라는 원칙

특정한 세입을 특정한 세출에 직접 연계해서 여러 가지로 관리하지 말고, 모든 수입을 일단 하나의 국고에 편입한 후(Treasury Single Account), 그 국고로부터 모든 지출이 이루어지게 한다는 원칙이다.[12, 13, 14, 15] 특별회계, 기금, 수입대체경비 등은 특정수입과 특정 지출을 연계하므로 이 원칙의 예외이다. 세입 쪽에서는 교육세, 농어촌특별세, 지역개발세 용도가 정해져 있는 목적세 역시 통일성의 원칙에 대한 예외이다. 앞에서 설명한 수입대체경비(예, 여권발행 초과수입으로 여권발행 초과지출을 충당)도 당연히 (국고) 통일성 원칙의 예외다.

(6) 한정성의 원칙

예산은 국회의 의결을 받은 목적, 금액, 기간내에서만 지출되어야 한다. 행정부의 임의적 지출을 엄격히 제한한다.[16, 17, 18]

---

12 응용(9지09): 특정 세입과 특정 세출을 직접 연계시켜서는 안된다는 원칙은 (국고) 통일성의 원칙이다.

13 응용(7지13): 수입대체경비는 예산총계주의의 예외이다.

14 응용(9지15): 단일성의 원칙은 주로 세출예산을 하나로 구성하라는 원칙이다.

15 응용(9국07): 모든 수입은 하나의 국고로 입고하여 쓰라는 통일성의 원칙

16 응용(9지13 & 9지08): 이미 성립된 예산을 목적을 달리하여 사용하는 이용(移用)은 한정성 원칙에 대한 예외이다. 그러나 이용도 사진에 국회 의결을 받아야 한다. 이밖에 전용(轉用)도 사용 목적의 변경이고, 예비비(초과지출 가능), 이월금(사용기간 변경), 계속비(사용연도 경과) 등도 한정성 원칙의 예외이다.

17 응용(9지15): 예산총계주의는 수입과 지출을 빠짐없이 예산에 계상하라는 원칙이다.

18 응용(7국14 & 7지19): 예산목적, 금액, 기간 중 어느 한 가지라도 충족시키 못하면 한정성 원칙의 예외이다.

(7) 단일세출구조의 단일성의 원칙

예산통일성의 원칙이 단일한 국고로 통일하라는 것인 반면, 예산 단일성의 원칙은 세출예산을 편성함에 있어서 정부 활동을 표준화하여서 단일한 구조와 과목으로 편성해야 한다는 것이다. 그래야 정부의 활동과 재정을 이해하기 쉽게 된다다.[19] 따라서 특별회계, 기금, 추가경정예산 등은 예산구조를 복잡하게 하여 재정상황을 한 눈에 이해하기 어렵게 만들기 때문에 단일성 원칙의 예외이다.[20]

(8) 예산계상의 엄밀성의 원칙

세입, 세출을 정확하고 엄밀하게 계상하여서, 예산과 결산이 일치하여야 한다는 원칙이다. 단, 예비비의 경우, 지출이 예상보다 많을 수도 있고, 적을 수도 있어서 엄밀성 원칙의 예외가 된다.

3. 현대적 예산의 원칙

이상의 전통적인 예산 원칙들이 법률에 기초한 것이라면, 시대가 변함에 따라 조직관리의 측면에서 보는 "현대적 예산의 원칙"들이 몇 가지 있다. 다분히 앞 장에서 언급한, POSDCORB와 연관성이 있다. 즉, 전통적 예산 원칙은 행정부와 입법부가 서로 지켜야 할 원칙들이라면, 현대적 예산원칙이라는 것은 행정부 내부에서 서로 지켜야 할 원칙들이라 할 수 있다.[21] 그런데 요즈음 세상에서는 그리 현대적이지 않고, 조직관리를 위해 당연한 진술들이어서, 굳이 원칙이라고 불러야 하나 싶다.

---

19 응용(9지13): 특별회계, 기금, 추가경정예산은 세출예산 단일성 원칙의 예외이다. 목적세도 그러하다.

20 응용(9지15): 특별회계는 이름 그대로 여러 원칙의 예외이다. 세입에 있어서도 예외라 통일성의 원칙에 대한 예외이고, 세출 구조도 복잡하게 만들므로 단일성 원칙의 예외이다.

21 응용(7지19): 공개의 원칙은 이미 1800년 대 영국에서 수립된 전통적 예산 원칙이다.

① 행정부가 재정을 기획한다는 원칙

② 행정부가 예산결과를 책임진다는 원칙

③ 보고(報告)의 원칙

④ 다원적 절차의 원칙

⑤ 예산수단 구비의 원칙

⑥ 재량의 원칙

⑦ 시기적 신축성의 원칙

⑧ 상호교류적 예산기구의 원칙

4. 최근 국가재정법 개정으로 추가된 예산의 원칙들

국가재정법 제16조(예산의 원칙)은 시대적 여망을 반영하여, 예산을 편성하거나 집행할 때 다음 원칙을 지키도록 하고 있다.

① 재정건전성의 확보를 위하여 최선을 다하여야 한다.

② 정부는 국민부담의 최소화를 위하여 최선을 다하여야 한다.

③ 조세지출(tax expenditure)의 성과를 제고하여야 한다.

④ 예산과정의 투명성과 예산과정에의 국민참여를 제고하여야 한다.

⑤ 정부는 예산이 여성과 남성에게 미치는 효과를 평가하고, 그 결과를 정부의 예산편성에 반영하기 위하여 노력하여야 한다.

⑥ 정부는 예산이 온실가스 감축에 미치는 효과를 평가하고, 그 결과를 정부의 예산편성에 반영하기 위하여 노력하여야 한다

제 2 절　현행의 핵심적인 예산제도

OECD 국가 중에는 선가입국가와 후가입국가가 있다. 선가입국가는 흔히 우리가 선진국이라고 부르는 중요한 국가들이 있고, 후가입국에는 동유럽 국가 및 한국 등이 있다.

OECD 선가입 국가들의 재정제도들을 보면 대체로 다음과 같은 공통점을 보이고 있어서, 1997년 외환위기 이후 한국도 이들을 참조하면서, 재정개혁에 나섰다.

〈표 3-1〉 OECD 선가입 국가들의 예산제도 개혁의 공통점

〈제도 도입 동향〉
• 중기재정계획의 도입
• Top-Down 예산제도의 도입
• 성과평가제도의 도입
• 통합 재정정보시스템의 도입
• 프로그램 예산제도는 이미 오래 전에 도입
〈재정운용방향〉
• 재정적자의 철저한 관리
• 분야-부문별 재원배분의 합리성 제고
• 집행자율성의 확대와 중앙관리의 동시 확대
• 투입 보다 산출, 산출 보다 결과를 중시

출처: OECD report. 배득종(2009)에서 재인용

한국은 2004년 재정개혁으로 3개의 핵심적인 예산제도와 3개의 보조적인 예산제도를 수립하였다.[22]

3대 핵심제도는 ① 한국형 중지재정계획인 "국가재정운용계획," ② 흔히 Top-down 예산제도라고 불리는 "총액배분자율편성제도," ③ 성과관리예산제도이다.

---

22 정부 공식적으로는 4대 개혁이라고 하기도 한다. 핵심 3 제도와 프로그램 예산제도는 기재부가 단독으로 추진한 것이고, 나머지 2개는 대통령위원회에서 주도하여 만든 것이기 때문일 수도 있겠다.

그림 3-1 • 현행 예산제도의 구성

출처: 디지털예산회계시스템구축기획단(2007)

이런 핵심 제도들이 성공하려면, 적합한 지원시스템도 갖추어져야 한다. ④ 프로그램 예산제도의 도입, ⑤ 복식부기 발생주의 회계제도의 도입, 그리고 ⑥ 국가통합재정정보시스템이 dBrain의 구축이 있다.

이 그림에서 열매가 달려 있는 것들이 핵심 3개 예산제도들이고, 나머지 제도들은 핵심제도가 잘 작동하도록 뒷받침하는 제도들이다. 이들을 차례대로 살펴보겠는데, 도입한 지 많은 시간이 경과되었으므로, 2020년까지 바뀐 내용들을 반영하여 설명한다.

1. 국가재정운용계획

(1) 국가재정운용계획 등장의 배경

세계 각국은 중기재정계획(Mid-Term Expenditure Framework: MTEF)을 수립하여, 재정운용의 큰 틀을 미리 미리 결정한다.

한국은 경제사회개발5개년계획은 총 7차에 걸쳐 35년간 운영하였다. 그런데

1962년에 이 계획이 처음 만들어진 시기를 보면, 6.25전쟁이 끝난 지 9년 밖에 안 되는 시기여서 군대 문화가 지극히 당연시 되던 시대였다. 경제개발5개년계획들은 급속한 경제성장을 목표로 하여, 국가의 모든 역량을 집중하였다. 따라서 정부의 투자계획 뿐 아니라 민간의 투자계획까지 모두 망라하였으며, 다소 강압적으로 운영되기도 하였다. 중장기적으로 예상된 수치는 단순한 Forecasting이 아니라 무슨 수를 써서라도 달성해내야만 했던 강요치(mandate)였다.

그러나 경제가 성장하고 사회가 다양화되면서, 경제개발5개년계획은 경제사회개발5개년계획으로 진화하였다. 그런 후에는 민간경제는 민간 자율에 맡기고, 정부는 정부의 역할에 집중하여야 한다는 식으로 분위기가 바뀌었다. 이에 행정부 각 부처들은 자기들 나름대로 "중기계획"을 세우게 되는데, 중앙예산기구(현재의 기획예산처 예산실)와의 협의가 없었다. 따라서 각 부처의 중기계획들은 예산의 뒷받침을 받지 못하는 장밋빛 계획인 경우가 많았다.

(2) 1997년 외환위기 이후의 재정개혁

1997년에 발생하기 시작한 외환위기는, 그야말로 미증유 사태였고, 경제주권의 상실로 받아들여졌다. 그래서 외환위기에서 벗어난 후에는 다시는 이런 일이 없어야 하겠다는 개혁 분위기가 조성되었다. 사실 1997년의 외환위기는 정부재정의 위기라기 보다는 민간기업(특히 금융기관)이 촉발한 위기였지만, 한국에서는 언제나 그렇듯이 사태수습의 책임은 역시 정부의 몫이었다.

OECD 선가입국가들의 재정위기 극복사례를 벤치마킹하던 정부는 선진화된 중기재정계획(MTEF)을 도입하기로 하였다.

(3) 국가재정운용계획: 한국형 MTEF

한국은 5개년 MTEF인 "국가재정운용계획"을 작성한다. 국가재정법 제7조(국가재정운용계획의 수립 등)에서는 이 계획을 세우는 목적으로 ① 재정운용의 효율화와 ② 재정전화, 이렇게 2개라고 표명한다. 그리고 정부가 예산안을 국회에 제

MTFF, MTBF, MTEF

　모든 중기계획에는 Mid-Term Finance Framework(MTFF)를 포함하고 있다. 향후 몇 년 동안 한 국가의 경제상황을 예상하는데, 이에 따라 경제성장율, 물가, 소득배분, 국민들의 삶은 어떻게 될 것인데, 문제점은 무엇인가를 파악한다. 그런 다음 국정과제를 수행하기 위해서는 정부의 재정수입은 어떠할 것이며, 지출수준 또한 어떻게 전개될 것인지를 미리 계획하는 것이다.

　MTFF가 거시적인 전망이라면, Mid-Term Budget Framework(MTBF)는 훨씬 더 미시적이다. 향후 몇 년(예를 들어, 3년~7년) 동안 행정 각 부처의 예산금액을 미리 계획하는 것이다. 예를 들면, 교육부는 앞으로 1년차, 2년차, 3년차에 각각 얼마의 예산을 편성받게 될 것인가를 미리 계획하는 것이다.

　이에 비해 Mid-Term Expenditure Framework(MTEF)는 중범위적이다. 이것은 국가의 각 분야와 부문별 지출계획을 세우는 것이다. 예를 들어, 사회복지 분야의 경우, 보건복지부 뿐만 아니라 노동부, 교육부, 농림수산부, 여성가족부 등 여러 부처에서 관련된 기능들을 하고 있다. MTEF는 어느 한 부처의 중기계획을 하는 MTBF와 달리 국가기능별로 중기지출계획을 수립한다. 한국은 MTEF를 채택하고 있다.

운영과 운용의 차이점

　우리가 일상생활에서 운영(運營)이란 말은 많이 쓰지만, 운용(運用)이란 말은 잘 쓰지 않는다. 그러나 정부부문에서는 운용이란 말을 훨씬 더 많이 사용한다. 쉽게 말해 운영이란 경영이란 말과 비슷하지만, 운용이란 "법의 적용"이란 뜻이 더 강하다.

출할 때(회계연도 개시 120일 전까지) 국가재정운용계획도　함께 제출하도록 하고 있다.

　한국의 예산구조는 16분야-75부문-프로그램-단위사업-세부사업 구조이므로, 국가재정운용계획도 16분야-75부문을 중심으로 작성된다. 중기재정계획 작성 방법은 ① 연동식(rolling system)과 ② 기간확정식이 있다. 과거의 경제사회개발5개년계획은 기간확정식이어서, 5년 계획을 한 번 세우면 중간에 변경을 하지 않았다. 5년이 경과하면, 그 때서야 차기 5개년의 계획을 세웠다. 이에 비해 국가재정운용계획은 연동식인데, 5년짜리 중기계획을 매년 수정하여, 항상 프레쉬한 5년 계획을 유지한다.

국가재정운용계획에 포함되는 내용은 다음과 같다.

① 재정운용의 기본방향과 목표
② 중기 재정전망 및 근거
③ 분야별 재원배분계획 및 투자방향
④ 재정규모증가율 및 그 근거
 – 지출은 의무지출과 재량지출별로 구분하여 작성[23]
 – 수입은 세입·세외수입·기금수입 별로 구분하여 작성
⑤ 조세부담률 및 국민부담률 전망[24]
⑥ 통합재정수지 전망과 관리계획[25]
⑦ 중장기 기금관리계획, 국가채무관리계획, 중장기 조세정책운용계획
⑧ 40회계연도 이상의 기간을 대상으로 5년마다 장기 재정전망을 실시(2020년에 신설)

이러한 국가재정운용계획을 수립하기 위하여 기획재정부 장관은 중앙관서의 장과 협의하여야 하며, 지방자치단체의 장도 국가의 지원을 받는 대규모 사업들에 대해서는 소관 부처 장관과 협의하여야 하며, 그 장관은 또 기획재정부 장관

---

23 2012년에 의무지출, 재량지출 구분이 법제화 되었다.

24 조세부담률은 국민들이 (세금으로 납부한 금액)의 GDP 대비 비율. (2019년 현재 20%. 출처: e−나라지표) 국민부담률은 국민들이 (납부한 세금과 사회보장부담금을 합한 금액)의 GDP 대비 비율 (2019년 현재 27.3%. 출처: e−나라지표)

25 통합재정수지에 대해서는 앞의 제2장에서 설명하였었다. 일반정부의 예산(일반회계와 특별회계)와 기금의 수입−지출−순융자(보전거래)에서 내부거래를 차감한 순계규모 수지임.

과 협의하여야 한다. 또 기획재정부 장관은 "재정운용전략위원회"를 두어 자문을 받을 수 있다. (국가재정법 시행령 제2조)

그리고 최종 결정에 앞서 대통령이 주재하는 "국가재원배분회의"를 거친다. 이 회의를 통해, 장관들이 자기 소관부처의 상황 뿐 아니라 국가 전체의 상황을 상호 이해하도록 한다.[26]

정부예산안과 마찬가지로 국가재정운용계획 역시 회계연도 개시 120일 전까지 국회에 제출된다. 그러나 좀 더 상세한 검토를 위해 국회의 소관 상임위원회에는 30일 전에 먼저 제출된다.(회계연도 개시 150일 전. 예산안은 회계연도 개시 120일 전까지 국회에 제출) 그러나 국가재정운용계획은 기속력이 없어서, 예산심의가 반드시 5개년 계획대로 이루어지란 법은 없다. 예산심의에 있어서 많은 참고자료들 중 하나가 된다.[27]

비록 국가재정운용계획에 기속력은 없다하더라도 다음과 같은 중요한 기능을 수행한다.

① 중기적 거시경제 조절기능: 한국에서 중기란 보통 5년, 장기란 10년을 상정한다. 그런데 예전에는 5년 중에 〈3년 호황-2년 불황〉의 경기사이클을 가지고 있었다. 그러나 최근에는 〈3년 불황-2년 호황〉으로 바뀌고 있다. 따라서 정부재정도 경기 사이클을 감안하여 운용하면, 거시경제적 효과가 더 크다.

② 전략적 자원배분: 국가재정운용계획은 정권의 투자우선순위를 반영한다. 이런 우선순위를 집권 내내 유지하기 위해서는 중기적인 투자계획이 필요하다.

---

26 이 제도는 스웨덴 등 유럽 국가의 제도를 참조한 것인데, 유럽의 경우 대부분 내각제 국가라서, 장관들이 모두 같은 당에서 오랫동안 함께 활동한 동료들이다. 그래서 상당히 자유로운 의견 개진이 오간다. 이에 비해 한국은 (수정)대통령제 국가로서, 대통령과 기획재정부 장관의 설명이 주를 이룬다.

27 2000년대 국제비교를 보면, 스웨덴과 이탈리아만 중기재정계획의 국회 기속력을 부여한다. 즉, 행정부가 작성한 중기계획을 의회가 꼭 준수해야 한다는 것인데, 이들 국가는 내각제 국가라는 점을 염두에 두어야 한다.

③ 예측가능한 안정적 예산 공급: 각 집행부처들은 향후 몇 년간 재원배분이 어떠할 것인지 예측할 수 있게 되어서, 그것에 맞추어 소관 부처의 중기계획을 세우고, 이를 집행할 수 있게 된다.

(4) 외국의 MTEF들과의 비교

스웨덴은 27개 분야별 재정지출에 대하여 3개년의 MTEF을 수립하여 봄의회에 제출하여 분야별 지출총액을 결정한다. 그리고 가을의회에서는 봄에 정한 지출총액을 세부사업별로 나누어 결정한다. 한국은 16개의 분야별로 국가재정운용계획을 세우나, 의원내각제인 스웨덴에 비하여, 국회가 이를 존중하는 정도가 약하다.

영국은 3개년의 MTEF을 매 2년마다 업데이트한다. 영국은 다년간 예산편성제도를 가지고 있기 때문에, 영국의 MTEF는 MTBF에 가깝다. 하지만 한국의 국가재정운용계획은 느슨한 중기계획이어서, 계획과 다르게 예산이 편성될 수 있다. 향후 국가재정운용계획 이행 결과보고서를 작성할 필요가 있다.

미국은 재량적(discretionary) 지출분야에 대하여 5개년 계획을 수립하는데, 매년 연동식으로 업데이트 한다. 한국은 2012년부터 미국처럼, 재량지출과 의무지출을 구분해서 산출한다. 그런데 미국과 달리, 재량지출 뿐 아니라 의무지출에 대해서도 5개년 MTEF를 작성한다.

2. 총액배분자율편성제도: Top-Down "동행" 예산편성제도

(1) 의의

총액배분자율편성제도는 2004년 재정개혁의 중요 내용 중의 하나이다. 중앙예산기구가 국가재정운용계획 등을 참조하여 부처별 지출한도를 설정해주면, 지출부처는 자율적으로 사업예산을 편성하게 해준다는 취지의 제도이다. 즉, 국가재정운용계획이 중장기적 기획이라면, 총액배분자율편성제도는 단년도 예산을 통

해 그런 기획의도를 실현시켜주는 장치라고 할 수 있다.[28]

흔히 총액배분자율편성제도를 Top-down 예산편성제도라고도 불리는데, Top-down이 주는 뉘앙스가 위에서 억압하는 느낌을 준다. 하지만 실제로는 "Top에서는 예산을 총액으로 배분하고, Down에서는 그것을 자율적으로 편성한다는" 취지의 예산편성방법이다. 즉, Top인 중앙예산기구와 Down인 집행부서가 각자 자기 역할을 분담해서 수행한다는 의도이다.

이런 용어상의 혼돈은 미국의 영기준예산제도(Zero-base Budgeting)의 경우에도 있었다. Zero-base 즉, 예산사업을 원점에서부터 다시 생각해보자는 뉘앙스를 줘서 한 때 대유행 하였다. 그러나 실상 영기준예산제도는 예산안을 하나만 제출하지 말고 3개 이상 제출해서, 그 중에 하나를 선택하자는 것으로서 대체로 영기준 선택지는 기존 예산의 85% 정도가 된다.

이와 마찬가지로 Top-Down 예산제도의 현실은 중앙예산기구인 기획예산처(더 정확하게는 예산실)이 Down(집행부처)의 자율성을 예전에 비하여 "약간 더" 고려해준다는 정도이다. 도입 취지대로 "Top-Down 동행 예산편성제도"가 되기 위해서는 지속적인 제도 개혁이 필요하다.[29]

Top-Down 예산제도는 이미 1920년대부터 민간부문에 적용되기 시작하였으나, 정부부문에서는 미국 연방정부가 1974년에 "의회 예산 및 지불통제법"(Congressional Budget and Impoundment Control Act of 1974)을 제정함으로써, 세계 최초로 정부부문에서 탑다운 예산제도를 도입할 법률적인 기반이 마련하였다.(Bozeman & Straussman: 1982, 509).

유럽에서도 1979년과 1990년에 각각 외환위기를 겪은 영국 및 스웨덴을 중심으로 탑다운 예산제도가 도입되었다. 그 후 영연방국가들 및 OECD 선가입 국가들을 중심으로 이 제도가 정부부문에 속속 도입되기에 이르렀고, 한국도 2002년에 시범사업을 거친 뒤, 2003년에 신제도가 도입되었다.

---

28 응용(7국15): 핵심 예산제도 3개는 서로 역할분담도 하고, 보완해주기도 해서 하나의 집합체(set)를 이루는 3개의 구성요소이다.

29 정부 내부에는 중앙정부를 부모로, 지방자치단체를 자식으로 비유하는 경우가 많다. 그러나 시대가 변하고 있다. 그것도 아주 많이 변하고 있다.

(2) 장점

기획재정부가 편찬한 "2010 한국의 재정"에 보면, 이 제도를 도입한 취지가 나오는데, 그것이 바로 이 제도의 장점이다.

① Bottom-Up 제도의 문제점 극복

한국이 건국 이후 사용해 온 예산편성 방법은 전통적인 Bottom-Up 제도이다. 이 제도는 지출부처가 중앙예산기구에 예산요구서를 제시하면, 중앙예산기구는 그것을 일일이 심사하여 삭감을 하는 방식이다.

그런데 문제는 지출부처가 너무 많은 예산을 요구하는 것이다. 예산실무자의 회고록을 보면, "가용한 예산자원의 30배까지 예산이 요구되어서, 예산을 팍팍 깎을 수 밖에 없다고 해서 도끼질이나 대패질이라고 불렀다"고 한다. 또는 "일단 예산을 왕창 삭감하면, 담당자들이 부랴부랴 찾아와서 온갖 설명을 하니, 그 때 조금 올려주면 고마워들 했다"고도 한다.

이런 Bottom-up 방식은 중앙예산기구나 지출부처 모두 엄청나게 많은 시간과 노력을 들여야 했다. 그에 비해서 국가적으로 얻는 것은 불분명하다. 예산당국과 사업 부처 간에 깊은 서로를 존중하지 않게 되었고, 그 결과 서로 솔직하게 국가사업에 대한 정보를 교환하지 않았다. 한 쪽이 잘 속여서 예산을 많이 받았다든지, 다른 쪽이 속이려는 것을 잘 방지해서 삭감했다든지 하는 과정의 결과가 국가예산서가 되었다.

② 협업과 분업

중앙예산기구의 공무원들은 국정 전반에 대한 지식이 풍부하다. 모든 사업이 예산을 필요로 하기 때문에, 예산사정 작업을 오래 하다 보면 국정에 대한 정보를 엄청나게 많이 알게 된다. 그래서 기획재정부 출신이 각 부처의 장관이나 차관이 되는 경우가 많다.

그러나 실제 업무를 담당하는 사람과 서류 심사만 하는 사람과는 다루는 정보량에서 엄청난 차이가 난다. 즉, 지출부처 실무자는 깊이 있는 지식을 가지고 있

고, 중앙예산기구 심사자는 넓은 지식을 가지고 있다.[30]

이 둘이 서로 분업하고, 협업한다면 훨씬 더 효율적이지 않겠는가. 그래서 Top-down 동행 예산제도는, 중앙예산기구에서는 여러 분야에 재원을 배분하는 데 집중하고, 지출부처에서는 총액으로 배정받은 예산을 정말 필요한데 투입할 필요가 있다. 특히 창의적인 신규사업들은, bottom-up 제도에 의하면, 제일 먼저 삭감되는 예산이었다. 하지만 지출부처에게 한도 내에서 재원 투입을 하라고 하면, 그들이 모든 것을 알고 있다. 어디에 예산을 더 많이 투입해야 하는지, 어떻게 돈을 써야 더 효과적인지 잘 안다. 그래서 선진국에서 이 제도를 도입하고, "Each minister is his own finance minister"라고 평가하였다.(OECD, 2001)

③ 전략적이지 않은 미시적 재원배분의 극복

기획재정부는 엄청나게 바쁜 중앙관서이다. 그래서 직원들이 여유를 가지고, 나라를 위해 바람직한 방향이 무엇인지 깊이 생각할 수도 없이 바쁘다. 그러다 보니, 하던 일을 늘 하던 대로 수행하게 된다.

기술과 사회는 빠르게, 그리고 깊게 발전해가고 있다. 사람들의 오지랖은 넓어져 가고만 있다. 치안, 소방, 방역 등의 전통적인 행정 분야에 대해서도 국민의 요구가 높아지고, 기술혁신과 신산업, 거기에다 기후변화, 국제사회주의 등에 대한 요구도 증가하는 등 행정의 수비범위(spectrum)이 엄청 넓어지고 있다.

그러나 Bottom-Up 방식은 전체적인 숲을 보는 기능보다는 나무를 보는 기능에 충실하다. 즉, 사회적 변화가 적을 때는 유효하다. 지출부처의 엄청난 예산요구안을 삭감하는 데에만 치중하다 보면, 다시 과거 실무자의 고백을 들어 보자면, "탈진할 정도로 힘들게 예산을 편성하고 나면, 이게 아닌데 하는 생각이 들 때가 있다." 즉, 사업들 간의 예산편성이 균형(balance)이 맞지 않는 것이다.

앞의 제2장에서 여러 가지 재정규범을 논의하였지만, 사실 예산에서 제일 중요한 것은 "균형"이다. 그런데 미시적인데만 집착하다보면 균형을 잃게 된다. 오래

---

30 응용(9지15): 이처럼 중앙예산기구와 지출부처간에는 정보가 비대칭할 수 밖에 없는데, 이를 완화하는 방법 중 하나가 Top-Down 예산제도이다.

된 도심을 보면 대부분 미로(迷路)형이다. 그때 그때 상황에 맞춰서 집을 짓고, 헐고, 고치고 하다보면 미로가 된다. 이에 비해 계획도시는 깨끗하고 쾌적하다. 더 높은 차원에서 재원을 투입했기 때문이다.

(3) 운영

총액배정자율편성제도는 국가재정운용계획에 반영된 국가적 정책 우선순위에 입각하여, 기획재정부 장관이 분야별 부처별 지출한도 등을 미리 설정하여 지출부처에 통보한다. 그러면, 지출부처별로 소관 정책과 자체 우선순위에 따라 예산요구서를 작성한다. 이를 기획재정부가 사정하여 최종적으로 국가예산안을 만든다.

이런 과정을 통해, 지출부처의 전략적 기획과 분권재량 권한이 확대된다. 그런 만큼 지출부처는 성과에 대한 책임을 져야 한다.

그런데 한국은 완전한 Top-Down제도가 아니라, 기존의 Bottom-up 방식을 보완하는 차원에서 이 제도를 도입한 것이다. 따라서 기획재정부는 사업별 예산통제 기능을 여전히 발휘한다.[31] 하지만 지출부처들도 여전히 전략적인 태도를 취할 때가 있다. 기재부의 통제(삭감) 경향에 대비하여, 꼭 필요한 사업예산을 일부러 작게 계상하여, 그것이 국회에서 증액토록 한다. 즉, 기재부의 방패를 우회하여, 국회에 기대어 예산을 증액하는 것이 없지 않다.[32]

(4) 문제점

Top-Down 예산제도에 이상과 같은 장점이 있다면, 그 제도를 도입한 후에 장점들이 발휘되고 있는가 살펴보아야 한다.

---

31 응용(7국08 & 7국13 & 9지19 & 9지18): 보통 Top-Down을 문자 그대로 하향식으로 부른다. 그러나 의미는 top과 down의 수평관계를 지향한다. 이 예산제도는 전통적인 점증적 예산편성 제도에 비하여 더 많은 창의적 신규사업에 예산을 편성할 수 있다.

32 응용(9국09): 이런 전략이 단기적으로 효과가 있을 때도 있지만, 다음 해 예산을 편성할 때는 어려움을 줄 수도 있다.

① 동행 미흡

이 제도 도입 초기에는, 기획재정부가 지출부처 예산의 약 30% 정도는 예전처럼 엄격하게 심사를 하지만 나머지 70%의 예산에 대해서는 지출부처의 자율성을 존중해준다고 하였다. 그러나 이 비율은 점점 변하여서, 최근에 이르러서는 지출부처의 자율성은 상당 부분 없어졌다고 한다.[33]

② 법제화의 미비

2004년의 재정개혁 과제들 중 국가재정운용계획은 비교적 상세히 국가재정법에 반영되었다. 그러나 총액배정자율편성제도는 국가재정법에는 명시적으로 나타나 있지 않은 예산편성 방침이다. 국가재정법은 "총액배정"에 해당하는 부처별 지출한도를 예산안편성지침에 포함하여 통보할 수 있다고 규정할 뿐(제29조 2항), 그 지출한도를 어길 경우에 대한 조항이 없다. 또 국회가 예산을 심의할 때 해당 지출한도를 존중해야 한다는 규정도 없다. 그리고 "자율편성"에 대한 아예 언급은 없다.

"성인지예산"이나 2022년부터 실행될 "탄소중립인지 예산" 등이 국가재정법에 산입된 것에 비해서, Top-Down 예산제도에 대한 의지는 강하지 않은 듯 하다.[34]

③ 미시적 예산심사의 지속

유승원 교수는 "워낙 Top-Down 제도는 Bottom-Up을 대체하는 것이 아니라 그것을 보완하기 위한 도입한 것이지만, 이왕 지출한도를 주었으면 그 한도 내에서는 자율편성 권한을 주어야 마땅하나, 아직도 미시적 예산심의가 계속되고 있다"는 견해이다. (유승원, 2020, pp.125-126) 즉, 앞에서 언급한 Top-Down 제도의

---

33 응용(9지19): 이 제도는 기존의 bottom-up 방식을 완전 대체하는 것이 아니고, 보완하는 차원에서 도입한 것이라, 기획재정부의 통제는 아직도 강한 편이다.

34 응용(7국19 & 9지10): 성인지 예산은 2004년에 국가재정법에 법제화 되었다. 성인지 예산은 모든 사업에 대해서 작성하는 것이 아니라 대통령령으로 성인지 대상사업으로 선정된 사업에 대하여 작성된다. 성인지 기금운용계획서도 있고, 이들도 국회 심의 및 집행 후 결산 과정을 거쳐야 한다.

장점이 잘 발휘되고 있지 않다는 것이고, 나아가서 과거로 회귀한 측면도 있다.

④ 국회의 **Top-Down** 예산심의제의 미채택

행정부가 Top-Down 방식으로 편성한 행정부 예산안은 국회 심의라는 과정을 거쳐야 한다. 그런데 한국 국회의 예산심의 방식은 Top-Down 심의제를 채택하고 있지 않다. 한국이 Top-Down 예산편성제도를 벤치마킹한 선진국들은 대부분 내각제 국가들이기 때문에 행정부의 Top-down 편성제도의 취지가 의회에서도 그대로 구현이 된다.

하지만 대통령제 국가인 한국에서는 행정부만 Top-down 방식으로 예산을 편성하고 있고, 의회는 이것과 상관없이 심의를 하고 있어서 전략적 재원배분의 효율성이 떨어지고 있다. 향후 정부예산에 대한 한국 국회와 행정부간의 역할정립과 상호협조가 필요하다.[35]

(5) 외국의 Top-Down 예산편성제도

미국은 1980대 감축관리 시대 때부터 Top-Down 예산제도를 점진적으로 발전하였다. 예산수권법에서 어떤 지출을 허용하면, 그 사업이 완료될 때까지 허가 받은 총액을 지출하면 된다. 따라서 미국의 경우, 지출한도를 사용하는 기간이 1년이 아니라 사업이 종료될 때까지라는 점에서 한국과 다르다. 한국은 계속비 제도라는 것이 있지만, 그것과 미국의 예산수권법 상의 지출한도는 상당히 다르다.

영국은 지출검토제(spending review)를 사용하고 있는데, 구체적인 내용은 AME와 DEL로 구성되어 있다. 사회복지지출에 대해서는 매년 재정관리를 하고 있고(AME), 기타 지출에 대해서는 2년 간의 지출한도(Department Expenditure Limit)을 둔다. 즉, 한국은 모든 지출에 대해서 1년간의 지출한도를 부여하고 있는데, 영국은 비 복지지출에 대해서는 자율성을 더 많이 주는 2년 지출상한을 주고 있다.

---

35 배득종이 "정부회계연구"에 기고한 논문(2018)에 의하면, 국회가 Top-Down 예산심의제도를 도입하기 쉽지 않다고 예상된다. 국회의원들이 이 제도를 당장 추진할 제도가 아니라, 중장기적으로 고려할 제도로 분류하였기 때문이다.

필자는 A국에서 Top-Down 예산제도의 극단적인 단점을 관찰하였다. 세계 최빈국 중의 하나인 이 나라(1960년대까지 한국은 이 나라보다 더 못사는 나라였다)는 재무부에서 각 부처에 지출한도를 지정한다. 그러면 장관은 국장들에게 국장이 쓸 수 있는 지출한도를 부여하고, 국장은 과장에게 지출한도를 부여한다.

형식상으로 완전한 Top-Down이지만, 문제는 예산자원이 턱없이 부족하다는 점이다. 즉, 장관은 국장들에게 "이 정도 예산밖에 없으니, 국장들에게 골고루 나눠줄테니, 알아서 쓰시오"라고 한다. 국장들은 과장에게 똑같이 한다. 결국 일선에서는 모든 사업에 예산이 골고루 편성되지만, 각각의 사업에 필요한 절대 금액이 부족해진다. 그래서 1년 걸릴 일을 10년에 걸쳐서 수행한다.

이런 Top-Down 예산제도는 "동행"예산이 아니라 "책임회피"예산이라고 할 수 있다. 책임지고 선택과 집중을 하지 않기 때문이다.

그 만큼 지출부처의 재량과 그에 따른 책임 늘어난다. 영국의 제도는 영연방 국가들에 많은 영향을 주고 있다.

스웨덴은 봄의회에서는 예산총액과 지출분야별 총액을 결정한다. 가을의회에서는 구체적인 사업과 지출금액을 정하는데, 봄의회에 이미 결정한 총액을 준수한다. 스웨덴의 예산제도는 한국의 재정개혁에 영감을 많이 주었지만, 정치행정적 환경이 한국과 매우 다르다.[36]

3. 성과관리예산제도

(1) 의의

한국의 성과관리제도는 국무조정실과 기획재정부로 2원화 되어 있다. 국무조

---

36 응용(7국08): 네덜란드에는 Coalition Agreement 제도가 있다.

정실을 일반행정업무를, 기획재정부는 재정사업을 각각 평가한다. 특히 총액배분자율편성제도에 따라 지출부처의 자율성을 더 확대한 만큼 책임성을 강조해야 했다. 그것이 바로 성과관리예산제도이다.

그리하여 성과관리예산제도는 Schick 교수의 재정규범인 운영 효율성을 추구하고, 총액배분자율편성제도는 배분적 효율성을 주로 추구한다. 그리고 국가재정운용계획은 총량재정규율 및 배분적 효율성을 동시에 달성하고자 한다. 따라서 이 세가지 핵심예산제도들은 서로 보완하는 제도들이란 점에 의의가 크다.[37]

이밖에 예산절감이라든지 재정효율성, 그리고 투명하고 책임있는 재정운용이 요망되는 바, 국가재정법 제1조에서는 재정운용의 목적을 5가지로 명시하고 있

〈표 3-2〉 한국이 벤치마킹한 주요 외국 성과관리제도

구분	내용	한국 도입 여부	비고
미국 제도	GPRA (성과계획서-성과보고서 제도)	○ 성과계획서와성과보고서를 국회에 제출	Clinton행정부. 의회보고용
	PART	○ 재정사업자율평가	예산편성참고자료
	BSC	×	Bush 행정부
	GPRAMA of 2010	○ 핵심사업평가제도	OBAMA 행정부
영국 제도	성과계약서	○ → ×	한때 사용
	시민헌장	○ → ◗	한때 사용
	Gateway Review System	×	검토 후 미채택
	Resource Accounting	×	검토 후 미채택
호주	Output Budget System	×	검토 후 미채택
뉴질랜드	Capital Charge	×	검토 후 미채택
스웨덴 등	개인별 연봉 계약제	×	검토 후 미채택

출처: 배득종(2018)

---

37 응용(9국12): 지출의 합법성과 오류 방지는 성과관리예산제도와 같은 새로운 제도를 만들기 훨씬 이전부터 이슈가 되어온 기본적인 문제이다.

다: ① 효율성, ② 성과지향성, ③ 투명성, ④ 건전성, 그리고 ⑤ 공공성.[38]

정부는 성과관리예산제도를 수립함에 있어서 세계 각국의 사례를 벤치마킹 했지만, 대체로 미국의 사례를 많이 참조하고 있다.(〈표 3-2〉 참조.)

이상의 외국제도들이 갖는 공통된 특징은 과거의 투입관리를 하던 재정운용에서, 산출물(output) 달성 또는 결과(result 또는 outcome) 달성으로 수준을 높이는 것이다. 투입관리란, 예를 들어, 순찰차 몇 대를 얼마에 구입하여, 유지관리비를 얼마나 절감하여 관리하느냐 하는 문제이다. 이에 비해 산출물 관리는, 순찰차로 어디를 몇 회 순찰하도록 하느냐를 중요시 한다. 그러나 결과(outcome)는 순찰의 결과, 주민들의 안전도가 얼마나 향상되었는가에 주안점을 둔다. 다만, 이런 취지는 좋지만, 안전도를 어떻게 평가할 것인지 그 지표를 구성하기가 어렵다는 문제가 있다.[39]

(2) 운영

① 재정성과목표관리제: 성과계획서 – 성과보고서

미국은 의회가 예산을 편성하기 때문에, 행정부로 하여금 예산을 요구한 사업들에 대하여 성과계획서를 제출하라고 하였다. 그리고 예산을 받은 지 몇 년이 지나면 사업들에 대한 성과보고서를 제출하라고 한 것이다.

예산제도의 세계 역사를 보면, 재정 민주주의의 역사와 흐름을 같이 해왔다. 처음에는 왕이 마음대로 운영하던 재정을 "국민의 대표 없이 세금을 걷을 수 없다"(Magna Carta, 1215년)고 하여 "세입예산"을 통제하기 시작했다.[40] 그리고

---

38 문재인 정부는 국가재정운용의 3대 기조를 "포용성, 생산성, 민주성"으로 설정하였다. 다만, 국가재정법 제1조를 개정하지는 않았다.

39 응용(7국15): 상대적으로 투입물 관리니 산출물 관리는 측징 지표가 단순하다. 순찰차 1대당 구입비, 운영비, 순찰 회수 등등. 안전도는 어떻게 측정하여야 누구나 수긍하는 객관적 지표가 될 것인가?

40 마그나 카르타를 촉발한 영국의 존 왕은 전쟁을 많이 일으켰다. 그런데 10전 10패를 하자, 전쟁비용을 지불하였던 귀족과 상인들이 화가 날 수밖에 없었다. 이들은 왕을 죽이든지, 교체하든지, 아니면 왕권을 제한하여야 했던 것이다.

1800년대에 와서는 왕(행정부)이 지출한 내역을 "결산과 감사"를 하겠다고 하였다. 그 다음으로 등장한 제도는 왕(행정부)이 돈을 쓰려면 미리 "세출예산"까지 작성하여 의회를 동의를 받으라는 것이다. 그리고 세월이 한참 흘러 이제는 대통령(행정부)가 지출한 예산에 대해서는 "성과"를 증명하라는 것이다.

한국 정부도 미국의 영향을 받아서 "재정성과목표관리제"를 도입하였다. 그리하여 국회에 "성과계획서"와 "성과보고서"를 제출한다. 중앙관서의 장은 기관의 전략 목표 및 당해 연도 성과목표 달성을 위하여 성과계획서를 작성한다. 그리고 일정기간 경과 후에 성과보고서를 제출하여야 한다.(국가재정법 6조) 중앙관서의 장은 소관의 세입세출과 기금의 성과를 종합하여 각 중앙관서별로 통합 성과보고서를 작성한다.

중앙관서의 장은, 목표를 달성한 경우, 어떠한 노력을 통해 목표를 달성하게 되었는지, 그 결과가 조직에 기여한 바가 무엇인지 구체적으로 기술하여야 한다. 특히 성과목표치와 예산액 조정 필요성 및 향후 대책도 제시하여야 한다. 그런 반면, 목표를 달성하지 못한 경우에는, 미달성 사유에 대한 원인부족을 구체적으로 적시하고, 향후 목표달성을 위해 어떤 노력을 기울일 것인지 구체적으로 개선방안을 제시하여야 한다. 역시 성과목표치와 예산액 조정 필요성 등도 기술하여야 한다.(배득종, 2009)

그런데 이렇게 작성한 행정부의 성과계획서와 성과보고서에 대해서, 국회에서의 반응과 호응도는 낮은 편이다.

② 재정사업자율평가

미국의 중앙예산기구인 관리예산처(OMB)는 PART(Program Assessment Rating Tool)을 개발한다. 매년 재정사업들의 1/5 정도를 평가대상으로 삼아서 실시하므로 5년이 되면 평가를 다시 받아야 한다. 평가 방식은 약 20개 정도의 질문에 대하여 지출부처가 yes/no 방식으로 답변을 하도록 하고, OMB는 이를 확인한다. 평가비중은 다음과 같다.

• 사업 목적과 디자인: 20%

- 전략적 기획: 10%
- 집행 관리: 20%
- 결과와 책임성: 50%

한국도 기획재정부가 이 제도를 도입하였는데, 처음에는 교수 등을 평가위원으로 위촉하였으나, 나중에는 전문연구기관(한국개발연구원과 한국조세재정연구원)에 평가를 일임하였다.

한국의 재정사업자율평가의 평가항목은 Plan-Do-See의 관점에서 계획단계(4개 항목), 관리단계(4개 항목), 성과및환류단계(3개 항목) 등 11개 공통질문이 있고, 사업유형별로 1~3개의 추가질문이 있다. 각각의 질문에 대하여, 각 부처가 자체적으로 응답을 하고, 이를 기획재정부가 확인 검토(메타평가)하는 방식으로 진행된다.[41]

③ 재정사업심층평가제도

한국은 미국보다 더 과감하게 매년 재정사업의 1/3에 대해서 평가를 실시하여 3년 주기로 재정사업자율평가가 이루어지게 한다. 평가 결과가 미흡한 사업에 대해서는 예산을 자동적으로 10% 이상 삭감토록 하였다. 그리고 매년 5~10개 사업에 대해서는 재정사업심층평가제도의 대상으로 한다.[42]

④ 핵심사업 집중평가제도: **2018년부터 시행**

미국은 오바마 대통령 때, 1993년에 제정되었던 Government Performance and Result Act(GPRA)를 GPRA Modernization Act of 2010(GPRAMA)로 개정하였다. 이 법을 실현하기 위해, 2014년에는 전략목표점검제도(SOR: Strategic Objectives

---

41 필자도 재정사업자율평가에 참여한 적이 있는데, 그 때 경험을 살려 실증분석도 하였다. 배득종(2006). 분석결과 재정사업자율평가는 예산규모를 줄이는데는 효과가 발견되지 않지만, 공무원들의 제안 건수와는 유의미한 양의 상관관계가 있었다.

42 응용(7국16): 주로 부처간 중복사업 또는 낭비 가능성이 있는 사업들이 심층평가의 대상이 된다.

& Reviews)를 도입하였다. 한국은 이들을 참조하여 2018년에 "핵심사업평가제도"를 도입한다.

한국은 2018년에 재정사업자율평가제의 구성요소인 ① 지출부처의 자율평가와 ② 기획재정부의 메타평가 중 메타평가를 핵심사업평가제도로 대체한다. 그리하여 일자리 창출, 신성장동력 발굴 등 80여개 국정과제사업에 핵심사업평가제도를 적용하기로 하였다.

새로 도입된 핵심사업평가제도의 중요 특징은 이렇다. 과거의 평가는 사업이 종료된 다음에 실시하였다. 그러나 이미 끝나버린 사업에 대해 평가해 보았자 쓸모가 없다. 사업을 되돌이킬 수도 없다. 따라서 새 제도는 사업이 진행되는 중간에 분기별로 실시한다. 그렇게 하면, 상황변화에 따른 사업수정이 적절히 이루어져서 최종적으로 성과를 향상시킨다는 것이다. 이를 좀 더 세분화하면 다음과 같다.

- 집행단계부터 선제적으로 성과를 관리하는 방식으로 전환
- 중기(3년) 결과목표(outcome) 평가도 병행
- 3년 동안 분기별로 집행과정을 현장중심으로 지속 평가
- 사업부처·정책관계자와 협업을 통해 제도개선을 포함하여 성과제고방안 마련
- 분기별 합동현장조사 실시 (배득종, 2018)[43]

제 3 절　현행의 보조적인 예산제도

1. 프로그램 예산제도

프로그램 예산제도는 미국 연방정부가 1960년대 도입하였던 계획예산제도

---

43 핵심사업평가제도를 처음 적용해 본 결과, 성과가 부진한 이유들 중 큰 부분이 예산부족이었다. 성과를 올리기 위해서는 다른 무엇보다 투입예산을 늘려야 한다는 것이다.

(PPBS, 나중에 설명됨) 이후 선진국에서는 오래전부터 사용하던 예산구조이다. 예산을 국가 우선순위에 따라 정책적으로 기획하고, 성과중심으로 운영하는데 유리한 제도이다.[44]

프로그램이란 "동일한 목적을 지닌 여러 사업들의 집합체"이다 정책적 독립성을 가진 일정 규모 이상의 예산단위이다.(유승원, 2020) 한국어로 번역하기가 매우 까다로와서 외국어인 프로그램이란 용어를 그대로 사용하고 있다.[45]

프로그램의 개념을 가장 쉽게 얘기하자면, 행정관서의 "실·국장"의 관할 하에 있는 유사한 정책목표를 가진 예산사업들의 묶음이다. 그러나, 어떤 사업은 한 실장 또는 국장이 2개 이상의 프로그램을 운영하기도 하고, 반대로 여러 실장 또는 국장이 공동으로 관할하는 프로그램도 있어서 일률적으로 단정지어서 말하기는 어려운 개념이다.

한국은 과거에는 정부예산을 구분할 때 가장 중요한 것이 회계별 구분이었다. 따라서 한 부처가 동일 또는 유사한 사업을 시행한다 하더라도, 그 재원이 일반회계냐 특별회계냐 기금이냐에 따라서 기장되는 장소가 달랐다. 따라서 사업관리자는 각각의 회계별로 운영되고 있는 동일 또는 유사 사업에 대하여 상당히 복잡한 정보를 처리해야 했다. 그래서 사업담당자들은 예산서의 어느 구석에 얼마 만한 돈들이 흩어져 있는지 알고 있지만, 외부인은 그것을 잘 알아보기 어려웠다. 즉, 사업관리자가 아닌 제3자가 사업관리 상황과 성과를 알아보기는 더욱 어려워

---

44 응용(7지18): 프로그램 예산제도는 자잘한 개별 사업들에 대한 평가가 아니라, 여러 사업을 묶어서 큰 뭉치로 평가하는데 더 유효한 방법이다. (예, 사원들의 업무에 대한 평가가 아니라, 본부장이나 이사 단위에서 하는 사업운영과 평가라고 할 수 있다.) 단, 한국에서는 아직 프로그램별 평가는 적합한 지표 개발 등의 문제 때문에 어렵지만, 그래도 프로그램 구조는 계속 사용하고 있다.

45 필자 등은 "프로그램"에 대한 번역을 한글학회에 의뢰하자고 하였으나, 잘 이루어지지 않았다. 한글학회는 고속도로의 Shoulder를 "갓길"로 명명해주었다. ㄱ 전까시는 Shoulder를 "노견(길어깨)" 등으로 불렀는데, 이에 비하면 훨씬 더 정확하고도 훌륭한 작명이다. 참고로 프로그램 예산제도가 최초로 도입되었을 때 당시 담당자는 프로그램을 정책사업으로 프로그램예산제도를 정책사업예산제도라고 부르자고 하였다. 그러나 기획재정부 보고 과정에서 각각 프로그램 예산제도로 공식화 되었다. 한편, 지방재정을 관할하는 행정안전부에서는 이를 "사업예산제도"라고 하였다.

그림 3-2 · 프로그램 예산구조의 이해

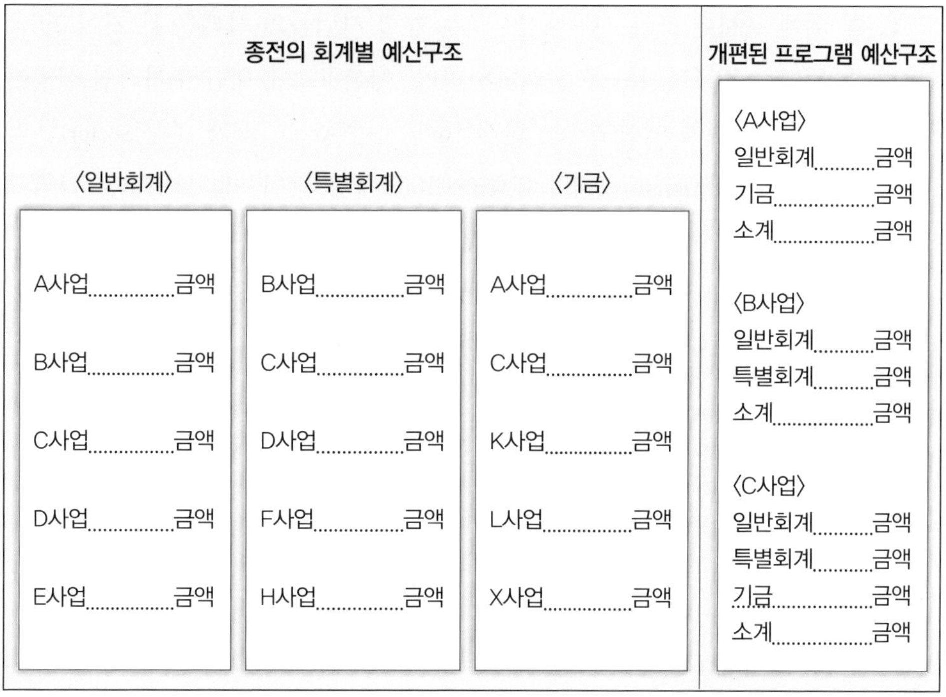

종전의 회계별 예산구조			개편된 프로그램 예산구조
〈일반회계〉	〈특별회계〉	〈기금〉	〈A사업〉 일반회계............금액 기금............금액 소계............금액 〈B사업〉 일반회계............금액 특별회계............금액 소계............금액 〈C사업〉 일반회계............금액 특별회계............금액 기금............금액 소계............금액
A사업............금액 B사업............금액 C사업............금액 D사업............금액 E사업............금액	B사업............금액 C사업............금액 D사업............금액 F사업............금액 H사업............금액	A사업............금액 C사업............금액 K사업............금액 L사업............금액 X사업............금액	

서 재정운용 투명성에 한계가 있었던 것이다.[46]

이런 회계별 기금별 예산을 사업별로 재편한 것이 프로그램 예산제도이다. 보다 정확히 얘기하자면, 프로그램 예산제도란 정부예산을 프로그램(정책목표)-단위사업(정책수단)-세부사업(내역)으로 체계화하고, 프로그램 단위를 중심으로 정책적 관점에서 예산제도를 운용하도록 설계된 제도이다.(유승원, 2020) 즉, 사업목적이 동일 또는 유사한 사업들이면, 이를 회계별 기금별 구분에 앞서서 사업목적별로 구분하고, 프로그램 단위를 중심으로 국가재정운용계획, Top Down 예산제도, 재정성과관리제도 등을 운용하자는 것이다.[47] 이를 알기 쉽게 그림으로 표현하면, 다음 [그림 3-2]와 같다. 어떠 어떠한 사업들에 총 얼마씩 편성되는지,

---

46 이하 배득종(2009)을 참고하여 재구성하였음.

47 프로그램예산제도는 예산을 정책 관점에서 운용하며 성과를 극대화하기 위해 도입한 제도이다.

재원조달 구조는 어떻게 되는지 훨씬 더 투명하고, 명확하게 알 수 있게 된다.[48]

그런데 위에 표시된 프로그램 예산구조는 개별 사업들의 사례를 든 것이고, 국가전체 차원에서 프로그램 구조를 이해하려면, 예산구조에 대한 추가적인 설명이 필요하다. 한국의 전체 예산구조는 현재 16개 분야(Area), 75개 부문(Sector)[49] 약 900개의 프로그램(Program), 대략 2,000~3000개의 단위사업(Activity), 그리고 8,000~9000여개의 세부사업(Project)이 있다. 세부사업 밑에는 수많은 과제 또는 과업들(Tasks)이 있다. 그리고 이런 사업들을 수행하는데 소요되는 비용들에 대한 비목구분(cost category)들이 있다.

〈표 3-3〉 국가 전체적인 기능 속의 프로그램 사업

국가의 기능범위	과거의 예산구조	새 예산구조	일반적인 조직구조
대기능	장	분야	중앙관서의 장 (지방자치단체장)
중기능	관	부문	
소기능	항	프로그램(정책목표)	실·국장
세부기능	세항	단위사업(정책수단)	과장
	세세항	세부사업(내역)	사무관
비용구분	목	편성목	
상세구분	세목	통계목	

이런 프로그램예산제도는 중앙정부는 2004년부터 준비하여, 2007년에 도입하였고, 지방자치단체는 그 다음 해인 2008년에 도입하였다.[50]

---

48 응용(7국16): 투입 중심의 회계별 구조 보다 프로그램별 구조가 훨씬 더 이해하기 쉽고, 그래서 성과관리에도 더 유리하다.

49 2018년부터 68개 부문을 75개 부문으로 변경하였다.

50 응용(7국16): 모든 새로운 제도의 도입이 꼭 그런 것은 아니지만, 대체로 중앙정부가 어떤 재정제도를 도입하면, 지방자치단체도 그 다음에 시차를 두고 도입한다. 이는 중앙과 지방의 싱크로나이즈를 위한 것일 때가 많다.

2. 복식부기 발생주의 회계제도

(1) 발생주의 회계

현금주의 회계에서는 현금이 수납이나 지급될 때 장부에 기록한다. 이에 비해 발생주의 회계는 돈 받을 권리나 지급할 의무가 생길 때 장부에 기록한다. 일반적으로 발생주의가 경제적 실제 활동을 더 잘 반영한다.[51]

일례로, A도를 평가한 사례이다. 이 자치단체는 채무가 많아서 그 점을 지적했더니, 현직 도지사가 매우 불편해 했다. 전임 도지사가 대규모개발사업을 시작해 놓고 떠나서, 자기 재임기간 내내 뒤처리하느라고 다른 할 일을 못한다는 것이다. 만약 현금주의가 아니라 발생주의로 회계처리를 했더라면, 채무의 주체는 전임 도지사가 되어야 했을 것이다.[52, 53]

세계에서 선진국이든 개발도상국이든 많은 국가들이 발생주의 회계제도를 도입하고 있다. 물론 회계원칙을 얼마나 엄밀하게 준수하는지는 국가마다 차이가 있다. 한국은 2011년부터 발생주의 회계에 입각한 결산을 하고 있다.

(2) 복식부기 회계

복식부기는 거래의 이중성을 이용하여 회계장부를 기입하는 방식이다. 우리가 물건을 산다는 것은, 1) 현금이 주머니에서 나가고, 2) 물건이 나한테 건네지는 것이다. 따라서 현금의 흐름을 기장하는 동시에 물건의 흐름도 차변과 대변에 동

---

51 응용(9지14): 현금주의에서는 정부수입을 현금으로 수취할 때나 정부지출을 현금으로 지불할 때 거래를 기입한다. 그러나 발생주의에서는 납세고지를 하거나 지출원인행위를 했을 때 바로 거래를 인식한다.

52 응용(7지10): 현직 도지사와 전직 도지사를 서로 다른 기관이라고 친다면, 이 사례는 발생주의를 적용하여야 재정성과를 제대로 비교할 수 있게 된다.

53 응용(7국12): 본 사례는 현금주의를 적용할 때의 문제점을 설명한 것이다. 발생주의(복식부기)에서는 이런 문제가 발생하지 않는다.

시에 기장한다. 이렇게 하면 대변의 합과 차변의 합이 일치가 되어, 복식부기의 가장 큰 장점인 자동검증기능이 발휘된다. 그래서 오류를 발견하기도 쉽고, 회계 처리도 투명하다.

단식부기는 수익과 비용의 개념이 모호한데 비하여 복식부기는 수익, 비용 개념이 분명하다. 그래서 성과측정을 향상시킨다. 또 단식부기는 현금만 관리가 가능한데, 복식부기는 다양한 경제활동을 종합적으로 판단할 수 있게 해주는 장점이 있다.[54]

그런데 거래를 분해하여 기입하는 것을 분개(journalizing)라고 하는데, 분개에 는 약속된 법칙이 있다.

- 자산의 증가는 차변에, 그 감소는 대변에 기입한다.
- 부채의 증가는 대변에, 그 감소는 차변에 기입한다.
- 자본의 증가는 대변에, 그 감소는 차변에 기입한다.
- 비용의 발생은 차변에, 수입의 발생은 대변에 기입한다.

차변은 왼쪽편, 대변은 오른편을 말한다.[55] 그러나 요즈음은 IT 기술이 발달해 서, 자동으로 분개해주고, 재무제표도 자동 생성한다.

그렇다 하더라도 기본적인 개념에 대한 이해는 항상 필요하다.

(3) 재무제표

회계(재무회계)는 나의 재정상태가 과거에 어떠하였는지, 현재 나의 재무활동은 바람직한지, 그리고 내 재정의 미래는 어떻게 될 것인지를 알아볼 수 있게 해주 는 매우 유용한 발명품이다. 그리고 최근에는 경제적 의사결정에 유용한 정보를

---

54 응용(7국09 & 9국18 & 9국10): 단식부기는 현금주의를, 그리고 복식부기는 발생주의를 기본 으로 한다.

55 응용(9국11): 초보자는 차변(왼편)과 대변(오른편)을 혼동하기 쉽다. 다음과 같은 방법을 사 용하기도 한다 ① 자동차를 사서 운전석에 앉으니, 자산 증가를 실감하게 된다. ② 빚을 갚 고, 운전석에 앉으니 마음이 편하다. 그러나 ③ 운전석에 앉으면, 통행료 등 각종 비용이 발생한다. 그러나 ④ 짜증(자본 증가)이 지대로 난다.

생산하는 도구(관리회계)로 발전하고 있다.(허웅.윤성식. 2011, p.41)

민간기업은 재정의 Stock을 "대차대조표"로 기록하고, 재정의 운영(Flow)를 "손익계산서"로 표현한다. 그리고 자금 Flow의 성격을 "현금흐름표"를 통해서 파악하게 해준다.[56]

예를 들어, 대출을 많이 받아서 하우스 푸어(house poor)가 된 친구가 있다고 하자. 이 친구는 대차대조표 상 자산은 많다. 값비싼 아파트를 샀기 때문이다. 그러나 빚을 내서 집을 샀기 때문에 순자산은 작다. 그렇지만 자기돈(순자산)으로 집을 샀든, 대출(부채)로 집을 샀든, 아파트(고정자산)가 있어서 자산을 많이 보유한 친구가 된다.

〈표 3-4〉 대차대조표의 개념도

| 자산 · 현금 등 유동자산 · 건물 등 고정자산 · 기타 자산 | 부채 |
| | 순자산 (자본) |

하지만 이 친구의 손익계산서를 보면, 들어오는 수입은 월급 등으로 거의 고정되어 있는데(수익), 대출 원리금 상환, 각종 세금 납부 등(비용)으로 순익은 적을 수 있다. 게다가 현금흐름표를 보면, 소비지출도 소비지출이지만, 재무적 지출이 커서, 어쩌면 미래를 위한 자기계발비(투자)가 적을 수 있다.

〈표 3-5〉 손익계산서의 구조

---

56 응용(9국09): 유동자산 300조, 고정자산 200조 원. 유동부채가 100조 원이면. 대차대조표 상의 순자산은 400조 원이다. 그리고 총수익이 300조 원이고, 총비용이 200조 원이면, 손익계산서 상의 순익이 100조 원이다.

"하우스 푸어"와 반대로 배달음식업을 개업하여 열심히 일하면서 저축하고 있는 청년이 있다고 하자. 아직 집은 없다. 이 친구의 경우, 대차대조표 상의 절대금액은 적을 것이다. 그러나 손익계산서를 보면 순익이 많을 것이고, 순익으로 재테크를 잘 하고 있다면, 현금흐름표 상 미래대비 투자가 많을 것이다. 그래서 이 친구는 전도유망 하다 할 것이다.

정부의 경우도 마찬가지다. 정부는 재정 상태(Stock)를 "재정상태표"를 작성하는데 기본적으로 대차대조표이다. 1년간의 재정흐름(Flow)은 "재정운영표"로 작성한다. 정부의 모든 수입을 수익으로 하고, 모든 지출을 비용으로 계산하여 순익을 도출한다.[57]

다만, 정부회계는 정부가 가지는 특성을 반영한다. 비교환수익이 많다던지, 영리를 목적으로 하지 않는다는 점, 그리고 예산의 역할이 매우 중요하다는 점 등이다. 예산에서는 효과성(목표달성도)을 더 중요시 하는데, 회계에서는 효율성(비용절감도)을 중요시 한다는 차이점도 있다.[58]

한국 정부의 재무제표

민간기업은 필수적인 재무제표로 대차대조표, 손익계산서, 현금흐름표 등을 작성한다. 이에 비해 정부는 결산보고서에 〈재정상태보고서〉, 〈재정운영보고서〉, 그리고 〈순자산변동표〉를 작성한다. 현금흐름표는 2022년 현재 정부의 재무제표에 포함되지 않는다. 그러나 이의 도입을 위해 계속 연구는 하고 있다.[58]

---

57 정부회계에 관한 보다 전문적인 내용은 배득종·강경훈·허웅·최용락. 2013. 재정관리정보시스템 구축 운영 경험 및 방법론. 제3장 참조.

58 응용(9국07): 비용통제를 책임성(accountability)라고도 한다.

59 응용(9국22): 정부의 재정상태보고서는 민간의 대차대조표에 상응한다. 재정운용보고서는 손익계산서에 상응한다.

유럽 여러 국가 중에서 스페인은 경제, 사회적으로 한국과 비견할 만하다. 다만, 한국은 GDP 규모가 더 크고, 스페인은 과거 역사적으로 쌓아 놓은 국부와 자산이 많다. 이를 회계보고서로 비교하면, 스페인은 재정상태표 상 자산이 한국보다 많을 것이다. 단, 스페인은 사회주의적인 성향이 있어서 부채비율은 한국보다 높을 것이다. 또 "재정운영표"를 비교해보면, 한국이 훨씬 더 많은 순익을 올리고 있을 것이다. (또는 더 적은 순손실을 기록하고 있을 것이다.[60]

기획재정부는 국가회계센터를 설립하여, 매년 한국의 국가회계기준 등을 개선시켜 나가고 있다.[61, 62] 지방자치단체 역시 행정안전부를 중심으로 "지방회계통계센터"를 설립하여 새 회계제도를 적용하고, 발전시키고 있다.[63]

정부회계제도가 더욱 더 발전하게 되면, 프로그램예산제도를 도입하였던 이유 중의 하나인 프로그램 원가(cost of program)를 산출할 수 있게 된다.[64] 이것이 중요한 이유는 원가가 도출되어야 "원가 대비 산출" 또는 ABC(activity-based costing)이 가능하게 된다. 그래야 재정의 운영효율성(operative efficiency)이 정확히 평가될 수 있다.

영국 정부는 자원회계제도(resource accounting)를 통해서, 어떤 기관이 원가 대비 산출을 잘 하였을 경우, 직원들에게 보너스를 지급하거나 이월금의 일부를 기관운영비로 사용할 수 있게 하고 있다.[65]

---

60 필자가 스페인 재무부를 방문했던 경험이 기초함.

61 발생주의 회계제도의 유용성에 대해서는 배득종(2010)의 실증적인 연구가 있다.

62 현재 정부회계에는 민간의 대차대조표에 상응하는 "재정상태표"와 손익계산서에 상응하는 "재정운영표"를 작성하고 있다. 그러나 민간의 현금흐름표는 정부부문에서 아직 작성하고 있지 않은데, 도입을 위한 준비작업을 하는 중이다. (예, 한국정부회계학회. 2021년 하계세미나. 국가회계에 현금흐름표 도입 연구.)

63 지방자치단체의 회계를 위해서는 2016년에 "지방회계통계센터"가 설립되었다.

64 허웅·윤성식. 2011.

65 필자가 런던시 회계과를 방문하여 면담한 내용임.

3. 통합재정정보시스템

규모가 있는 민간기업들의 경우 ERP(Enterprise Resource Planning) 시스템이 없는 회사가 없다. 기획재정부도 2004년부터 Public Integrated Financial Management Information System: PIFMIS)을 개발하기 시작하여, 2008년부터 운영하고 있다. 2016년에는 한국재정정보원을 설립하여 이 시스템을 전담 운영토록 하고 있다.

흔히 dBrain(digital brain)이라고 불리는 이 시스템은 매일 5만5천 명이 접속하여 각종 재정업무 처리를 하는데, 하루에 50만 건, 7조 원 이상의 재정업무 처리를 하고 있다. 2013년에는 UN공공행정상 대상을 받은 바 있고, 국제적으로도 유명하여, 견학 오는 외국 국가 대표들이 많다.(배득종, 2017)

이 시스템은 예산편성, 집행, 결산, 성과평가와 관련된 모든 업무를 처리하고 있으며, 모든 중앙행정관서들은 dBrain에 직접 또는 연계 시스템으로 연결되어 있다. 예산관리, 국유재산관리, 회계결산도 모두 이 시스템에서 처리된다. 예를 들어, 앞에서 살펴본 프로그램 예산제도의 경우, dBrain에서는 예산코드를 다음과 같이 설정하고, 전산처리 한다.

그림 3-3 · 프로그램 코드체계

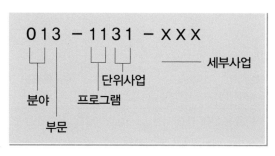

출처: 허웅.윤성식. 2011. p.157

이렇게 프로그램 코드가 주어지면, dBrain은 제3장에 수록된 3대 핵심예산제도 및 발생주의 회계제도, 그리고 현행 모든 재정관리제도를 처리한다. 다음 [그림 3-3]은 dBrain 기능들을 요약한 것으로서, 크게 보아 ① 중앙재정정보시스템,

그림 3-4 · dBrain의 주요 기능 도해

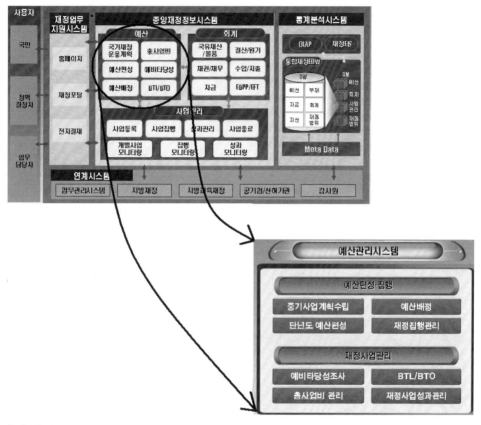

출처: 배득종. 2009. p.23

② 연계시스템, 그리고 ③ 통계분석시스템으로 구성되어 있다.

이들 중 핵심 콤포넌트인 "중앙재정정보시스템"은 다시 3개의 모듈로 구성되어 있는 바, ① 예산관리, ② 사업관리, ③ 회계관리가 그것이다. 이 책의 본 장(제3장)에서 설명한 국가재정운용계획과 Top-Down 예산편성 등은 예산관리 모듈에서 처리하고, 성과관리예산은 사업관리 모듈에서 처리한다.[66] 회계관리 모듈은 자금의 지출을 관리하고, 자동분개 방식을 통해 자동으로 결산을 한다.

---

66 응용(7국17): top-down 예산제도 및 국가재정운용계획은 2005년부터 적용되기 시작했고, dBrain은 이미 존재하는 제도를 전산으로 처리 하기 위해 개발한 지원시스템으로서, 2008년에 작동하기 시작했다.

그림 3-5 · dBrain＋의 새로운 기능들

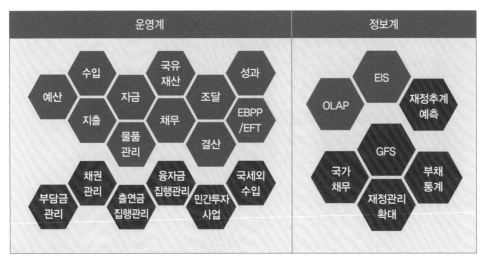

출처: 한국재정정보원
주: 윗쪽 육각형들은 오리지널 dBrain의 기능이고 아래쪽 육각형들은 dBrain＋에서 추가 기능

한편, dBrain은 "e-나라도움"이란 자매 시스템을 가지고 있다. 이것은 보조금 관리 전용 시스템인데, 정부예산의 약 1/3 정도가 보조금이어서, 국민 생활에 직접적으로 미치는 영향이 크다. 이밖에, dBrain은 외곽(peripheral)시스템인 "열린 재정"(openfiscaldata.go.kr)을 운영하고 있는데, 이것은 일반 국민들에게 투명하게 재정정보를 제공한다.

dBrain은 지난 십 수년 동안 큰 실수 없이 모든 업무를 처리해 왔지만, 최근에는 AI, 블록체인, 빅데이터 등 신기술을 활용하기 위한 업데이트 작업을 하고 있다. 2022년 1월에 차세대 dBrain이 개통하였는데(dBrain＋), 업무처리 범위를 넓히고, KODAS와 KORHAS 기능을 장착하였다.

KODAS(Korea Data Analysis System)란 약 8,700개의 데이터베이스를 활용하여 재정 의사결정에 도움을 주는 플랫폼이다. KORAHS(Korea Risk Assessment and Horizon Scanning)는 자동경보(electronic warning system, ews)을 도입하여 이상 징후를 조기에 경보하고, 국가의 핵심 정책들의 집행상황을 모니터링 하며, 인공지능 등 신기술을 활용하여 EIS 대시보드를 구성한다.

한편, 행정안전부는 지방자치단체들에 대한 통합재정정보관리시스템으로 "e-호조"을 개발하여 사용하고 있으며, 기능은 dBrain과 유사하다. 이 시스템 역시 신기술 적용을 위한 업데이트 작업 중이다. 일반 국민들을 위한 포털로 "지방재정365"(lofin.mois.go.kr)을 운영한다. e-호조 역시 차세대 시스템을 개발한다.(e-호조＋)

공공기관들은 제각각 개발한 시스템을 사용하고 있거나 dBrain 혹은 e-호조와 연계된 시스템을 사용하고 있다. 이들에 대한 통합 정보는 알리오(alio.go.kr)에 접속하여 검색하면 된다. 지방공기업에 관한 사항들은 지방재정365에 탑재되어 있다.

| 제 4 절 | 기타 예산제도들 |

1. 성인지 예산

2005년에 국가재정법을 제정할 때 찬반 국회의원 수가 여야 동수였다. 이때 소수 야당의 어느 여성위원이 "성인지 예산"을 국가재정법에 포함시키면, 법 통과에 찬성을 하겠다고 했다. 이로써 한국도 다른 많은 나라들과 같이 성인지 예산서를 작성하게 되었다.

이 제도의 취지는 중앙관서나 지자체가 예산을 쓸 때, 남성과 여성에 미치는 영향을 감안하라는 제도로서, 2010년에 처음 성인지 예산서 및 성인지 결산서가 작성되었다. 2020년의 경우 그 규모가 35조 원에 달한다.

그러나 성인지 예산은 별도로 예산 금액을 편성하는 것이 아니고, 이미 편성된 예산 중에서 성평등 취지에 맞게 사용할 사업들을 골라내는 일종의 통계표라고 할 수 있다.[67]

---

67 응용(9지19): 성인지 예산은 모든 사업을 대상으로 하지 않고, 일부 사업을 선별하여 보고서 작성의 대상으로 삼는다.

이렇게 선정된 사업예산들이 ① 여성과 남성에게 미칠 영향을 미리 분석한 보고서를 작성하여야 하는데, 이런 보고서를 "성인지예산서"라고 한다.(국가재정법 제26조) 이 보고서(예산서)는 ② 성평등 기대효과, 성과목표, 성별 수혜분석 등을 포함하여야 한다. 그리고 ③ "성인지결산서"도 작성하여야 하는데, 거기에는 집행실적, 성평등 효과분석 등이 포함된다. 마지막으로 ④ 기금에 대해서는 "성인지 기금운용계획서"를 작성하여야 한다. ⑤ 지방자치단체 역시 성인지예산서를 작성하여 제출하여야 한다.(지방재정법 제36조의 2)[68]

2. 온실가스감축인지 예산

지구온난화 문제에 대응하기 위하여 2021년에 국가재정법에 신설된 조항이다.(제27조) 온실가스감축인지 예산서는 2022년에 처음 작성되는데, 성인지 예산서처럼 일종의 통계 보고서이다.

따라서 성인지 예산제도와 유사하게 운영될 것이다. 그래서 "온실가스감축인지 기금운용계획서"도 작성하고 그런다.

3. 참여예산제도

지방자치단체들은 일찌감치 주민참여예산제도를 도입하였다. 이후 중앙정부도 이 제도를 운영하고 있는데, 이것과 관련하여서는 나중에 별도의 장(지방재정)에서 설명하도록 한다.[69]

---

68 응용(7국21 & 9지10): 성인지 예산서와 결산서는 국가재정법에 명문화되어 있을 뿐 아니라 지방재정법에도 조항이 있다. 그리고 성인지 기금운용계획서 역시 국가재정법에 포함되어 있다.

69 응용(7지21): 주민참여예산이라고 해서, 각종 비과세 혜택을 주는 그런 제도는 아니다. 주민들이 공동으로 소규모 공공 사업 등을 하도록 허락해주는 제도이다. 중앙정부에서 운영하는 주민참여예산제도는 명칭을 달리하여, 국민참여예산제도라고 한다.

예산과정

제1절 예산과정의 개관

예산은 정책을 돈으로 수치화한 것이다. 따라서 예산은 정책의 거울이며, 정치의 최대 수준이다. 정부재정이나 예산을 논의하면서 정책을 도외시하는 것은 말이 안된다.

일반적으로 정책은 다음과 같은 과정을 거치게 되며, 예산은 그 중의 일부분에 속하는 과정이다. 정부가 어떤 일을 하려면 반드시 필요한 것이 ① 법률, ② 조직, ③ 사람, ④ 돈이며, 요즈음에는 ⑤ 전산시스템이 반드시 필요한 재료들인데, 예산은 정책이 실현되도록 재료를 공급하는 역할을 한다.

전체 정책과정 중에서 재정(예산)과정은 일부분에 해당하지만, 대부분의 정부사업들이 예산이 없으면 추진하기 어려운 것들이라서, 예산과정은 "일부분이지만 큰 부분"이라 할 수 있다.

일반적으로 예산과정은 ① 편성, ② 의회 심의, ③ 집행, ④ 결산 순서로 이루어지지만,[1] 요즈음에는 예산에 재정관리 기능까지 추가되어서 복잡하다. 우선 예

그림 4-1 • 정책 과정과 재정(예산)과정

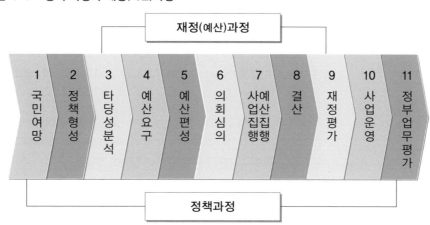

---

1   응용(9지19).

산을 ⑤ 편성하기 전 단계로, 국가재정운용계획도 수립해야 하고, 국가재원배분 회의도 하여야 하고, 규모가 큰 사업에 대해서는 예비타당성분석제도를 거쳐야 한다. 그리고 결산이 끝난 다음에는 ⑥ 각종 재정평가도 해야 하고, 제도개선도 하여야 한다.

지방자치단체들도 전형적인 예산과정은 ① 편성, ② 의회 심의, ③ 집행, ④ 결산이지만, 자체적으로 중기재정계획을 세워야 하고, 규모가 큰 사업들은 행정안전부의 중앙투자심의회의 승인을 받아야 한다. 그리고 자치단체들은 재정자립도가 평균 43% 정도여서, 중앙관서로부터 지방교부세 및 국고보조금을 받아야 하기에 훨씬 더 복잡한 예산과정을 거친다. 매년 추경도 여러 차례 하는 것이 보통이다.

중앙과 지방 모두 예산편성과 심의에 1년, 집행에 1년, 또 결산에 1년이 소요되기 때문에, 한국은 3년의 예산순환주기(또는 예산순기, budget cycle)을 가지고 있다고 할 수 있다. 예를 들어, 2021년 6월의 경우, 행정관서는 2021년도 예산을 집행하고 있다.[2] 그런 한편 행정관서는 2022~2016년 국가재정운용계획을 수립하고 있으며, 2022년도 예산요구서를 작성하고 있다.

감사원은 전년도인 2020 회계연도에 집행한 세입세출에 대하여 결산검사보고서를 작성하고 있으며, 기획재정부는 2021년도 정기국회 때 결산심의를 받는다.[3] 한편 2020년도에 집행된 예산에 대한, 재정사업자율평가도 2021년도 상반기에 이루어진다.

중앙예산기구인 기획재정부는 2022년 세입과 세출예산안을 편성하고 있으며, 회계연도 개시 120일 전까지 정기국회에 제출하여[4] 대통령이 그 예산안에 대한 시정연설을 한다. 그렇게 시작한 국회의 예산심의는 1) 상임위원회에서 예비심사

---

2 **응용(9국21)**: 예산안이 국회 본회의에서 통과되었다고 해서, 바로 집행이 이루어지는 것이 아니다. 집행부처들을 기획재정부에 예산배정요청을 하고, 기재부가 배정을 하여야 비로소 지출을 할 수 있다. 자세한 것은 뒤의 제5절(예산집행)에서 설명이 된다.

3 **응용(9국09)**: 결산은 정부의 수입과 지출을 확정적 수치로 표시한다.

4 **응용(9국15)**: 국가재정법에 따라 기획재정부는 "대통령의 승인을 얻은 예산안을 회계연도 개시 120일 전까지 국회에 제출하여야 한다".(제33조) 과거에는 회계연도 90일 전까지 예산안을 국회에 제출하였다. 그러나 2013년 이 조항이 120전으로 개정되었다. 국회에서 예산심의를 더 자세히 할 시간을 준 것이다.

를 하고, 2) 예산결산특별위원회에서 종합심사를 하는데, 여기에서 통과된 예산 안은 3) 본 회의에서는 자동으로 승인되는 것이 관례이다.[5] 그러나 회계연도 개 시 30일 전까지 본 회의를 통과해야 하는 것이 법 규정이다.[6] 그런데 정부의 예산 안은 국회심의를 받는 과정에서 삭감되기도 하지만 증액되는 경우가 더 많은 경 향이 있다. (기금도 예산과 동일한 절차를 거친다.)

이렇게 성립된 2022년도 본예산은, 그 회계연도에 집행이 되고, 그 다음 해인 2023년에 결산이 이루어진다. 예산집행은 원래 예산서에 명시된 그대로 집행되 어야 하지만, 실제 상황에서는 예산서(계획서) 대로 하기가 어려운 때도 많다. 그 래서 신축성을 부여하는 장치가 몇 가지 있는데, 국고채무부담행위(외상거래), 이 용, 전용, 이월, 회계연도 개시 전 예산배정 등의 제도가 있다.[7, 8]

제 2 절   예산편성과정

1. 편성 전 단계와 절차

(1) 부처별 중기 "사업"계획과 국가재정운용계획

예산은 말 그대로 미래의 상황을 예측해서 거기에 적합한 재원을 배분하는 것

5　**응용(7지l15):** 예산 증액은 정부의 동의를 얻어야 가능하다. 미국은 예산 법률주의라서 세출 예산법안으로 처리하지만, 한국은 그러하지 아니하다.

6　**응용(9국16):** 가예산과 잠정예산은 한국에서는 **현재** 사용하지 않는다. 그러나 과거에 사용했던 기 록은 있다.

7　**응용(9국15):** 국회의 결산심의 중 부당한 지출로 지적 받아도, 그 지출행위가 무효가 되지는 않는다. 다만, 차후의 제도 개선사항으로 기록되어, 예산편성과정에서 꼼꼼한 사정을 받는다.

8　**응용(9지l15):** 예산제도 전반에 대한 사항을 숙지할 필요가 있다.

이다. 그런데 미래 예측이 있으면, 그것에 대한 대비책이 마련되어야 할 터, 그것이 기획(planning)이다. 거기에 재원배분까지 포함되면, 중기재정계획이 된다.

"사람들은 항상 미래계획을 세운다. 그러나 그때 신(神)들은 비웃기 시작한다." 미래는 사람 마음대로 되지 않는다는 서양 속담이다. 하지만 사람은 중기계획이 없으면 불안하다. 특히 공공부문에 중기계획이 없다면, 국민의 비난이 쏟아지기 마련이다.

한국에는 과거에 경제사회개발5개년계획이 있었고, 이 계획에 따라 각 행정부처들이 중기계획을 수립하였다. 그런 다음 경제사회개발5개년계획을 수립하지 않게 되자, 이제는 각 부처가 자체적으로 중기사업계획을 만들었다. 하지만, 이 중기계획은 그저 참고자료였기 때문에 실제 예산은 중기계획과 다르게 편성되었다. 계획 따로 예산 따로였던 것이다.

그러던 것이 2004년의 재정개혁으로 중기계획의 재원배분 역할이 중요하게 되었다. 각 집행부처는 부처별 중기사업계획을 수립하여 기획재정부에 제출하여야 한다. 기획재정부는 부처별 중기사업계획을 참조하고, 대통령이 주재하는 국가재원배분회의를 거쳐 국가재정운용계획을 수립한다.

(2) 예산안 편성 및 기금운용계획안 작성지침

매년 1월에 기획재정부는 차년도 예산안편성지침 및 기금운용계획안 작성지침을 준비하기 시작한다. 이 때 국정운영방향, 중장기 재정정책, 차년도 경제전망, 각 부처가 제출한 중기사업계획서 등을 고려한다.

이 지침은 국무회의 심의를 거쳐서, 3월 31일까지 각 부처에게 예산안편성지침을 통보한다.[9] 이 지침에는 분야별로 1) 중점투자방향과 2) 지출효율화 계획이 명기된다. 또 이 지침은 지방자치단체, 공공기관 등에도 준용된다.

이 작성지침에는 중앙관서별 지출한도(ceiling)이 포함될 수 있으며(국가재정법

---

9   2014년 국가재정법 개정으로 예산안편성 및 기금운용계획서 작성지침이 통보되어야 할 기한이 4월말에서 3월 31일로 당겨졌다.

제29조 2항), 이 지침은 기획재정부 장관이 국회의 예산결산특별위원회에 보고를 한다.(동법 제30조)

(3) 예비타당성조사제도

중앙정부의 경우, 1999년부터 총사업비가 500억 원 이상이고, 국가재정이 300억 원 이상 투입되는 대규모 "신규" 사업은 예비타당성조사(PFS: Preliminary Feasibility Study)를 받아야 한다. 낭비성 사업을 예산편성 단계 이전에 골라 낸다는 의의가 있다. 조사의 대상이 되는 사업들은 건설, 정보화, R&D, 농수산, 환경, 산업, 복지 분야 등이다.[10, 11]

흔히 "예타"라고 불리는 이 조사는 크게 1) 경제성, 2) 정책성, 3) 균형발전 차원에서 이루어지며, 경제성은 1차적으로 비용편익분석(CBA)에 의해 이루어진다. 위기관리(risk manangement) 차원에서 민감도 분석은 당연히 포함된다.[12] 정책성 및 균형발전을 포함한 2차 종합평가는 AHP(Analytic Hierarchical Process: 계층화분석기법)이 적용된다.[13]

비용편익비율(Benefit-cost ratio)는 편익이 비용보다 클 때 그 값이 1을 넘는다. 그런데 정부사업의 경우 bcr이 1을 넘는 경우가 많지 않으며, 특히 낙후지역을 대상으로 하는 사업의 경우, bcr값은 더욱 작아지는 경향이 있다.

그래서 최근에는 2차 종합평가를 할 때, 수도권 대상 사업에 대해서는 경제성

---

10 **응용(7국19):** 예타의 제외 사업들은 재난복구, 국방 관련, 외국과의 조약 및 협약에 따라 추진하는 사업, 문화재 복원사업, 지역균형발전을 위해 필요한 사업, 교정시설, 학교시설 등 국가의 기본기능을 수행하는 사업들이다.

11 **응용(7지21):** 예비타당성분석은 규모가 큰 사업 뿐 아니라 국회가 의결로 타당성조사를 요구하는 사업에 대해서도 실시된다. 그러나 사실상 국회는 예비타당성분석을 면제하는 데 더 관심이 있을 수 있다. 주민편의와 표를 의식해서이다.

12 이남수·배득종. 2020. 비용편익분석. 오래출판사.

13 **응용(9지19):** 종합평가에 적용하는 AHP는 일종의 고도화된 의견조사로서, 이 값이 0.5라면 100명 중 50명이 찬성하는 사업이란 의미이다. 따라서 AHP≥0.5 이어야, 사업을 시행하는 것으로 판정하고, 그 이하는 신중 또는 매우 신중해야 한다고 판정한다.

의 가중치를 높이고, 비수도권 대상 사업에서는 균형발전의 비중을 높였다. 균형발전 평가 항목은 1) 지역낙후도, 2) 지역경제에의 파급효과, 3) 고용유발 효과 등이다.

한편, 정책성 분석에서는 1) 중장기 투자계획과의 부합성, 2) 사업의 구체성, 3) 사업추진의 시급성, 4) 국고 지원의 요건과 적합성, 5) 기술 개발의 필요성 등이다.[14]

그런데 예비타당성조사에는 전문적인 분석기법들이 적용되므로 전문연구기관인 한국연구개발원에 조사를 위탁한다. 이것은 사업시행기관이 예타를 직접하는 경우, 편익은 부풀리고, 비용은 적게 계상할 수 있기 때문에 제3자로 하여금 객관적으로 사업 타당성을 평가하기 위함이다.[15]

예타 결과를 받은 기획재정부는 사업시행여부를 판정하여 해당 중앙관서에 통보를 한다. 예타에서 탈락한 사업은 예산요구를 하여도, 기재부가 예산을 편성해주지 않을 가능성이 크다.

지방자치단체 역시 중앙정부의 예타를 벤치마킹하여 2015년에 "투자사업타당성조사"제도를 도입하였다. 지방의 타당성 조사는 위탁기관인 한국지방행정연구원에서 1차로 비용편익분석을 시행한 후, 중앙투자심사위원회에서 종합 판정을 하여 해당 지방자치단체에 통보한다.

두 제도 모두 1차적으로 비용편익분석(Cost-Benefit Analysis)으로 사업의 수익성을 분석한 후, 2차적으로 정부정책이나 균형발전 요소를 추가로 감안하여 최종적으로 정부의 재원투입 여부를 판단한다. 중앙정부 재정사업의 경우 약 30%가 이 분석제도에서 탈락하며, 지방자치단체의 경우에는 약 10% 정도가 된다고 한다.

---

14 응용(9국15): 민감도 분석은 비용편익분석 중 사후 분석에 해당하는 분석기법이다.

15 응용(7국14): 한국개발연구원 내 공공투자연구센터(PIMAC)에서 예타를 수행한다. 지방자치단체가 주관하는 사업에 대해서는 한국지방행정연구원 내에 지방투자연구센터(LIMAC)에서 분석을 수행한다.

비용편익분석

어떤 사업의 편익(benefit, 또는 효익)을 모두 합하고, 비용 역시 모두 합하여 그 비율을 가지고 해당 사업의 경제성을 간단히 판별하는 분석기법이다.[16] b/c비율≥1이면, 편익이 더 커서 경제성이 있다. 그리고 분석을 화폐금액으로 환산하여 평가하기 때문에, 여러 사업들의 경제성을 객관적으로 평가하기 쉽다.[17, 18]

그런데 비용은 객관적으로 평가되지만, 편익은 산정이 어려울 수 있다. 환경가치 등 비경제적 편익의 산정에는 CVM, Willingness to Pay 등 특별한 기법이 필요하다. 이런 기법들을 이용하여 무형의 비용과 편익, 간접적인 비용과 편익 등을 추계하여 사용할 수 있다.

또 공공사업의 경우, 공사에도 시간이 소요되지만, 그 편익은 몇 십년에 걸쳐 발생한다. (예, 고속도로, 대학교육 등) 이런 경우 사회적할인율을 적용하여, 모든 비용과 모든 편익을 현재가치(present value)로 환산한다. 비용 보다 편익이 더 크면 순현재가치(NPV)가 0 보다 더 커진다.[19]

분석지표는 크게 3개가 사용되는데, b/c비율, npv, 그리고 irr이다.[20] 내부수익율(irr)은 npv를 0으로 만드는 할인율이다. 즉, 할인율이 커지면 먼 훗날의 편익들은

---

16 응용(7국18): 비용 추계에는 기회비용(opportunity cost)가 포함되며, 잠재가격(shadow price)을 적용할 것이 권고된다. Kaldor-Hicks 기준은 어떤 정책으로 인한 편익과 피해가 발생하는 경우, 편익이 피해를 보상하고도 남는 경우를 말한다. 이것은 자원의 효율적 배분에 관한 "Pareto 효율"과 관계가 있는 개념이다.

17 응용(9지13): 비용편익분석으로 형평성 및 대응성을 분석한 사례는 없었던 것 같다.

18 응용(9지16): 비용편익분석과 이름이 유사한 비용효과분석(cost-effective analysis)는 비용이나 편익을 화폐금액으로 환산하기 어려울 때 사용한다. [범죄발생율 감소]를 편익으로 하는 여러 치안대책들 중 (비용 대비 범죄발생율)이 낮은 대안을 선택하는 분석이다.

19 응용(7국08): 할인율이 높을수록, 장기에 발생하는 편익(효과)의 가치가 더욱 낮게 평가된다. 그 결과 경제성 지표가 나빠지게 된다. 단, 편익 뿐 아니라 비용도 역시 장기간에 걸쳐서 발생한다면, 이것의 결과는 다시 계산해 보아야 한다.

20 응용(9국08).

많이 할인되어서 작은 값을 갖게 되어서 0보다 컸던 npv가 0에 가까워지게 된다.[21] 공공부문에서는 b/c비율을 많이 사용하고, 민간에서는 irr을 많이 활용한다. 민간은 융자를 받아 사업을 하는데, irr이 조달금리보다 작으면, 사업을 해서 수익을 못 올린다는 뜻이 된다.[22] 비용편익분석은 미래의 위험관리도 할 수 있는 기법이다. 1) 이 분석에 사용된 변수 값을 변동시킴으로써, bcr이나 irr이 어떻게 변동하는지 보는 민감도분석(sensitivity analysis)과 2) 미래에 발생할 상황을 여러 개 설정하여 각각 bcr 또는 irr을 구하는 시나리오분석법(scenario analysis)을 적용할 수 있다. (구체적인 것은 이남수·배득종(2020) 참조)

〈표 4-1〉 예비타당성 조사결과 목록(예시)

(단위: 백만원 ▼)											상세
	회계년도	소관	사업유형			사업명	총사업비			BC	AHP
			대분류	중분류	소분류		조사전 총사업비	조사후 총사업비	비율		
264						부산북항대교 및 천마터널	0	0		0.000	0.000
265						노량진수산물도매시장 현[	155,000	245,217	58.20	0.340	0.000
266		해양경찰청	토목	항만	항만	DRY DOCK 신축사업	61,800	39,888	-35.46	0.490	0.000
267		행정자치부	토목	도로	기타도로	해안선 일주 자전거도로 :	130,400	1,115,520	755.46	0.100	
268	2006	재정경제부	토목	도로	산업단지[	송도 경제자유구역 진입도	257,000	526,230	104.76	0.780	
269		농림부	토목	농업개발	농업개발	중규모 용수개발(안동 북	64,158	58,209	-9.27	0.930	
270		건설교통부	토목	도로	고속도로	유등천 도시고속도로 개설	0	450,580		0.420	0.307
271						서해안고속도로(서평택-평	166,400	215,013	29.21	1.420	0.623
272				일반국도	국도 24호선 합천-창녕 회	352,300	352,295	0.00	0.430	
273				산업단지[	대구-포항간 진입로 및 홍	241,700	0	-100.00	1.520	
274						울산 국가산단 진입도로				1.210	
275				광역도로	감일-초이 광역도로	79,200	0	-100.00	1.480	
276				기타도로	영산강 강변도로 개설	354,600	0	-100.00	0.630	
277						간월호 관광도로 개설	96,000	60,289	-37.20	0.690	0.343
278			건축	자동차 관	자동차 관	구로 차량기지 이전	476,500	0	-100.00	0.710	
279						별내선 복선전철	0	0		0.000	0.000
280						인덕원-병점 복선전철	0	0		0.000	0.000

출처: 기획예산처.

---

21 응용(7지14 & 9국21): 반대로 할인율이 높을 때, 장기사업에서는 편익이 할인 되는 폭이 크다. 반대로 단기사업의 경우에는 할인되는 폭이 작다. 상대적으로 보아, 할인율이 높을 때는 단기사업이 더 경제성이 있는 것으로 판정될 가능성이 크다. 내부수익률(irr)을 사용하는 장점은 굳이 할인율을 인위적으로 설정할 필요가 없다는 점과 시중 조달금리와 비교할 수 있다는 점이다. 그러나 편익이 비용보다 작을 경우, irr이 잘 계산이 안 될 수 있다. 공공사업에서는 편익이 비용보다 작은 경우가 많아서, 공공부문에서는 bcr을 사용한다.

22 응용(9국10): irr이 시중의 조달금리 보다 크면 클수록, 그 사업의 수익성이 더 좋다.

〈표 4-1〉은 2006년도에 실시된 예비타당성조사 결과를 예시한 목록이다. 이 표를 보면 17개의 사례 사업들 중에서 b/c비율이 1.0이상인 사업은 5개에 불과하다. 이 5개 중에서 AHP 값이 0.5이상인 것은 1개 밖에 없다. 서평택에서 출발하는 서해안 고속도로 일부 노선만 별 문제 없이 예산요구 대상 사업이 된다.

(4) 총사업비관리제도

정부든 민간이든, 공사를 하다 보면 설계변경할 것도 생기고 해서, 원래 계획한 예산의 2배를 초과하는 수도 많다. 이런 문제점을 미연에 방지하기 위해, 해당 사업을 처음 신청할 때부터 총사업비를 결정해 놓는다. 이 총사업비를 20% 초과하면, 예산편성 과정에서 더욱 더 면밀한 검토를 받는다.

총사업비관리제도의 대상 사업은 예타의 그것과 유사하다. 총사업비가 500억 원 이상이고, 국비 투입이 300억 원 이상이며, 사업기간이 2년 이상인 사업들이 이 제도의 대상이다. 단, 건축사업과 R&D 사업의 경우 200억 원 이상이면 대상 사업이 된다.

총사업비에는 공사비, 보상비, 시설부대경비가 모두 포함되며, 공사의 각 단계(예비타당성조사, 타당성조사, 기본계획, 실시설계, 발주 및 계약, 시공)별로 기획재정부가 설정한 기준과 방식으로 예산을 산정한다. 이런 총사업비는 변경을 하지 못하도록 하고 있어서, 안전시공, 법령개정 등 불가피한 경우에만 변경신청이 인정받는다. 단, 예상되는 이용자 숫자 변경 등으로 인한 총사업비 변경은 기획재정부 장관의 승인을 받아 재조사를 거쳐야 한다.[23]

총사업비관리 대상사업들은 예산편성 과정에서 규정을 잘 지켰는지 검토하기 때문에, 예산요구 단계에서부터 주의를 기울여 신청해야 한다.

지방자치단체의 경우 총사업비관리대상을 선정하는 기준이나 방법은 자치단체장의 결정에 맡겨져 있다. 예를 들어, 파주시는 10억원 이상이 소요되는 사업들에 대하여 총사업비관리제도를 적용하는 등, 지치단체장 마다 자율적 판단에 따른다.

---

23 응용(7지21): 총사업비의 변경은 단순한 협의 정도가 아니라 재조사를 받아야 한다.

(5) 예산요구서의 작성과 제출

지출부처의 예산담당자들은 매년 5월 31일까지 소관부처의 예산안을 작성하고, 장관의 승인을 얻어, 기획재정부 장관에게 제출하여야 한다. 담당자는 "예산안편성지침 및 기금운용계획서 작성지침"과 이와 함께 시달되는 세부지침 매뉴얼에 따라 예산요구서를 작성한다.

일반적으로, 지출부처는 소관 예산안에 대하여 1) 자체심의기구를 구성하여 기관 내외의 의견을 사전에 수렴하여야 하며, 2) 다음과 같은 서류들을 첨부하여야 한다(기획재정부. 2019. 예산안편성 및 기금운용계획서 작성지침).

- 재정지원의 타당성, 산출내역(단가, 수량) 등 소관예산안 설명자료
- 향후 5년간의 수입전망과 지출소요를 각 연도별로 작성
- 성과계획서 및 성과보고서
- 회계·기금간 여유재원의 전입·전출 명세서

2. 행정부 내에서의 예산심의와 예산 편성

예산은 정책을 숫자로 표시한 것이라 하였다. 그런데 민주사회에서의 정책은 어느 한 부처가 독단적으로 결정하는 것이 아니라, 유관 기관과 협의도 하고, 기획재정부나 감사원의 견제도 받으며, 요즈음에는 국민들의 의견도 반영해가면서 추진한다. 예산도 마찬가지이다. 그래서 예산을 편성하는 작업은 여러 협조와 조정(coordination) 절차들을 거치며 이루어진다. 앞의 제3장에서 최적의 재원배분은, 경제학에서는 MRS＝MRT 일 때 이루어진다고 하였다. 정치에서는 여러 사람의 MRS＝MRT 공식에서 힘 있는 사람의 그것에 더 많은 가중치(weight)를 두는 것이나 마찬가지다. 하지만 행정분야에서의 최적 재원배분은 여러 제도와 절차와 과정을 거치는 사이에 "불만을 공평분배"하는 방식으로 진행이 된다.

예산과 관련된 다양한 집단간의 상호작용을 분해하면 다음과 같다.[24]

① 지출부처 내에서의 협조와 조정
② 지출부처와 기획재정부 간의 협조와 조정
③ 기회재정부 내에서의 협조와 조정
④ 기획재정부와 정당간의 협조와 조정
⑤ 기획재정부와 청와대와의 협조와 조정

(1) 지출부처 내에서의 협조와 조정

지출부처의 장관은 예산요구서를 작성하는 책임자이다. 장관은 본인의 정책의지와 대통령의 국정방향을 실천하기 위하여 여러 투입자원들이 필요한데, 그 중에 예산도 중요한 자원이다.

장관은 예산요구서 작성을 기재부에서 통보받은 작성지침(지출한도 포함)을 준수하면서, 본인의 정책 우선순위와 정책 수행 방식을 지원하도록 예산요구서를 작성해야 한다. 그러나 본인이 직접 그 서류를 작성하는 것이 아니라 실장, 국장, 과장들에게 위임한다.

각 지출부처에서는 기획관리실장(내각제 국가에서는 행정차관에 해당하는 1급 공무원임) 그 업무를 책임지는데, 그 역시 장관주재회의, 차관주재회의, 실국과장회의 등을 통해 예산편성 방향과 세부계획을 다른 실국장들에게 알린다.

지출부처에서 사업담당부서 실국장들은 소관 사업들에 대한 예산편성업무를 선임과장에게 부여한다. 각 실국에서 작업한 예산안은 다시 기획관리실에 취합이 되어서, 장관의 뜻을 반영하여 부처 예산요구안을 만드는 작업을 한다.

그런데 기획관리실장은 각 국이 요청하는 예산에 대해서 박하게 삭감하지 않는 경향이 있다고 한다. 일단 기재부에 예산을 요구해보고, 협의 과정을 지켜보자고

---

24 이하 국가예산과 중앙관서를 대상으로 설명하며, 지방자치단체에 대해서는 제?장(지방재정)에서 설명한다.

한다. (배득종·유승원. 2014. p.218.)

당연히 기획관리실 직원들은 나중에 기획재정부의 소관예산 담당 사무관과 예산을 협의하는 역할도 수행해야 한다.

(2) 지출부처와 기획재정부 간의 협의와 조정

기획재정부는 지출부처가 제출한 예산요구서를 검토하고 심의한다. 그러나 서류상의 문자와 숫자만으로는 해당 사업의 전모를 파악하기 어렵기 때문에 지출부처 공무원들을 불러서, 예산 편성이 타당한 이유에 대해서 상세하게 설명을 듣고, 적절한 수준의 예산이 어느 정도인지 판단하게 된다. 일반적으로 다음과 같은 체크리스트가 마련되어 있다.

요즈음에는 이들 13개 질문에 더 하여, 해당 사업이 성인지예산 대상사업인가, 온실가스감축인지 대상사업인가, 또 국민참여예산사업인가 등에 따라 추가적인 질문이 가능하겠다. 그리고 예비타당성분석 대상 사업인가? 총사업비관리대상 사업인지 등도 중요한 점검사항이다.

일반적인 체크리스트 13개

1. 사업목적이 명확하며 추진근거가 있는가? (추진근거에는 법령, 대통령의 공약사항 및 말씀, 감사원 지적사항, 국회 논의사항 등이다.)
2. 중앙정부가 해야 하는 일인가? (지자체 또는 민간이 할 일 아닌가)
3. 재정지출이 효율적인가?
4. 다른 사업과 중복 또는 유사하게 사업이 설계되어 있지 않은가? (한 부처에서는 자기 소관 사업만 다루지만, 여러 부처를 함께 심의하는 기재부 입장에서는 중복사업들이 많이 보인다.)
5. 사업의 타당성을 객관적으로 검증하는 절차를 거쳤는가?
6. 현재의 사업 방식이 가장 효율적인가?
7. 현재 추진해야 할 시급성이 있는가?

8. 사업여건은 성숙되어 있는가?

9. 투입비용 대비 효과성은 높은가?

10. 재원조달계획이 구체적으로 마련되어 있는가?

11. 집행계획이 세부적으로 마련되어 있는가?

12. 집행가능성은 높은가?

13. 국가균형발전을 고려하여 계획을 수립하였는가?

출처: 강태혁. 2010. p. 188.

(3) 기획재정부 내부의 예산심의회

사무관들이 지출부처 담당자들과 협의하였다 해서 그것이 바로 예산으로 편성되는 것이 아니다. 사무관 위에 과장, 국장, 실장, 차관보, 차관, 장관이 있어서 각자의 의견이 있기 때문이다.

사무관들이 담당 예산에 대하여 대충 윤곽을 잡게 되면, 기획재정부 예산실 직원들만 모여서 전체적인 조율을 한다. 이것을 예산심의회라고 하는데, 예산편성 시즌에는 총 100여 회가 개최된다고 한다(배득종·유승원, 2014. p. 222.).

이 심의회에서는 크게 2라운드로 구성되는데, ① 1라운드에서는 재정집행과정에서 필수적으로 지출되어야만 하는 최소한의 비용을 예산에 반영한다. 이 결과는 지출부처에 통지되어 보완을 요청하게 된다. ② 2라운드에서는 지출한도가 남아 있는 범위 내에서, 국가가 역점을 두는 사업이나 신규사업을 예산에 반영한다.(강태혁, 2010. p. 187.)

본 저서에서 강태혁 교수와 유승원 교수의 저술을 많이 참조하는 이유는, 이들이 기획재정부에 오래 근무하면서, 예산편성 실무를 맡았던 경험이 풍부하기 때문이다.

(4) 대통령실과의 협의

장관은 수시로 대통령을 독대할 것 같지만, 사실은 그렇지가 않다. 지출부처 장관이 대통령을 독대하는 경우는 1년에 1번 정도나 될까 말까 한다. 물론 기획재정부 장관은 부총리이고, 재정을 다루기 때문에 독대 회수가 더 많을 것이다. 하지만 그것도 제한적이다.

따라서 대통령의 뜻은 비서를 통해서 전달되는 경우가 많다. 대통령실의 비서실장, 정책실장, 그리고 수석비서관들은 대통령의 국정우선순위, 역점사업, 그리고 장관들의 의견 및 요즈음은 시민운동단체의 견해까지 제시한다.

(5) 기획재정부와 정당 간의 협조와 조정

기획재정부가 예산안의 대체적인 사항을 결정한 후에는 마지막으로 정당, 특히 집권 여당과 협의를 한다. 국정운영에 있어서 공무원은 법규 위주로, 정치인은 현장 민심 위주로 접근하기 때문에 어느 정도 시각 차이가 있다. 그래서 다른 관점에서 본 의견을 예산안 조정에 반영할 수 있다. 그리고 어차피 정부예산안은 국회에서 심의를 받아야 하기 때문에, 정당 의원들의 도움이 있어야 한다.

물론 단점으로는, 이런 당정협의를 통해 특히 여당 의원들의 지역구 사업들이 예산을 받아가기도 하는데, 이것을 여당 프리미엄이라고도 한다.

기획재정부는 당정협의회를 가지기에 앞서 대통령께 보고하고, 대통령의 의견을 가지고 당정협의에 임하며, 협의가 끝난 다음에는 그 결과를 다시 대통령에게 보고한다.

(6) 대통령의 예산안 제출

당정회의와 대통령 보고를 마친 후, 국무회의에서 정부예산안을 심의한다. 대통령의 승인을 받은 정부예산안은 회계연도 개시 120일 전까지 국회에 제출된다.[25]

---

25 9월2일.

국회에 제출되는 예산서 및 관련 서류는 방대하여서, 10톤 트럭으로 2~3대 분량이다.

제 3 절   국회의 예산심의

1. 국회의 구성과 예산결산특별위원회

국회는 행정부를 감시하고 견제한다. 그렇게 하기 위하여 행정부에 부처청 조직이 있다면, 국회에는 이에 상응하는 상임위원회가 있다. 예를 들어, 정부의 기획재정부의 업무에 대응하는 국회의 기획재정위원회가 있다. 정부에 교육부가 있다면, 국회에는 교육위원회가 있다. 국방부에는 국방위원회가, 보건복지부에 대해서는 보건복지위원회가 있다. 기타 등등

국회의원은 장관 대우를 받으며, 임기가 4년인데, 여러 상임위원회 중 하나를 선택하여, 거기에 소속되어 활동한다. 상임위원회는 한 달에 2번 개최되며, 위원의 임기는 2년이어서, 재임 2년이 지나면 다른 상임위원회로 옮길 수 있다. 미국 연방의원들은 여러 개의 상임위원회에 동시에 소속될 수 있지만, 한국의 국회에서는 1개의 상임위원회에만 소속이 가능하다.

국회에는 상임위원회 말고 특별위원회가 있다. 2021년 현재 예산결산특별위원회, 윤리특별위원회 등이 있다. 국회의원은 상임위원회는 1개에만 소속 가능하나, 특별위원회는 여러 군데 참여할 수 있다.

정부의 예산안, 기금운용계획안, 그리고 결산을 담당하는 예산결산특별위원회는 상임위원회는 아니지만 연중 상시 설치되어 있는 상설위원회이다.[26] 그런데

---

26 응용(9지13): 예결특위는 특별위원회이기는 하지만 상설이다. 즉, 활동기한이 상설이란 뜻으로 별도의 활동기한 설정이 필요 없다.

〈표 4-2〉 정부와 국회의 조직 비교

행정부	국회
기획재정부	기획재정위원회
교육부	교육위원회
국방부	국방위원회
행정안전부	행정안전위원회
....	....

정부에서 예산편성은 기획재정부가 하는데, 국회에는 이에 상응하는 기획재정위원회가 있다. 그러면 예산 심의는 기획재정위원회에서 해야 하는 것 아닌가? 그런데 우리 국회에는 "하나의 위원회가 다른 위원회 보다 우위에 있을 수 없다"는 오래된 원칙이 있다. 예산은 모든 상임위원회들과 연관이 되어 있어서, 기획재정위원회가 예산심의를 하면, 그 위원회가 다른 모든 위원회들의 우위에 있을 수 있다. 그래서 예산결산"특별"위원회를 별도로 만들어서, 각 상임위원회에서 파견 나온 국회의원들로 구성한다. 또 예산심의 활동은 가을의 정기국회 때 이루어지지만, 사실 예산이란 것은 정책과 동전의 양면이기 때문에, 상임위원회는 정책이 입안, 집행되는 전 과정의 예산을 감시할 필요가 있다. 그래서 예결특위는 특별위원회임에도 불구하고 "상설"로 설치한다. 단, 예결특위의 존속기간은 1년이다. 따라서 예결특위 위원장의 임기도 1년이고, 예산안이 본회의를 통과하면 해산한

〈표 4-3〉 상임위원회, 특별위원회, 예산결산특별위원회의 비교

	상임위원회	(일반)특별위원회	(상설)예산결산특별위원회
활동기간	2년 (국회법 40조)	심사한 안건이 본회의에서 의결될 때까지로 불특정함 (국회법 44조)	예산안은 매년 본회의에서 의결되므로, 존속기간은 1년(국회법 45조)
소관활동	행정부의 조직(부)에 대응	부처 초월한 특정 사안 다룸	예산은 모든 부처에 두루 관련됨
장점	일상적, 전문적 의정활동	임시적, 복합적 사안 처리	모든 상임위의 의견 반영
단점	상임위 간 칸막이	책임성 약함	예산심의 전문성 약함

출처: 배득종. 2019.

다. 그런데 곧 이어 다음연도 예산작업이 시작되기 때문에 1월1일에 다시 새로운 예결특위를 만들고, 각 상임위원회에서 예결특위 위원을 새로이 파견한다.

예결특위에는 약 60명의 국회의원들이 각자의 상임위원회로부터 파견되어 있는데, 이들 중 10여 명의 핵심 인력 이외에는 모두 초선의원으로 임명된다. 예산 심의는 "이렇게 이루어진다" 하는 경험을 하게 하기 위한 것이다. 이러다 보니, 국회 예산심의에 있어서 전문성 문제가 항상 제기된다.

2. 상임위원회의 예비심사

정부의 예산안을 수령한 예산결산위원회는 대통령의 시정연설을 들은 후, 각 상임위원회에 소관 사업의 예산을 보내어 예비심사를 하도록 한다. 즉, 복지관련 사업의 예산은 보건복지위원회에서 예비심사하고, 국토부 관련 사업들은 국토위 원회에 예산안을 보내어 예비심사를 하도록 한다.

국회의장은 예비심사의 기간을 정할 수 있으며, 상임위원회가 그 기한 내에 심사를 마치지 못할 때에는 이를 예결특위에 바로 회부할 수 있다.[27]

그런데 국회는 예산을 감시하는 역할을 한다고 하여, 상임위원회가 예산을 삭 감할 것으로 기대한다면 오류이다. 상임위는 대부분 정부예산안 보다 더 많은 금 액을 증액하곤 한다. 지역구에서 다음 번 선거를 치러야 하는 국회의원들이 지역 사업의 예산에 증액을 하곤 하기 때문이다.

3. 예결위의 종합심사

각 상임위원회에서 예비심사를 마친 예산안과 기금운용계획안을 합산해 보면, 가용재원을 넘어설 수가 있다. 그래서 예산결산특별위원회에서는 종합심사를 하게 되는데, 예비심사의 결과는 꼭 그대로 따라야만 하는 구속력은 없는 참고자료

---

27 응용(9국16): 국회는 예산을 삭감 또는 증액할 수 있지만. 증액할 때는 정부의 동의를 받아 야 한다. 그러나 4개 독립기관과 감사원의 경우에는 예산 삭감할 때도 기관장과의 협의를 거치도록 하여 삼권분립 등을 강화한다.

이다.

그러나 상임위원회가 예비심사에서 삭감한 세출예산의 금액을 예결특위가 증액하고자 할 때에는 상임위원회와 협의를 하여야 한다.(국회사무처. 2016. 국회법해설. p.395.)[28]

예결특위의 종합심사는 정부측의 제안설명과 전문위원의 검토보고를 듣는다.[29] 그런 다음 분야별로 심사를 한 번 하고, 부(部)별로 예산안을 심사한다.

부별 심사가 끝난 후 정말 중요한 결정 단계가 하나 더 있는데 그것은 바로 예산안조정소위원회(조정소위. 계수조정소위원회)다. 명칭은 소위원회이지만 권한은 막강하다. 조정소위는 예결특위 위원장(임기 1년)과 여야 간사 및 여당과 야당의 대표선수 15명 정도로 구성된다.

이 조정소위에서 세입예산액과 세출예산액을 일치시키도록 조정하며, 실질적인 예산심의와 수치 조정을 하는데, 비공개로 한다. 한때는 이 위원회의 회의를 공개한 적이 있었는데, 그렇게 되자 여야가 서로 주고 받는 것을 공개적으로 하지 못하게 되어, 예산성립이 어려웠다. 그래서 다시 비공개로 전환했는데, 여기서 소위 "종합조정"이 이루어진다.

그뿐 아니라 조정소위에서 결정된 안은 곧바로 본회의에 회부된다.

4. 본회의와 예산성립

예결특위를 통해 여야간 조정이 완료된 예산안은 본회의에 회부된다. 회부된 예산안은 국회의원 과반수의 출석과 과반수의 찬성으로 통과되는데, 본회의에서 통과되는 것이 관례이다.

---

28 응용(7지20 & 9국16 & 9지13): 이것은 예비심사의 실효성을 높이기 위한 조치이다. 이렇게도 안 하면, 예비심사는 형식적 절차에 불과하게 된다. 그래서 상임위원회 동의 없이, 예결특위가 새로운 비목을 신설할 수도 없다.

29 전문위원이란 행정부가 국회에 파견하는 1급 공무원으로서, 해당 분야에 경험이 풍부하여, 정부측 예산안에 대하여 나름대로의 분석 보고서를 작성하여 보고한다. 국회에서의 근무가 끝나면, 행정부로 다시 돌아갈 수도 있다.

법률상 정부예산은 새로운 회계연도 개시 30일 전(12월2일)까지 본회의를 통과하여야 한다. 회계연도 개시일까지도 예산이 성립되지 않으면 준예산을 사용해야 한다.

준예산은 국회의 별도의 승인 없이[30], 예산안이 의결될 때까지, 행정부가 ① 유지·운영비, ② 법률상 지출의무의 이행을 위한 경비, ③ 계속비 등을 전년도 예산에 준하여 집행할 수 있다. 그리고 준예산 제도에 의해서 집행된 예산은 나중에 정식으로 예산이 성립될 때, 그 성립된 예산에서 집행한 것으로 본다.

한국에서는 한 때 12월 31일까지 예산안이 본회의를 통과하지 못하여 준예산이 발동할 위기가 있었다. 그러나 다행히 업무가 시작하는 1월 1일 09시 이전 새벽에 여야 합의가 이루어진 경우가 한 번 있었다. 그래서 준예산은 아직 적용된 적이 없다. 그러나 여소야대의 경우에는, 언제든 준예산이 발동할 수 있다.

외국에서는 여야 합의로 예산안이 기한내에 성립되지 않을 경우, 1년간 사용할 예산 대신, 한 달 또는 몇 달 정도 정부가 사용할 예산을 의회가 통과시켜준다. 이것을 잠정예산이라고 하는데, 미국, 영국, 일본 등에서 사용한다. 독일은 한국과 같은 준예산제도를 쓴다.

국회에서 예산이 성립한 다음에 특별한 사정이 생기면, 추가경정예산을 편성하여 심사, 의결할 수 있다. 특별한 사정이란 ① 전쟁이나 대규모 재해, ② 남북관계의 급격한 변화, ③ 경기침체나 대량실업 등이 발생한 경우이다.[31, 32]

---

30 응용(7국21): 준예산은 국회의 의결이 별도로 필요하지 않다.

31 응용(7지20 & 9지21): 이런 특별한 사정이 생겼다 하더라도, 예비비 지출로 대응할 수 있으면, 추경을 편성하지는 않는다.

32 응용(9국22): 국회의 예산심의 중 행정부 예산안을 수정해서 제출하면 수정예산이고, 정기국회 본회의에서 통과한 예산은 본예산, 그리고 본예산이 성립한 후 특별한 사정으로 추가적으로 예산을 편성하는 것을 추가경정예산이다. 추가경정예산은 줄여서 추경이라고도 한다.

5. 국회 예산심의의 문제점과 최우선 해결방안

한국 국회의 예산심의에 대하여 지적하는 문제점들은 전문성이 부족하다느니, 정파 중심주의라니 하여 매우 많다. 그래서 한 때 국회에서는 스스로 개선할 과제들을 선별하여서, 단기과제, 중기과제, 장기과제로 분류하였다. (다음 〈표 4-4〉 참조)

〈표 4-4〉 국회가 선정한 예산심의 개선 과제

구분	개선과제
단기 과제	예결특위 연중 심사체계 구축
	결산심사 조기 완료
	지방자치단체 국고보조예산 심사강화
	결산 심의 결과의 예산안 반영 강화
	결산공청회의 도입
중기 과제	예산안 편성지침을 사전에 국회에 보고
	Top-down 예산심의제도 도입
	국회 예산정책처에서도 예비타당성 분석 가능하도록 허용
장기 과제	회계검사 기능 국회로 이전
기타	예산 심의 기간 확대
	성과예산제

출처: 배득종. 2019.

이들 중에서 학자들이 가장 중요하게 생각하는 "국회도 Top-Down 방식으로 예산심의 하는 것"이다. 그런데 국회의원들은 이것을 중기과제로 분류하였다. 사실상 단기과제도 해결이 안 되고 있는데, 중기과제로 분류한 것은 이 제도를 도입하기 어렵다는 말이다.

그렇다면, 국회의원들 말고, 다른 전문가들의 의견은 어떠할까? 전문가들을 대상으로 AHP 조사 결과를 2차원 평면에 나타내면, 다음 [그림 4-1]과 같다.

전문가들 사이에서도 Top-Down 심사제도는 당위성은 높으나, 시급성은 떨어

그림 4-2 · 당위성과 시급성에 따른 개선방안 포트폴리오

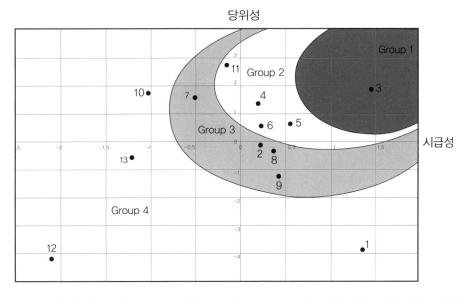

주: 1.예결특위 연중 심사체계 구축; 2. 결산심사 조기 완료; 3.국고보조예산 심사강화; 4.결산 심의 결과의 예산안 반영 강화; 5.결산공청회의 도입; 6.예산안 편성지침을 사전에 국회에 보고; 7. Top-down 예산심의 제도 도입; 8. 예산정책처에서도 예비타당성 분석; 9.회계감사 기능 국회로 이전; 10. 예산심의기간 확대 위해 국정감사 춘계 실시; 11. 성과예산 심의제 도입; 12. 예산결산특별위원장의 임기 연장; 13. Paygo 원칙의 확대

지는 과제로 밝혀졌다. (배득종. 2019) 참고로, 최우선 개선과제는 국고보조금예산에 대한 심사를 강화하는 것이었다. 국고보조금은 곧 지역사업 예산들인데, 이 문제를 가장 먼저 해결해야 한다는 의견이다.

제 4 절   예산의 집행

1. 의의

국회 본회의에서 성립된 예산은 집행단계에서 드디어 정부활동을 위해 실제 사

용되기 시작한다. 이것은 정부 입장에서는 예산을 집행하는 것이지만, 국민들에게는 정부의 돈을 국민에게 돌려주는 작업이다. 즉, 정부가 세금 등으로 걷어간 돈을 다시 국민에게 돌려주는 것이 예산집행이다. 예산 중 일부는 사회복지비로 필요한 국민들에게 이전해주고, 일부는 구매조달 기능을 통하여 기업들에게 돈을 준다. 즉, 기업이 정부에게 제공하는 재화와 용역에 대한 반대급부로 사업비용을 지출해준다. 그리고 공무원에 대한 임금 등의 지출도 결국은 민간시장에서 다 소비된다.

따라서 정부가 600조 원을 쓴다는 것은 국민에게 600조 원을 지급해준다는 의미로써, 모든 국민이 다 정부재정과 관계를 맺게 된다. 그런데 정통 재정학 이론에서는 정부가 민간의 돈을 세금 등으로 걷어간 다음에, 그것을 다시 민간에 돌려주더라도, 세금의 사장가치(死藏價値: deadweight loss of taxation)가 발생한다.[33] 예를 들어, 어떤 재화와 용역에 세금을 부과하면, 소비자는 세금이 없을 때보다 더 높은 금액을 지불해야 하므로, 이때 소비자잉여(consumer surplus)가 줄어든다. 그런데 그 소비자가 동일한 금액을 정부로부터 보조금으로 받는다 해도, 이미 줄어든 소비자잉여가 전부 회복되지 않는다는 이론이다. 결국, 정부가 아무것도 안 하는 것이 가장 좋다는 것이 전통적인 재정이론(야경국가론)이다.

하지만 정부는 사장가치가 발생하는데도 불구하고, 꼭 이러저러한 정책들을 하고 싶어 한다. 세상 사는 데에는 경제적 효율성 말고도 추구해야 할 가치가 있고, 또 정치선거에서 표를 얻기 위해서는 경제적 효율성 정도야 쉽게 무시할 수도 있다.

또 예산은 집행과정을 통해 지방에 투하된다. 서울특별시도 지방자치단체이듯이, 정부 예산은 모든 국민들이 사는 각 지방으로 돌아간다. 심지어 해외로까지 사람들의 돈이 흘러들어간다.

이렇듯 예산집행이란 여러 정부사업을 통해 민간의 돈을 다시 민간에게 돌려주는 과정이다. 하지만, 그냥 나눠주는 것은 안 되고, 법규와 절차에 부합되도록 하여야 한다.

예산집행은 매년 1월 1일 회계연도가 시작할 때 집행되기 시작하여, 회계연도

---

33 "자중가치"라고도 한다.

가 끝나는 12월 31일까지 "예산서에 기록된 대로" 집행이 이루어지는 것이 원칙이다. 원칙이라는 것은 예외도 조금 있다는 것으로서, 법규에서 허용하는 예외들은 다음에서 설명된다.

2. 일반적인 재정지출의 절차

(1) 예산 배정(apportionment)

예산안이 국회의 심의를 통과하였다 해서 중앙관서 등이 바로 지출을 할 수 있는 것은 아니다. 각 중앙관서는 기획재정부 장관에서 "예산배정"을 요청해야 하며, 배정이 일어나야만 드디어 지출 권한을 가지게 된다.

① 정기배정

중앙관서의 장은 예산배정계획을 수립하고, 국무회의를 거친 후 대통령의 승인을 받는다. 기획재정부 장관은 확정된 배정계획에 따라 매 분기별로 예산을 배정한다. 그리고 배정 결과를 감사원에도 통지한다.[34]

배정은 분기별로 이루어지지만, 지출상황은 매월 사업집행보고서로 작성하여 기획재정부에 제출하여야 한다.[35]

② 당겨 배정

사업을 수행하다 보면, 정기배정 받은 금액보다 많은 지출을 해야 하는 경우가 있다. 그럴 경우 향후 분기 예산을 미리 앞당겨서 이번 분기에 지출하기 위해 추가로 배정을 요청해야 한다. 이것을 당겨 배정이라 한다.

---

34 응용(9국20): 예산배정은 분기별로 이루어지며, "예산 및 기금운용계획 집행지침"은 예산집행이 시작되는 1월 달에 바로 시달된다. 예산재배정은 중앙관서의 장이 산하기관의 장에게 예산집행 권한을 배정하는 것이다.

35 응용(9국11).

③ 수시 배정

국회를 통과한 예산이라 해도, 완벽한 예산이 아니라 "조건부 예산"인 경우도 많다. 예를 들어, 예산지출도 법적 근거가 있어야 하는데, 국회 예산심의 기간에는 아직 그 법규가 안 만들어져 있는 경우도 있다. 그럴 경우 "예산부수법안"이라고 해서, 이 법이 통과되는 것을 조건부로 하여 우선 그 사업예산안을 통과시킨다.

또 사업계획이 미비한 사업들의 예산도 국회의 승인을 받는 경우가 있다. 그럴 경우, 사업계획이 보완될 때 예산을 배정한다. 예를 들어, 어떤 건축물 공사 사업 예산인데, 아직 부지가 확보되어 있지 않은 경우, 예산편성은 하되 예산배정을 하지 않고 있다가 부지 매입이 끝나면 예산배정을 한다.

기획재정부 장관은 이런 사업들을 정기배정에서 제외시킨다. 그러다가 해당 조건이 충족될 때 비로소 배정을 하는데, 그것이 수시배정이다. 1년에 약 100건~300건 정도 발생한다. 단 조건충족 여부를 아주 까다롭게 하면, 국회 승인 사업이라 하더라도, 예산 배정을 하나도 받지 못할 수도 있어서, 수시배정은 기획재정부의 통제 아니냐 하는 시각도 있다.

(2) 재배정(allotment)

중앙관서 밑에는 여러 산하기관들이 있다. 특별지방행정기관 같은 것들이 대표적인 사례인데, 예를 들어, "지방환경청"은 환경부 장관에게 자금 배정을 요청하고, 장관은 기획재정부로부터 배정받은 자금의 한도 내에서 산하 기관들에게 자금을 다시 배정하는 "재배정"을 한다. 물론 이때도 산하기관들로부터 월별 수입 지출계획을 받는 등의 과정을 거쳐 예산과 사업의 집행을 통제한다.

(3) 지출과정

지출과정은 비용의 성질에 따라서 조금씩 다르다.

① 일반지출

인건비등 국고에서 현금이 지출되는 경우, 사업부서의 사업담당자가 지출요청을 하면, 회계부서(재무과 또는 총무과)의 재무관이 지출원인행위를 한다. 그러면 지출관이 지출결의를 하는데, 재무관과 지출관이 동일인이어서는 안된다. 그래서 상호 점검이 가능하기 때문이다. (세입의 경우에는 부과하는 사람과 수령하는 사람이 달라야 한다.) 지출결의가 승인되면 자금을 계좌이체한다.

그림 4-3 · 일반 경비 지출절차도

② 계약-조달-계좌이체

정부가 민간으로부터의 물품이나 용역이 필요할 때는 계약을 이용한 구매를 하여야 한다. ① 사업부서의 담당자가 구매요청을 하고 상급자가 승인을 하면, ② 조달청의 나라징터를 이용해시 공개경쟁입찰로 구매를 한다. ③ 민간사업자(vendor)가 결정되면, 회계부서의 재무관이 지출원인행위를 한다. ④ 민간사업자가 물품 또는 용역을 납품하면, 사업부서 담당자가 품질에 이상이 없는지 검수를 한다. 검수를 통과하면, ⑤ 다시 나라장터에 가서 대금청구를 한다. ⑥ 사업부서 담당자는 청구된 대금에 대하여 회계부서에 지출요청을 한다. ⑦ 마지막으로 회계부서 지출관이 지출결의 후 대금을 계좌이체 한다.

이상의 절차들은 모두 자동화된 전산시스템(dBrain과 나라장터)에서 진행된다. 이론상으로는 공무원과 민간이 한 번도 만나지 않고 구매계약, 납품, 대금지급이 이루어질 수 있어서, 부정부패를 원천적으로 차단할 수 있다. 그리고 이런 거래들은 모두 다 기계장치에 기록이 되어서 투명할 뿐 아니라, 매일 감사원에 보고되고 있다.

그리고 이런 절차는 다소 복잡해 보일지라도, 한국의 정부에서만 쓰는 것이 아니고 민간기업에서도 마찬가지이다. 또 웬만큼 수준이 있는 세계 모든 나라가 사용하고 있는 방식이기도 하다.

그림 4-4 • **구매계약과 지출절차도**

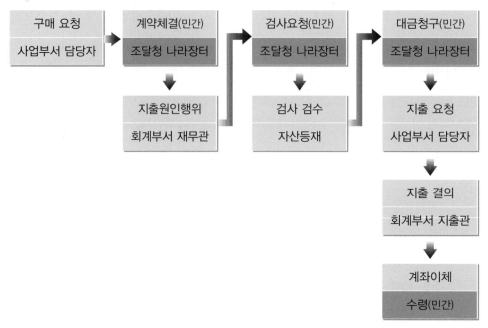

출처: 한국재정정보원. 2018. p.124에서 재구성

나라장터(www.g2b.go.kr)는 한국의 조달청에서 운영하는 국가종합전자조달시스템이다. 국제투명성기구와 세계 반부패포럼 등에서 우수사례로 소개된 바 있다.

조달청에서 실시하는 계약은 기본적으로 "국가를 당사자로 하는 계약에 관한 법률"(국당법)에 따른다. 1년에 58만 건, 금액으로는 약 200조 원의 거래가 이루어진다.

사업자 선정 방식은 공개 경쟁입찰이고, ① 최저가 낙찰제, ② 적격심사제, ③ 예정가 낙찰제 등이 있다.

③ 보조금의 지출 절차

보조금에는 국고보조금 및 민간보조금 등이 있는데, 이들은 전체 예산지출의 약 1/3을 차지하며, dBrain의 자매 시스템인 "e-나라도움"을 통해 진행된다.

3. 신축적 예산집행을 위한 제도들[36]

(1) 총액계상예산

공사계약을 하는 방법 중에 턴키(Turn-Key: 설계시공일괄입찰) 방식이란 것이 있다. 공사 시행자가 총액을 받고, 자율적으로 공사해서, 최종적으로 발주자가 열쇠만 꼽고 돌리기만 하면 되도록 모든 것이 다 만들어 달라는 계약하는 것이다.

이것과 유사한 제도가 총액계상예산이다. 예를 들어, 미국의 트럼프 대통령이 COVID-19 백신을 만들기 위해 Pfizer 제약에게 4조 원을 주고, 언제까지 만들어달라고 주문한 것을 한국식으로 표현하면 총액계상예산이다.

새로운 백신을 만드는 데에는 기존 기술의 재검토, 후보물질 검색, 임상실험, 백신제조, 포장과 전달, 냉동유지 시설 등 어떤 재료와 기계 장비가 필요한지, 어떤 사람들을 고용하고 얼마를 지불해야 하는지 일일이 따질 수 없다.

이런 큰 사업에는 총액으로 자금을 지급하고, 시행은 계약자가 알아서 하게 하는 대신, 최종 결과물은 확실히 보장 받는게 더 나을 수 있다. 즉, 예산자금의 집행에 일일이 간여하기보다는 자율적, 신축적으로 돈을 쓰게 하여, 좋은 결과를 도출하고자 한다.

우리나라 국가재정법(제37조 및 동법 시행령 제12조 1항)에는 총액계상예산의 대상이 되는 사업을 다음과 같이 규정하고 있다. 이 사업들은 상당한 정도의 자율성으로 예산을 탄력적으로 사용할 수 있다.

- 공업기반기술개발사업
- 하천치수사업
- 특정 연구개발사업
- 대규모 투자사업 또는 보조사업

---

[36] 응용(9국22 & 9국14): 배정과 재배정은 신축적(탄력적) 집행을 위한 것이 아니라, 집행을 통제하기 위한 장치이다.

(2) 예비비

민간이나 마찬가지로 정부도 예산편성 당시에는 몰랐던 예상 밖의 일을 만난다. 이럴 때를 대비하여 "일반회계 예산총액의 100분의 1(즉, 1%) 이내의 금액"을 예비비로 계상한다.[37]

만약 2020년처럼 2019년에는 예상하지 못했던 COVID19 판데믹이 발생하여, 예비비로 감당이 안 되는 경우에는 추가경정예산을 편성해야 한다. 그러나 가축에게 발생하는 구제역 정도는 예비비로 감당할 만하다.

예비비는 그야말로 예측할 수 없었던 사유 때문에 발생할 지출을 대비하는 것이므로 미리 어디에 써야 한다고 구체적으로 지정할 수 없다.[38] 이런 경우 예산의 집행은 합리적인 판단에 맞도록 자율적으로 지출을 하면 된다.[39]

다만, 예비비사용명세서를 보고하여야 하는데, 이것은 기획재정부 장관, 국무회의를 거쳐 대통령의 승인을 받는다. 그 뿐 아니라 감사원에도 보고하고, 국회에 제출도 하여야 한다.

예비비의 집행은 신축적이지만, 함부로 써서는 안 된다.

(3) 계속비

한 해의 지출, 즉 세출은 한 회계연도 내에 집행되어야 한다. 그러나 고속도로 건설과 같이 공사기간이 2년 이상인 경우에는, 매년 예산을 편성하고 국회심의를 받는 것이 불편하다. 이런 경우에는 다년간에 걸친 예산총액과 매년 투입될 예산(연부액)을 한꺼번에 편성하고 심의를 받도록 한다.

사업비 총액에 대한 국회의 심의는 사업추진을 결정할 때 한 번만 받도록 하고,

---

37 응용(7국10): 예비비는 예측하지 못했던 돌발상황에 대응하는 예산이고, 계속비는 사업진행속도가 불분명한 경우에 적용하는 신축적 예산제도이다.

38 응용(9지21): 의회 예산심의 중에 삭감된 예산은 예측불가능한 사안이 아니어서 예비비로 사용해서는 안 된다.

39 응용(9국19): 인건비 인상은 예측불가능한 사안이 아니다.

매년 투입되는 연부액은 해당연도에 해당하는 금액만큼만 반영한다. 즉, 총사업비는 얼마인데, 지금까지 얼마가 지지출되었고, 올해는 얼마가 소요되며, 앞으로 남은 금액은 얼마다라는 식으로 계속비에 대한 보고서를 작성, 제출하여야 한다.

(4) 국고채무부담행위

이것은 앞의 제3장에서 한 번 설명한 적이 있다. 예를 들어, F35 같은 고성능 스텔스 전투기 구입의 경우, 올해 100대를 구입하기로 하였다 하면, 실제 전투기 인도는 한참 뒤에 이루어진다. 그럴 경우, 100대 구입 비용을 한 해의 예산에 모두 계상하면 문제가 된다. F35는 새로 개발해야 하는 전투기여서 개발초기에는 비용이 적게 들지만, 나중에 제작비용은 많이 투입된다.

이런 사업은 해당 연도에 소요될 정도만 그 해 예산에 반영해 놓고, 잔여 금액들은 지출이 이루어지는 해의 예산으로 계상한다. 그러나 이미 계약이 이루어졌기 때문에 잔액은 국가의 채무로 남아 있는데, 이것은 명확히 보고가 이루어져야 해서 국회에 제출토록 하고 있다.

(5) 기타 신축적 집행 제도들[40, 41]

① 이월

한 회계연도 내에 미처 다 지출이 이루어지지 않은 예산은 다음 해에 지출되도록 하는 제도이다. 이월은 1년만 허용되는 것이 아니고, 적합한 사정이 있는 한 몇 년간이라도 미루어서 사용할 수 있다.

이월에는 명시이월과 사고이월이 있는데, 명시이월은 지출원인행위를 아직 못한 경우에 승인을 받아 다음 연도에 지출을 한다. 그러나 사고이월은 지출원인행

---

40 응용(7국15): 예산총계주의는 모든 수입과 지출은 총계 규모로 완전한 수치로 표시해야 한다는 것으로서, 집행 신축성과는 무관하다.

41 응용(9지10): 한정성의 원칙은 예산은 정해진 사업, 정해진 금액, 정해진 기간에 한정하여 편성하고, 집행한다는 것이다.

위는 하였지만, 부득이한 이유로 아직 지출이 이루어지지 않은 경우, 다음 연도에 그 지출이 완료되도록 한다.[42]

그러나 이월은 행정부가 일을 잘 못했다는 부정적인 이미지를 주고 있다. 행정부는 가급적 이월을 안 하려고 하는데, 그런 과정에서 연말집중지출(year-end rush) 현상이 가끔 발생하곤 한다.

② 이체

정부조직법의 개편으로 인하여 정부 조직이 없어지거나 통폐합될 때, 예산도 새 조직을 따라 함께 통합하는 것을 이체라고 한다. 즉, 돈의 주인이 되는 소속기관이 바뀐 경우, 새 주인을 찾아주는 것이 예산의 이체이다.[43] 그런데 정부조직법을 개편할 때 이체는 당연한 것으로 감안한 것이 때문에, 이체에 대하여 굳이 또 국회 승인을 받을 필요는 없다.[44]

③ 전용

인건비, 물건비, 이전지출 등 비용의 성격구분을 목(目), 또는 비목(費目)이라고 한다. 예산을 편성할 때는 이런 목까지 지정을 한다. 즉, A라고 하는 사업을 수행하는데, 인건비로 얼마, 물건비로 얼마를 쓰라고 미리 지정한다.

그런데 실제 사업을 하다보면, 예산편성 때와 다르게 지출을 해야할 때가 있다. 예를 들어 코로나 때문에 출장을 못 가게 되면, 여비를 줄여서 비대면 온라인 회의실을 추가로 만드는 관서운영비가 더 필요해질 수 있다. 이럴 경우 여비를 옮겨서 관서운영비로 쓰겠다 하면, 그것을 전용(轉用), 즉 옮겨서 썼다고 한다.

이처럼 전용을 하는 경우에는 기획재정부와 협의를 거쳐 중앙관서 장의 허락을 맡아야 한다. 다만, 전용은 "그리 크지 않은 변경"이어서 국회에 보고할 의무까지

---

42 응용(7지08 & 9국19): 부득이한 이유 중 대표적인 것은 재난, 재해 등이다.

43 응용(7지15 & 7지12 & 9국11): 예산이체는 예산(금액)의 변동이 아니라 소속기관의 변동에 국한된다. 그 예산을 다른 기관들이 나누어 쓰거나 하면 안 된다.

44 응용(9지09): 계속비는 특정하게 정해진 기간이 있는 것은 아니다. 이월은 수년간에 걸쳐 재이월이 가능하지만, 부득이한 사유 등 적합한 이유가 있어야 한다.

는 없다.[45] 즉, 예산구조 상 세항－목(요즈음에는 단위사업-편성 목)은 행정과목이어서 국회가 이런 세세한 것까지 간여하지는 않는다.

④ 이용

이용(移用) 역시 옮겨 쓴다는 뜻이다. 그러나 전용이 방에서 방으로 가구를 옮기는 정도라면, 이용은 다른 집으로 이사를 가는 정도의 옮겨쓰기이다.

예를 들어, 환율이나 유가 변동이 커져서 다른 지출을 줄이고 환율/유가 관련 필수 지출에 옮겨써야 할 수가 있다.

이럴 경우는, 국회의 승인을 먼저 얻은 다음에, 이용을 하여야 한다. 이용은 입법과목인 장－관－항(요즈음에는 분야－부문－프로그램) 간에 자금이 이동하는 경우이다.

이상 예산집행 상 신축성을 부여하는 여러 제도들을 살펴 보았는데, 이런 예외에 대해서는 특별히 관심과 통제를 하여야 한다. 그래서 국가재정법에서는 행정부가 국회에 제출하는 예산서는 반드시 다음 5가지를 포함하고 있어야 한다고 명시하고 있다. (국가재정법 제19조)

① 예산총칙, ② 세입세출예산, ③ 계속비, ④ 명시이월비 및 ⑤ 국고채무부담행위

그런데 이런 5가지 구성요소 중 3개(③, ④, ⑤)는 예산집행의 신축성을 부여하기 위한 제도이다. 즉, 신축성을 부여하되, 통제도 강력하게 하겠다는 것이다.

---

45 응용(7국21 & 7지16 & 7지08 & 9국19): 전용은 세부사업(과거의 세항)이나 목 등 행정과목 단위에서의 예산 옮겨쓰기 이고, 이용은 과거 예산구조에서의 입법과목인 장, 관, 항(요즈음의 프로그램에 해당) 간에 예산을 옮겨쓰는 것으로서 사전에 국회의 승인을 받아야 한다. 단, 기관간 이용도 가능하다.

제5절 결산

결산은 수입과 지출의 집행을 확정짓는 것이다. 그래서 국민의 대리인인 대통령과 기획재정부가 어떤 일을 하겠다고 하여 편성한 예산, 그리고 국민의 대표자인 국회의원들이 승인한 예산이 원래 의도대로, 법규대로 사용되었는지를 확인시켜주는 보고서이다.

한 해의 결산서는 약 1,500면에 달하는 두꺼운 보고서인데, ① 요약, ② 개요, ③ 세입세출결산, ④ 재무제표, ⑤ 성과보고서로 이루어져 있다. 이 중에서 현금주의로 결산하는 세입세출결산이 약 1,300여 페이지에 달한다. 이에 비해 재무제표는 발생주의에 입각하여 작성하는데, 재정상태보고서와 재정운영보고서를 포함한다.

각 중앙관서는 매년 2월말까지 해당 부처의 결산보고서를 기획재정부에 제출한다. 이 보고서를 기획재정부는 감사원에 의뢰하여 결산검사를 하도록 한다. 최종적으로 기획재정부는 "국가결산보고서"를 5월 31일까지 국회에 제출한다.

이 결산보고서에는 국가채무관리보고서 및 성인지 결산서도 포함된다. 그리고 2022년부터 시행되는 "온실가스감축인지 예산서"에 대한 "온실가스감축인지 결산서"를 2023년에 작성하여야 한다.

기금에 대해서는 기금결산보고서, 성인지 기금결산서, 온실가스감축 기금결산서를 작성하여야 한다.

국회에 제출된 결산보고서에 대하여 예산결산특별위원회가 결산심의를 한다. 결산심의절차는 예산심의절차와 동일하다. 각 상임위원회가 예비심사를 하고, 예결특위가 종합심사를 한다. 그리고 본회의에서 의결한다.[46]

---

46 응용(7국13 & 9국18): 결산도 예산과 마찬가지로 국회 본회의 승인으로 종결된다. 용어설명: 행정부가 결산보고서를 국회에 제출하는 것을 "회부"라고 한다. 행정부가 5월 31일까지 국회에 제출하면, 국회는 6월1일에 회부된 것으로 본다. 상임위가 결산 예비심사를 기간 내에 마치지 못하면, 바로 예결특위 본심사에 "상정"할 수 있다.

결산심의는 매년 8월, 즉, 행정부가 예산안 편성을 마무리하기 전에 개최되는데, 그 이유는 결산심의에서 지적된 사항이 다음 연도 예산편성에 반영되게 하기 위해서이다. 이를 결산의 환류기능이라고 한다. 결산심사 과정에서 위법, 부당하다고 시정요구한 사항을 행정부는 지체없이 처리하고 보고하여야 한다. 이것은 결산의 통제기능이다.[47]

이상 예산의 편성부터 결산까지의 과정을 살펴보았는데, 이 과정 전체를 합하여 예산주기라고 한다. 예를 들어, 2022년에는 차년도인 2023년도 예산을 요구-편성-심의한다. 2023년도에는 그해 연도의 예산을 집행한다. 그리고 2024년에는 전년도인 2023년도 예산에 대한 결산을 한다.[48]

---

47 결산의 문제점 및 개선방안에 관한 추가적인 논의는 배득종(2018) 및 배득종(2021)을 참조.

48 응용(7지21 & 9국21): 예산주기를 예산순기(순환주기)라고도 한다. 예산주기와 관련된 구체적인 날짜를 숙지할 필요가 있다.

제 **5** 장

예산제도의 개혁

미국의 예산제도 개혁: 신공공관리 등장 이전

미국은 건국 초기부터 영국으로부터 많은 영향을 받은 나라이다. 어느 정도로 큰 영향이었냐 하면, 미국 독립운동 당시 혁명의 정신은 제퍼슨(3대 대통령) 등 프랑스 유학파가 제공하였고, 벤자민 프랭클린은 프랑스 대사로 파견되어 전비(戰費)를 빌리기 바빴다. 이에 프랑스는 굶어가던 워싱턴 장군에게 1년 예산의 4배가 넘는 전쟁 비용을 공급하였고, 독립 완수 때 "자유의 여신상"까지 만들어 주었다. 이럼에도 불구하고, 미국은 독립전쟁이 끝나자마자 프랑스는 뒷전으로 하고 영국과의 교역에 치중하였을 정도다.[1]

영국은 1215년의 마그나 카르타, 1688년의 명예혁명 이후 1700년 대부터는 왕(행정부)의 지출에 대해 결산보고를 의회에 하게 하였다. 1850년 대에 와서는 결산보고에 대한 감사를 받도록 하였고, 그 다음에는 왕(행정부)의 예산에 대해 미리 의회의 동의를 얻도록 하였다. 당시 영국 의회는 다수당이 예산안을 편성하여, 어느 지정된 날 "Budget day"에 재무부 장관(그 역시 국회의원이다) 예산을 선포하였다.

이런 역사적 전통이 식민지 미국에 와서는 다소 변형되어 적용된다. 즉, 마을마다 "town hall meeting"에서 주민들이 직접 내년도 예산을 편성하였다. 그야말로 풀뿌리 재정민주주의가 생긴 것이다. 이에 대해 프랑스 역사학자 토크빌은 "미국 사람들은 모두 정치인"이라고 하였다. 영국인이 미국으로 건너와 처음 시작한 산업은 조선 사업이었다. 당시 범선 한 척을 만드는데, 약 6,000그루의 좋은 나무가 필요했는데, 신대륙에는 나무도 풍부하고, 열심히 일하려고 하는 인력도 많았다. 벌목과 조선은 엄청나게 힘든 일인데, 그럼에도 그들은 Harvard 대학을 설립하였으니 대단한 일이 아닐 수 없다. 남부지역에서는 목화, 담배 등 농작물 재배가 성행하였다.

---

1 미국 독립을 지원한 것 때문에 프랑스 왕국은 재정이 고갈되어 "식빵이 없어" 민중혁명으로 멸망하게 된다.

그러던 것이 미국이 경제사회적으로 발전하면서 외국으로부터의 이민이 대거 몰려들자 문제가 생기기 시작하였다. 이민자들은 자기들끼리 패거리(machines)를 만들었고, 공무원들도 본국의 국적에 따라 패거리들과 부정부패를 일삼았다. 그래서 행정학의 아버지인 Woodrow Wilson, Louis Brandeis 판사 등이 정풍 운동을 시작하였다.

정풍 운동의 결과 중 하나가 바로 1921년의 품목별 예산제도인데, 현대적 예산제도의 시초라고 불릴 뿐 아니라 지금의 예산제도도 이것의 유산을 가지고 있다.

1. 품목별 예산제도

품목별(Line item) 예산제도의 첫 번째 목적은 부정부패를 방지하기 위한 것이다. Machine들이 횡행하던 시대의 미국 공무원들은 공무원 채용, 사업비 책정, 사업수행 방식의 선택 등에 재량권이 많았다.

그러던 것을 1921년의 정부예산회계법이 "지출비용의 표준화"를 시켰다.[2] 즉, 어떤 조직에는 공무원을 직급별로 몇 명씩 채용할 수 있으며, 채용된 공무원의 보수는 직급별로 얼마로 정한다 하는 식으로 비용을 통제하였다. 일본과 한국에서는 비용항목을 목(目, item)이라고 하였다. 정부가 돈을 지불하고 구매하는 "물품항목"의 리스트가 바로 품목(line item)이 된다.

예전에는 기관별로 자동차를 구입할 때도, 기관별로 큰 차, 작은 차, 비싼 차, 저렴한 차를 제각각의 판단으로 제각각의 비용을 주고 구매하였다. 이런 데서 비리가 발생하였던 것이다. 그래서 품목별 예산제도(line-item budgeting)에서는 모든 기관에 적용되는 구매기준을 정하고, 구매 가격도 표준화한 예산안을 의회가 심사, 편성, 의결한다. 행정부는 의회가 결정한 대로 지출하지 않으면 안 되도록 하였다.[3]

---

2   이 당시에는 표준화(standardization)가 시대흐름이었다. 헨리 포드는 자동차 생산을 표준화하여서 성공하였고, Frederick Taylor는 사무업무를 표준화하는데 앞장 섰다. 미국의 품목별 예산제도도 지출물품목록별로 비용을 다 표준화, 통일화 하였던 것이다.

3   응용(7국12 & 7지15 & 9지21 & 9국20 & 9국19 & 9국09 & 9지16 & 9지10): 품목별 예산

〈표 5-1〉 한국의 현행 비목 구성

목	세목
100 인건비	110 인건비
200 물건비	210 운영비 220 여비 230 특수활동비 240 업무추진비 250 직무수행경비 260 연구개발비
300 이전지출	310 보전비 320 민간이전 330 자치단체이전 340 해외이전 350 출연금
400 자산취득	410 토지매입비 420 건설비 430 유형자산 440 무형자산 450 융자금 460 출자금 470 예치금 480 예탁금
500 상환지출	510 상환지출
600 전출금등	610 전출금 등
700 예비비 및 기타	710 예비비 및 기타

주: 여기서 목은 편성목이라고도 하고, 세목은 통계목이라고도 한다.

　　의회의 표준화된 지출 방법을 따르지 않는 공무원의 부정부패는 결산 시에 쉽게 발견될 수 있었다. 감사도 여기에 집중된다. 따라서 정부의 재량권은 더 이상 Machine의 활동을 위한 것이 아니라, 국민 전체를 위해서 사용하는 것으로 통제하게 되었다.

　　한국도 최근까지 품목별예산제도의 전통을 가지고 있다. 현행의 예산구조를 보면 "분야-부문-프로그램-단위사업-세부사업-세부과제-(편성)목-(통계)목"으로 구성되어 있다. 분야부터 세부과제까지는 정부가 어떤 사업을 할 것인가를 나타내면, 편성목-통계목은 어떤 재료를 구입해서 그 일을 할 것인가를 표시한다. 즉, 정부의 예산편성은 돈만 편성하는 작업이 아니라, 어떤 사업을 어떻게 수행할 것인가까지 모두 포함하고 있다고 할 수 있다.

제도는 부정부패를 방지하는데 치중하여서 행정부의 재량권을 최소화한다. 그래서 정부사업의 효율성, 효과성, 통합 조정 등을 고려할 여지가 별로 없다. 한편, 의사결정 패키지를 이용하는 예산제도는 ZBB이며, PPBS는 중장기적 계획과 단기적 예산을 구조적으로 연결하고자 하였다.

2. 실적주의 예산제도

품목별 예산제도에 따르면, 각 목별로 사용방법 등이 꼼꼼하게 규정되어 있다. 즉, 예산은 어떠한 조건을 충족했을 때, 어떠한 방법으로 지출해야 하는지 미리 정해져 있는 것이다. 그리고 그 규정을 어기면 지출도 어렵고, 나중에 감사도 받아야 할 수도 있다.

그런데 예산이란 미래에 일어날 일을 예상하여 지출계획을 세운 것인데, 세상 일은 뜻한 대로 되지 않을 때가 많다. 따라서 규정대로 예산을 집행할 수 없을 때가 생긴다. 이럴 때 공무원들은 어떻게 해야 할 것인가? 일단 일을 멈추는 것이 정답이다. 별도의 지시가 있을 때 비로소 움직이게 된다. 기업의 경우에는 상급자가 빨리 판단해서 결정을 해주면 되지만, 정부는 상급기관, 의회까지 걸쳐서 결정을 해야 하니, 예산 때문에 사업수행에 지장이 많았다.

이런 일이 수없이 많이 발생하니, 품목별 예산제도의 경직성에 대한 비판이 커졌다. 그래서 대안으로 등장한 것이 실적주의 예산제도(performance budgeting)이다. 요즘 같으면 performance를 성과라고 번역하겠지만, 행정학이 한국에 도입되던 초기에는 performance를 실적이라고 번역하였었다.[4]

실적주의 예산제도는 사업에 투입되는 재료(즉, 目)에 관심을 쓸 것이 아니라 사업을 추진하는 목적(目的), 즉 성과물에 초점을 둬야 한다는 것이다. 그래서 투입 대비 산출의 비율이 좋은 행정을 해야 한다는 것이다. 실적주의 예산제도는 행정부에게 사업 목적과 사업 수행 방식이 적합하면, 사업에 예산을 주는 방식이다.

그렇다면 좋은 사업이란 무엇인가? 행정가는 자율성을 얻는 대신 이 질문에 객관적인 입증을 할 수 있어야 한다. 그래서 제시된 것이 "사업원가"의 개념이다. 즉, 적은 돈으로 많은 활동을 했으면, 그 활동의 단위당 원가(unit cost)가 낮을 것이다. 반대로 많은 돈으로 적은 일을 하면, 사업의 단위원가가 올라갈 것이다.

지출부처는 지난 해의 사업을 분석해보니 같은 일을 하더라도 원가가 이만큼

---

4   배득종.유승원(2014)은 이 당시의 예산제도를 최근의 성과주의 예산제도와 대비하여 old performance budgeting이라고 부르기도 한다.

낮아졌으니, 이 사업에 대한 예산을 증액해달라는 식으로 예산을 요구하게 된다. 예산심의도 원가분석 결과를 참조하면서 이루어졌다. 기업운영 방식이 상당히 정부부문에 도입된 것이다.[5]

그러나 영리를 추구하지 않는 정부부문에서는 단위원가 계산이 어려운 경우가 상당히 많다.[6] 이런 정부의 특성 상 실적주의 예산제도가 품목별 예산제도를 완전히 대체한 것은 아니고, 기존의 품목별 예산제도 위에 성과주의를 덧붙인 방식으로 운영되었다.

이 제도는 미국에서 1950년대까지 사용되었다. 미국의 영향을 많이 받은 필리핀이 이 제도를 개선해가면서 아직 사용하고 있다. 매년 두꺼운 분량의 실적보고서도 작성하고 있다.

3. 계획예산제도: PPBS

세계 제2차대전 종전 이후 미국의 GDP는 전세계 GDP의 60%를 차지할 정도로 절정기를 이루었다. 그런 만큼 미국 정부의 사업도 방만해졌고, 수많은 사업들이 중구난방으로 이루어지고 있었다.

그래서 등장한 것이, 중구난방의 정부사업을 국정목표별로 체계화하여, 돈을 쓴 "효과"(effectiveness)[7]를 극대화하자는 것이 계획예산제도(Planning-Programming-

---

5 응용(7지09 & 9국10): 실적주의(성과주의)예산은 개별사업의 단위원가 분석에 치중하는 미시적 예산제도이다. 그래서 여러 사업들 간의 우선순위나 전략적 정합성 등은 고려하지 못한다.

6 응용(9지16): 미국이 1921년에 처음 예산회계법을 만들 때, 품목별 예산제도를 도입할 것인지 실적주의 예산제도를 도입할 것인지 갑론을박이 많았었다. 그러나 결국 품목별 예산제도를 도입한 여러 이유들 중 하나는 정부부분에서 단위원가 구하기가 쉽지 않았다는 점 이 고려되었다.

7 응용(9지09): 효율성(efficiency), 능률성 또는 생산성은 모두 "투입 대비 산출"의 비율이다. 이에 비해 효과성(effectiveness)은 "투입 대비 목표달성도"를 말한다. 한편, 형평성(equity)은 공평성과 유사하고, 대응성(responsiveness)는 국민 요구에 얼마나 빨리 부합하느냐 여부를 말한다.

Budgeting System: PPBS)이다.[8]

이 제도는 국가우선순위를 반영하여 계획을 세우고, 그 계획을 달성하기 위한 사업(program, 프로그램 예산제도의 그 프로그램임)을 배치하고, 해당 프로그램(또는 정책사업)을 수행하기 위한 예산을 편성하여 배정한다는 생각에서 만든 예산제도이다. 이런 구조는 하향식 구성이 되는 일종의 폭포수(cascading) 형태로 만들어진다.[9]

사업 우선순위는 비용편익분석을 해서 결정한다. 만약 비용편익분석이 어려울 경우에는 비용효과분석을 적용하기도 한다.[10]

정부의 하위 조직에서는 자기에게 주어진 사업에 대한 예산만 집행하면, 상급 기관에서 상위 목표가 저절로, 효율적으로 달성되도록 하자는 것이 이 제도의 기본생각이다. 매우 이상적이고 합리적인 구상이 아닐 수 없다.

그러나 세상 일이 그렇게 쉬울 리가 없다. 이 제도가 성공하기 위해서는 고도의 분류체계가 마련되어야 하고, 국정 목표도 분명하게 정의가 되어야 한다. 중장기목표와 중장기계획에 정합도가 높아야 하고, 단기목표와 단기계획간의 정합도도 있어야 한다. 그 뿐 아니라 목표, 계획, 정부사업들 간의 연관관계도 분명해야 한다. 여기서 "분명'하여야 한다는 점이 중요한데, 현실 세계에서 개연성이 있는 관계는 많아도 분명한 관계는 그리 많지 않다. 그것은 또 사람에 따라서 달리 생각되기도 한다.[11]

게다가 정부는 보통 여러 가지 목표를 가지고 있으며, 연관 사업들도 여기 저기 흩어져 있다. 어떤 경우에는 다른 부처에 연관 사업이 존재하기도 한다. 따라서 하나의 일목요연한 계획체계를 구성하기가 매우 힘들다.

---

8 저자에 따라서는 이것을 **기획예산제도**라고 번역하기도 한다.

9 응용(9국13 & 9지08): PPBS의 cascading(폭포수)구조는 하향식 예산접근이어서, 집권화를 강화시킨다.

10 비용과 편익을 화폐금액으로 환산하기 편한 경우에는 비용편익분석을 사용하고, 편익이 금전적인 것이아닐 경우에는 대체로 비용효과분석을 한다. 앞의 제4장에서 예비타당성분석 제도를 설명할 때 이미 언급하였다.

11 응용(9국17 & 9국08): PPBS에서는 비용편익분석 등을 많이 활용하였다. 중장기적 관점에서 예산을 운영한다는 장점도 있다.

이런 상황에서 하나의 계획체계를 고집하면, 여기저기서 반대의견이 나오게 된다. 다른 누구보다도 행정부가 세운 계획체계에 대하여 의원들이 수긍하지 않았다. 즉, 행정부 생각 따로 의원 생각 따로인 상태에서, 역사상 가장 합리적인 구상이라고 하는 PPBS가 오래 운영되지 못하고 폐기된다.[12] 미국은 PPBS는 폐지하였지만 프로그램 예산구조를 체계화하여 계속 사용하고 있다. 한국이 2004년 재정개혁의 일환으로 도입한 프로그램예산제도도 그 연원은 PPBS이다.

PPBS의 정신과 유산은 아직도 살아남아 있다. 1)국가 사업을 중장기적으로 기획해야 한다는 중기재정계획이나, 2) 정부사업을 분야-부문-프로그램으로 체계화 하는 방법, 그리고 3)프로그램별 지출한도를 부여한다든지, 4)프로그램별로 재량권을 부여하여 성과를 향상시키는 것들, 그리고 5)성과관리를 하여야 한다는 생각들이 후대에 전해지고 있다.

캐나다에는 엔벨롭(envelope) 예산제도가 있는데, 이것이 PPBS의 영향을 많이 받았다. 원래 budget이란 말은 프랑스로 "가방"이란 뜻인데, 재무부 장관의 가방 속에 들어 있다고 해서 "예산(budget)"의 어원이 되었다. 그럼 재무부 장관의 가방 속에 들어있는 봉투(envelope)는 무엇인가? 전체 예산을 사회분야예산, 경제분야예산, 국방안전예산으로 나누어서 각각의 봉투에 담은 것을 말한다. 각 봉투 안에는 또 더 작은 봉투들이 들어 있다. 이렇듯 분야별로 독립성이 큰 예산을 편성하는 것이 캐나다의 엔벨롭예산이다.

4. 목표관리예산: MBO

PPBS가 다분히 경제학자들의 작품이라면, 그 뒤에 등장한 목표관리예산제도는 경영학자들의 영향이 컸다. 즉, 정부도 기업을 운영하는 것처럼 1) 문제발견, 2) 조직 목표의 설정, 3) 사업 실행, 4) 목표달성도 점검, 5) 사업수정을 하는 예산제도이다. 요즈음 경영학에서 말하는 Plan-Do-See를 정부에도 적용한 것이다.

조직의 관리자들이 주기적으로 만나서, 사업의 목표달성도를 점검하고, 거기에

---

12 응용(7국07 & 7지08): PPBS의 단점 중 하나는 의회와 정치권의 협조가 적었다는 점이다.

예산이 적절하게 투입되었는지를 모니터링하는 것이 Management by Object (MBO) 제도의 핵심이다.[13] 목표달성을 위한 팀워크가 중요시되는 제도이며,[14] 목표와 사업결과가 가시적으로 평가될 때 이 제도의 취지는 잘 발휘된다.[15]

민간 기업에서도 MBO를 많이 사용하는데, 보스가 경영실적을 독촉할 때 많이 적용된다. 요새는 IT 기술이 발달해서 성과점검을 대시보드(dashboard) 형태의 EIS(executive information system)로 한다.[16]

그러나 이 제도가 미국연방정부에 도입되던 당시에는 PC도 없던 당시라, 성과 모니터링도 쉽지 않았을 것이다. 그래서 주기적으로 열리던 점검회의는 점차 열기를 잃어가고, 대리참석 등으로 모양만 갖추게 되었다.

그러다가 당시의 미국대통령(R. Nixon)이 워터게이트 사건으로 탄핵되자, 다음 대통령이 도입한 다른 제도, 즉, 영기준예산제도(Zero-base budget: ZBB)로 대체되었다.

5. 영기준예산제도(ZBB)

영기준예산제도는 제로 베이스란 명칭 때문에 많은 관심을 받았다. 정부 재정 규모는 전년도 기준에서 알파만큼 추가해서 슬금슬금 증가하기 때문에 나중에는 국민의 납세부담이 매우 커질 수 있다. 그래서 ZBB는 사업이 만들어지던 원점에서부터 타당성을 다시 검토해서 예산을 편성하자는 뉘앙스를 준다. 그래서 ZBB를 도입하면 불합리한 사업구조를 개선하고, 예산규모를 삭감할 수 있을 것으로 기대되었다.[17]

---

13 응용(7지18): MBO는 예산감축 보다는 성과달성을 더 중요시한다.

14 응용(9국22 & 7국08): 조직 내 상하 구성원이 함께 참여하는 점검회의가 매우 중요하나, 조직 내외의 상황이 안정적일 때 더 잘 작동한다.

15 응용(9지10): MBO는 민간기업처럼 목표가 단순하고, 성과측정이 잘 계량화되는 조직의 관리에 더 적합하다.

16 응용(9국08): BSC도 대시보드에 게시된다.

17 응용(9지09): ZBB는 점증주의 예산결정방식을 바꾸기 위해 고안된 예산제도이다.

전통적인 예산제도는 1) 행정부가 사업에 필요한 가장 좋다고 생각되는 수행방법과 거기에 소요되는 예산안을 하나 마련해서 의회에 제출하면, 2) 의회가 심의하다가 사업수행 방식을 바꾸자고 하면, 3) 행정부가 다시 수정안을 내고, 4) 의회가 다시 심의를 해야 한다. 그러나 이런 과정이 번거롭기 때문에 실제로는 행정부 초안을 조금 수정하는 식으로 심의가 이루어진다. 그러다 보니 전년도 사업과 전년도 예산을 답습하는 관행이 생겼던 것이다.

이에 비해 ZBB는 의사결정패키지(decision package)를 제공한다. 그 패키지에는 1) 전년도와 동일한 규모의 예산일 때 예상되는 성과수준, 2) 전년도 보다 예산을 삭감할 때 예상되는 성과수준, 3) 전년도보다 예산을 증액했을 때 기대되는 성과수준이 포함된다. 행정부가 이 패키지를, 의회에 제출하면, 의원들은 그 패키지 안에서 바람직한 대안들을 선정한다. 이런 방식을 통하여, 미국연방의회는 사업들의 예산과 성과수준을 동시에 감안하여 사업우선순위를 결정할 수 있다.

그러나 행정부가 모든 사업에 대하여 이런 패키지 방식으로 예산안을 작성하려면 너무나 많은 시간과 노력이 소요되었다.[18] 게다가 의원들은 기본적으로 예산 삭감을 원하지 않는 성향이 있다.

ZBB는 원래 Texas Instrument라는 기업에서 고안된 것인데, 이것을 정부부문에 적용하려다 보니, 너무 복잡하고 힘들었다. 그래서 연방정부 차원에서는 더 이상 사용하지 않는다.[19] 그러나 규모가 주정부 차원에서는 아직도 ZBB를 활용하고 곳들이 많다. 한국 정부도 건국 이후 계속 사용해온 품목별예산제도를 1983년에 ZBB로 바꾸려고 시도한 적이 있었다.

ZBB를 적용하던 시기에 일몰제(sunset law)가 도입되었다.[20] 대부분의 법률은 특별한 이유가 없는 한 영원히 존속한다. 그러나 일몰제는 법안을 만들 때 이 법은 어느 기한까지만 효력이 있다고 미리 밝힌다. 저녁에 해가 지기 전까지(즉, 기

---

18 응용(9지18): 계획예산제도도 예산편성에 많은 노력과 시간이 소요되었지만, ZBB는 그것보다 훨씬 더 심하였다. 미국 국방부만 보더라도 의사결정패키지가 30만 개에 달했다고 한다.(이영조, 1995. 윤영진, 2006, p.431에서 재인용)

19 응용(7지14).

20 응용(7지17).

한이 도래하기 전까지) 해당 법을 개정하지 않으면, 자동적으로 법 효력을 상실한다. 일반적으로 법률은 재정지출을 수반하는 사업의 근거가 된다. 따라서 법이 일몰 폐지되면, 해당 사업도 폐지되어, 결국 예산규모가 줄어들 수 있다.[21]

6. 감축예산제도

미국은 1960년대에 베트남 전쟁으로 막대한 재정지출을 하였고, 1970년대에는 복지 지출이 증가하였다.[22] 이처럼 재정규모가 점차 증가하면서, 국민들의 납세저항도 증가하여서 정부는 국가채무를 많이 발행하기 시작하였다. 그리하여 1980년 대의 미국에서는 재정긴축이 심각한 과제로 등장하였다.

이때 등장한 것이, 세입예산 쪽에서는 래퍼 커브(Laffer Curve)에 입각한 감세정책이었고, 세출예산 쪽에서는 감축예산제도인데, 이것은 어떤 특별한 방법으로 예산을 편성하는 방법이라기 보다는 재정긴축을 위한 다양한 방법들이 여러 가지 만드는 것이었다. 가장 대표적인 것을 순서별로 나열하면 다음과 같다.

1) 재량적 지출에 대한 사업별 지출한도(spending limit) 부여

2) 지방보조금의 증가를 억제하는 포괄보조금제도(block grant)의 도입

3) 의무적 지출을 증가시키는 신규사업을 억제하는 Paygo 원칙의 도입,

4) Sequestration(일괄몰수 또는 강제삭감)의 법제화

---

21 응용(9국11): 1970년대 후반에 도입된 ZBB나 Sunset Law 등은 모두 재정을 감축하기 위한 제도이다. 그러나 1980년대에는 감축기조가 더욱 더 강해지고, 법제화되었다. 위원회에서 감축도 할 수 있지만, 사안에 따라서는 오히려 증액이나 현상유지 결정을 하기도 한다.

22 베트남 전쟁에 구체적으로 얼마가 소요되었는지 불분명하였으나, 이라크 전쟁 때는 1달에 1조 원이 사용되었고, 아프가니스탄에 20년 주둔하면서 사용한 총 금액은 2,400조 원이 넘었다고 한다.

(1) 사업별 지출한도

한국은 2012년에야 정부지출을 의무적 지출과 재량적 지출로 구분하여 발표하기 시작하였다. 그러나 미국은 훨씬 오래 전부터 의무적 지출과 재량적 지출을 구분했었는데, Reagan 행정부에서 가장 먼저 한 일은 재량적 지출사업에 대하여 지출한도(spending limit)를 부여하는 것이었다. 지출한도 부여 방식의 예산감축은 사실 민간기업에서 널리 사용하던 방법인데, 이것이 정부부문으로 확산된 것이다.[23]

(2) 지방 보조금 제도의 개편

Federalism. 연방주의라고 번역이 되지만, 우리에게는 매우 낯선 용어이다. 미국에서 페더럴리즘이란 지방분권을 의미한다. Reagan 대통령은 New Federalism을 표방하였는데, 그것은 지방(특히 주정부)의 권한을 강조했는데, 그 뜻은 너희끼리 알아서 잘 살아봐라라는 취지이다. 그래서 당시에는 연방정부가 주정부에 주는 다양한 보조금들을 하나의 포괄보조금(block grant)으로 묶어서, 총액을 부여할 테니, 사용방법은 각 주정부에서 알아서 쓰라는 것이다. 연방정부는 포괄보조금의 전체 규모를 "현상 유지"함으로써 연방재정지출이 증가하는 것을 억제할 수 있었다.

(3) Paygo 원칙의 도입

1985년에 "균형예산 및 긴급 적자통제법"(Balanced Budget and Emergency Deficit Control Act: BEA)이 생겼다. 이 법의 핵심 내용 중 하나가 Paygo 원칙이다.

사회복지와 같은 의무적 지출은 지속적으로 증가하는 경향이 있다. 이 예산을 통제하기 위해서는 1) 신규사업을 하려면 새로운 재원을 마련해야 하거나 2) 기

---

23 응용(9국07): 지출한도액을 설정하는 것은 전형적인 감축예산제도의 특징이다.

존의 다른 사업을 폐지하여야 한다. 이것이 Paygo 원칙의 핵심이다.

(4) 일괄몰수(sequestration)제도의 도입

BEA의 또다른 내용은 Sequestration이다. 매년 예산이 집행되고 있는 도중에 그 추세를 보아 의회가 미리 정해 놓은 최대적자규모를 초과할 것 같으면, 대통령은 모든 예산에 대하여 일률적으로 삭감을 하여야 한다는 것이다.

Sequestration이란 법률 용어로써, 일괄몰수란 뜻이다. 미국에서는 의회가 예산안 심의 권한이 크기 때문에, 의회가 행정부에게 지출권한을 부여한다. 따라서 행정부가 일을 잘 못하면, 의회는 이미 주었던 지출권한을 거두어간다는 의미에서 몰수라고 한다.

이상 일련의 감축 조치들로 인하여, 일시적으로는 재정적자가 줄고 균형예산이 달성된 적도 있다. 그러나 전반적으로는 미국의 재정적자가 지속적으로 증가하여서, 감축예산을 강조하였던 Reagan 대통령 말기에는 역사상 최대규모의 나라 빚을 기록하고 있었다.

정부 셧다운

미국의 삼권분립은 정부예산의 결정에도 적용된다. 즉, 의회가 결정한 예산을 대통령이 부결(veto)하거나 대통령의 예산안을 의회가 승인을 안 해줄 수 있다. 이럴 경우 정부는 임시로 폐쇄(government shutdown)된다.

연방정부 청사도 문을 닫고, 공무원들은 무급휴직이 된다.[24] 다만 국방, 교통, 우체국 등 필수 행정서비스와 연금 등은 지급된다. 이런 셧다운은 의회와 대통령 간에 합의에 이를 때까지 유지된다. 공무원 봉급의 경우 폐쇄가 끝나면 못 받은 봉급을 소급해서 돌려받기는 한다.

---

24 일설에 의하면, 클린턴 대통령과 르윈스키의 부적절한 관계도 백악관이 무급휴직에 들어간 사이에 발생하였다 한다.

지금까지 가장 최장의 셧다운은 2019년 트럼프 대통령의 멕시코국경장벽 설치 예산 때문에 발생한 34일간의 셧다운이다. 그 이전에는 오바마 케어 예산과 관련한 16일간의 셧다운이 있었다.

그런데 정부폐쇄가 아주 장기간에 걸쳐서 일어나면 어떤 일이 발생할까? 아마도 그 여파가 공공부문을 넘어서 민간부문으로까지 확대될 것이다. 예를 들어, 국립공원이 문을 닫으면, 그 근처 숙박업소가 문을 닫아야 한다.

이런 문제를 막기 위해 미국은 임시예산제도(Continuing Resolution: 지속결의안)를 사용한다. 의회가 1달, 2달 정도의 짧은 기간 임시로 사용할 예산을 승인해 주는 것이다. 한국에는 임시예산제도가 없으며, 국회가 회계연도 개시 전까지 예산을 승인해 주지 않으면, 준예산을 적용한다. 즉, 신규사업은 할 수 없지만, 전년도에 준해서 예산집행을 할 수 있는 제도이다. 따라서 셧다운까지 갈 일은 없다.

제 2 절 　 신공공관리의 등장과 세계 각국의 예산개혁

1. 등장 배경: 신행정, 신제도주의, 신자유주의, 신공공관리, 뉴거버넌스, 신공공서비스

어떤 명사에 "신(新)" 또는 "새"자가 들어가면, 변화와 기대를 품게 된다. 행정학분에서는 그동안 1) 신행정학, 2) 신제도주의, 3) 신공공관리, 4) 뉴거버넌스, 5) 신공공서비스 같은 것들이 등장하였었다.

(1) 신행정학

1970년대 등장한 신행정학(New Public Administration)에서는 "Equity"(형평성)을

강조하였다.[25] "신행정학" 이전에는 행정학은 공무원 조직의 내부 운영 문제에 치중하였었다. 그러나 George Frederickson 등 당시의 신진학자들이 행정학이 사회문제의 해결에 기여해야 한다고 주장하였다. 그리고 정부정책의 방향은 사회적 형평성을 향상시키는 것이라고 하였다. D. Waldo 같은 원로학자로부터 신진학자들까지 당대의 많은 학자들이 공감하였다.[26]

그러나 신행정학과 정부예산과의 관계는 그리 깊지 않다. 신행정학은 정책형성과 집행에 있어서 "형평"을 더 강조해야 한다는 일종의 지향점을 논의한 것이지 그것이 구체적인 제도로 나타나지는 않았다. 그래서 1970년대에 인기를 끌었다가, 80년대에 와서는 열기가 시들해졌다.

(2) 신제도주의

사회적 형평성을 강조하는 신행정과 달리 신제도주의(New Institutionalism)는 세상에는 여러 제도들이 충돌하고 갈등하면서도 나름대로 균형을 이루고 있다고 본다. 갈등을 조정하기 위해서는 1) 소유권리의 명확화와 2) 거래비용을 감소시키면, 조화롭게 다시 균형을 찾을 수 있다는 것이다. 다만, 여기서 얘기하는 "제도"라는 것이 법률상의 제도만 얘기하는 것이 아니고, "사회가 움직이고 있는 방법(관습, 규범)"을 통칭하는 것임에 유의하여야 한다.[27]

그러나 이것 역시 신행정처럼 정부예산과 재정에는 특별한 영향을 주지 못하였다. 일반 정책 분석에 있어서 거래비용을 좀 더 중요시했다는 정도의 기여를 한 것 같다.

---

25 응용(9지08).

26 응용(7지15 & 9지19): 행정이 social equity와 같은 문제를 해결하는 것은 사실 정치적행위나 마찬가지여서 정치행정일원론에 해당한다. 필자의 생각으로는 "발전행정"이란 사실 번역이 미흡한 용어로 "개발원조행정"이라고 하는 것이 더 적합하겠다.

27 응용(9지21 & 9지15 & 9지13 & 9국08).

주인-대리인 이론과 거래비용 이론

Coase는 기업이 성장하면, 여러 가지 재무관리, 인력관리 등을 위한 비용이 생기는데, 이것을 시장에 맡기면(즉, 다른 회사에 맡기면) 비용이 너무 많이 발생한다. 그래서 이런 서비스를 시장에 맡기느니, 자기 회사에 담당자를 고용하는 것이 더 저렴하다 보았다. 그래서 잘 나가는 회사는 점점 더 커진다.

그러나 회사나 조직이 점점 더 커지면, 주인-대리인(princiap-agent) 문제가 생긴다. 대리인(예, 공무원)은 주인(시민)보다 더 많은 정보를 가지고 있다. (정보비대칭) 그런데 대리인이 주인을 위해 일하기 보다는 자기 자신을 위해 일하는 경향이 있다.(기회주의적 행동) 이를 억제 하기 위해서는 감시비용(monitoring cost)라는 것이 생겨난다.[28]

나중에 노벨경제학상을 받게 되는 Williamson은 이런 각종 거래비용(transaction cost)를 줄이는 방법으로 조직이 발전한다고 하였다. 즉, 주인-대리인 문제로 인하여 감시비용이 커지면, 차라리 이 기능을 외주(outsourcing) 함으로써 거래비용을 줄일 수 있다고 하였다.[29] 예를 들어, 조직이 커지면 계층제가 불가피한데, 계층은 장단점을 갖는다. 하위계층에서 발생한 문제가 자체적으로 해결이 안 되면, 상급기관으로 올라가면서 거기서 조정 또는 해결이 이루어질 수 있다. 위험한 결정에 대한 자기 견제기능이 작동을 한다. 그런 반면, 상급기관으로 올라갈수록 갈등이 더 커져서, 갈등조정 비용(외부비용)이 증가할수도 있다.[30] 거래비용이론 역시 정부활동에 대한 분석 관점을 새롭게 제시했다. 조직이 왜 필요하고, 어떻게 일정한 구조를 가지게 되는지 잘 설명하여, 조직경제학의 발전에 기여하였다. 그러나 이것이 정부예산이나 재정운용에는 직접적으로 연관되어 있지 않다.

---

28 응용(7지20): 인간은 그가 아무리 왕(王)이라 할지라도 모든 정보를 다 알고, 모든 해결책을 다 알지는 못한다. 그래서 대리인(전문가)를 고용할 수밖에 없다. 그러면 주인-대리인 문제를 직면하게 된다. 대리인을 잘 다루는 것이 진정한 리더십이다.

29 응용(7국21): 반대로, 시장에서의 거래비용이 너무 크다면, 아웃소싱 보다는 조직 자체 내부에서 해결하는 것이 더 효율적이다.

30 응용(9국13): 케인즈는 정부가 나서서 수요를 촉발해야 경제위기를 극복랄 수 있다 하였다.

(3) 신자유주의

　신자유주의(neo-liberalism)은 정부가 정책을 통해 경제 문제를 해결해야 한다는 케인즈주의(Keynsian) 입장에 반대한다.[31] 원래 자유주의와 마찬가지로 작은 정부, 최소 규제, 시장 중심이 더 효율적이라는 주장이다. 그리고 정부도 민간기업의 경영기법 등을 국정운영에 도입해야 하고, 가능하다면 정부가 직접 일을 하기보다는 민간의 역량을 활용하도록 해야한다고 본다.[32]

　신자유주의가 고전적인 자유주의와 차이가 나는 점은, 고전 자유주의가 자유경쟁시장을 분석하는데 중점을 둔다면, 신자유주의는 독점적 경쟁시장(monopolistic competition market)에 집중한다는 것이다. 사실상 고전 자유주의에서 말하는 자유경쟁시장은 우리 주변에서 찾아보기 매우 드문 시장이다. 다수의 공급자와 다수의 수요자를 상정하는데, 매우 재미없는 시장이기도 하다. 그런 반면, 대기업, 유명 상표, 셀럽(celebrity) 유명인들이 대표적인 독점적 경쟁시장인데, 여기에 대한 이론과 분석은 빈약하였었다. 신자유주의는 독점적 경쟁시장에서 생기는 여러 문제점들을 해결하는 방법으로, 인수합병(M&A), 구조조정, 비정규직의 사용, 아웃소싱 등을 강조한다.[33] 한국에서는 신자유주의에 대한 호응도가 낮은데, 그것은 IMF 외환위기 당시에 정부가 신자유주의적 처방을 많이 내렸기 때문이기도 한다.

　신자유주의는 경제분야를 넘어 정치적 영역으로까지 확산되어서, 네오콘(neo-conservative, 신보수주의)이 등장하였다. 이것은 국방외교에 있어서 전통적인 한미동맹 관계에 변화를 주고 있어서, 역시 한국에서는 부정적인 평가를 받고 있다.

---

31 응용(9국13): 케인즈는 정부가 나서서 수요를 촉발해야 경제위기를 극복랄 수 있다 하였다.

32 응용(7국11 & 9지21 & 9국12 & 9국13 & 9국09 & 9국08): 정부는 정책수립에 집중하고, 집행(노젓기)는 독립채산형 산하기관 또는 민간위탁기구를 활용하도록 권고한다.

33 배득종(2004)은 민간분야에서는 독점적 경쟁시장이, 그리고 공공부문에서는 공유재에 대한 연구가 더 활성화되어야 한다고 촉구하였다.

(4) 신공공관리

신자유주의는 행정분야에도 영향을 미친다. 영국에서 "돈의 가치"(value for money)를 중시하는 시장주의적 신공공관리(New Public Management: NPM)가 등장하였다. 정부의 낮은 성과와 비효율에 대하여 국민들의 분노를 사고 있어서, 그 해결책으로 신공공관리가 대두하였다.[34]

특히 영국의 경우, 영국병(英國病)이라 할 만큼 문제가 심각하였다. 1970년 대부터 시작한 과도한 복지의 결과, 정부와 경제사회의 효율성이 낮았다. 영국은 1976년에 한국이 1997년에 겪은 IMF 외환위기를 30년 앞서서 겪게 된다. 그 후 정부를 운영하는 방법을 대대적으로 개혁해야 한다는 신공공관리(new public management)가 생겨나서, 영연방 국가들로 확대되고, 유럽, 미국 및 세계 곳곳으로 영향을 미치게 된다.

영국병의 경험

필자가 미국과 유럽의 여러 나라를 출장 간 적이 있었다. 영국에 도착하여 옥스퍼드 대학에서 자료를 많이 확보하였는데, 분량과 무게가 좀 나갔다. 영국 말고도 여러 나라를 방문해야 하였기에, 우체국에 가서 수집한 자료를 한국으로 부쳤다. 독일과 프랑스에서 10여일간의 일정을 마치고, 영국에 다시 기착하였다. 시간 여유도 좀 있었고, 혹시나 하는 마음도 있어서 우체국에 다시 들려 보았는데, 우려했던 대로 내 소포는 거기에 그대로 남아 있었다. 10일 내내 파업 중이었던 것이다. 결국 소포를 다시 찾아서, 직접 들고 들어와야 했다. 한국에서는 있을 수 없는 불편한 경험이었다.

---

34 응용(7국12): 신공공관리가 등장하던 1980년대–1990년대의 시대적 흐름은 내부관리에 있어서 자율성을 부여함으로써 효율성을 증진시키는 것이다. 단, 선-자율성부여 후-책임성 확인이다.

신공공관리란 ① 정부조직을 정책기능과 집행기능으로 분리하고[35], ② 가능하면 정부는 정책기능만 수행하는 소규모 촉진자(steering) 역할을 하고, ③ 집행기능은 가능하면 민영화하되, 그렇지 못한 경우에는 예산의 자율권과 신축성을 부여한다. ④ 정부를 경쟁원리와 시장기제로 운영하여(예, 독립채산제, 봉급 차등화, 성과급지급), ⑤ 고객 서비스를 중요시한다. 특히 투입(input)이나 산출(output) 보다는 결과(outcome)중심으로 운영하라고 한다.[36] 여기서 결과란, 예를 들어, 청소하는 회수(output) 보다 깨끗한 정도(outcome)를 더 중요시하는 것이다. 단, 업무 담당자에게 재량권은 많이 부여하되, 책임성은 더 강화한다.[37]

이렇게 좋은 관점이 현실과는 많은 충돌을 일으키지 않을 수 없었다. 정부조직을 민간조직처럼 운영할 수 있는가? 근본적으로 존재하는 이유가 다른데⋯⋯ 그리고 기업가적 재량권을 부여하게 되면, 조직과 정책의 효율성은 향상될지언정 항상 감사와 비리의 문제가 수반되지 않을 수 없다.[38]

그러나 신공공관리는 다른 어떤 신(新) 주장에 비하여, 정부예산과 재정운용에 미친 영향력이 컸다. 다음 절에서 그 영국의 재정개혁 사례를 중심으로 살펴보도록 한다.

---

35 응용(7국09 & 9지21 & 9국12): 뉴질랜드 교통부의 경우, 예전에는 직원이 6,500명이었다. 그러나 신공공관리 개혁의 결과 교통부는 집행기능을 하는 6개의 사업부서와 4개의 공기업으로 분리되었고, 정책기능을 하는 교통부는 총인원 45명의 소규모 부처로 바뀌었다. 배득종(2002, p.269)

36 응용(7지19 & 7지14 & 7지10 & 9지21 & 9지14 & 9지10 & 9지08): 간혹 신공공관리가 시장성을 너무 강조하다 보니 민주성에 있어서는 약한 것이 아닌가 하는 이문이 제기되기도 한다.

37 응용(9국09): 신공공관리는 정부를 기업처럼 운영하여 정부에서도 "돈의 가치(value for money)"를 알아서 향상시키라고 한다. 다만, 자율성에 대한 책임은 확실히 져야 한다. (예) 무제한의 법인 카드

38 응용(9국18): 아마 대장동 논란 같은 것이 이런 사례들 중 하나가 될 것이다.

(5) 신공공서비스(New Public Service)

역사는 변증법적으로 발전한다. 정-반-합이 그것인데, 학문 사조도 역시 변증법적으로 발전한다. 신공공관리는 정부를 민간기업처럼 운영하자는 것이었는데, 사실 정부가 존재하는 이유는 민간기업과 같을 수 없다. 그래서 신공공관리를 어느 정도 수정해야 한다는 주장이 신공공서비스이다. 이는 Denhardt & Denhardt 부부가 제안한 것으로서, 신공공관리론과 반대되는 내용이 많다.

민간기업처럼 정부를 운영하자는 신공공관리에 대해서, 국민을 회사 고객처럼 대하면 안 되고, 주권을 가진 시민(국민)으로 대하면서 서비스를 제공해야 한다고 한다. 공익을 더 중시해야 하고, 민주적으로 행동해야 한다 등등 어떻게 보면 반(反)-신공공관리 주장이라 할 수 있다.[39]

신공공관리(NPM)에서는 정부는 방향잡는 일(steering) 정도만 하면 되고, 실제로 일하는 것(노젓기)는 민간위탁 등 어떤 방법을 취해서라도, 성과만 달성하면 된다고 본다.[40] 이에 비해 신공공서비스는 국민은 고객이 아니라 주인이라고 본다. 그리고 신공공관리(NPM)에서는, 전통적인 경제학 이론처럼, 공익은 개인의 이익을 합산한 것으로 본다. 이에 비해 신공공서비스(NPS)에서는 공익은 개인을 초월하는 어떤 가치라고 본다.

그런데 정부예산과 관련하여, 신공공서비스론을 적용하게 되면, 각종의 예산제도개혁들이 과거로 회귀하게 된다. 행정은 본질적으로 집단주의적 성향이 있어서, 신공공관리와 같은 자유주의적 개혁은 항상 저항에 직면하게 된다.[41] 경제에

---

39 응용(7지13 & 7지18): 한국인의 취향에는 신공공관리 보다는 신공공서비스론이 더 맞을 것이다. 유교문화와 전통의 영향일 것이다. 필자는 이 분야에 문외한이나, 유교는 농경사회 사회주의 또는 집단주의 아닌가 상상해본다.

40 응용(9지21): 신공공관리와 신공공서비스....명칭은 유사하나 지향점은 정반대이다. 신자유주의 경제이론도 전통 경제이론과 마찬가지로, 어떤 자극을 주면(정책), 어떤 반응(정책효과)이 나올 것으로 생각한다. 그러나 행정학에서는 "과정"이 중요하며, 동일한 자극을 주어도 과정이 진행됨에 따라 예상치 않은 결과도 얼마든지 나올 수 있다고 본다.

41 응용(9지12): 신공공관리 vs 신공공서비스……두 용어가 서로 비슷하지만 반대 성향을 가지고 있으므로, 잘 구분하여야 한다.

서는 신자유주의를 보수라고 부르지만, 행정부문에서는 신공공관리가 아니라 신공공서비스가 보수이다.

(6) 뉴 거버넌스

거버넌스(governance)란 우리 말로 두 가지로 번역된다. 가장 많이 번역되는 것은 "지배구조"라는 용어이고, 다른 것은 "참여행정" 또는 조금 더 어렵게 협치(協治)라고 번역한다. 전통적인 통치(統治, Government) 말고, 시민 참여를 고려한 협치를 하자는 뜻이다.

그러나 언론에서는 주로 지배구조라고 일컫는데, 이는 1997년의 외환위기 당시에 기업개혁을 하면서, 사외이사 제도를 도입한 것에 비롯된 것 같다. 어떻든 지배구조로서의 거버넌스는 참여행정과 혼합하여, "시민이 참여하는 지배구조" 정도로 이해하면 되겠다.

뉴 거버넌스 역시 정부의 역할은 방향잡기(steering)라고 본다. 이 점은 신공공관리와 유사하다. 그러나 신공공관리에서는 누가 방향을 잡는지 불분명 하지만, 뉴 거버넌스에서는 "함께" 방향을 잡자는 것이다. 그리고 신공공관리에서는 시장(market)의 자율적 조정을 중요시 하지만, 뉴 거버넌스는 공동체의 역할이 더 중요하다고 본다.[42]

이 책의 다른 부분에서 설명한 주민참여예산제도나 국민참여예산제도가 거버넌스 또는 뉴 거버넌스를 정부예산에 적용한 대표적인 사례라고 할 수 있겠다.

---

[42] 응용(7지20 & 9국21): 신공공관리 vs 신공공서비스 vs 뉴 거버넌스....각각 입장이 다른 견해들이며, 현재는 어떤 것도 압도적인 이론이 아니다. 그러나 크게 보면 신공공관리(NPM) vs 탈 신공공관리(post-NPM)라고 할 수 있다.

2. 영국의 신공공관리 예산개혁[43]

1979년에 Margaret Thacher 총리가 취임한다. 그녀는 시장경제와 경쟁촉진 원리를 중시하는 경제개혁과 정부개혁을 실시하였다. 그 결과 작은 정부(공무원 수 11만 명 감소), 규제 완화, 국영기업 50개의 민영화, 5개 노동법 개정 등을 실현하였다. 구체적인 제도개혁 방법으로는 1)예산절감을 위한 행정개혁과 2)예산제도 자체의 개혁을 동시에 추진하는 것이다.

(1) 예산절감을 위한 행정개혁들[44]

① 인력감축과 운영경비한도제 실시[45]
1980년에 영국 정부는 다른 무엇보다도 공공부문 인력감축에 나섰다. 각 부처별로 인력규모 목표치를 설치하고 인력감축을 실시하였다. 그런데 이 목표는 조기에 초과달성 되었다. 그리고 부처별로 "운영경비한도제"(running cost ceiling)를 실시하여, 각 부처는 총운영경비 범위 내에서 인력규모와 운영을 기관별로 알아서 운영하게 하였다. 영국은 부처별로 서로 다른 봉급체계를 가지고 있다.

② 성과평가제도: **FMI와 MDR**
1982년에는 재정관리정책(Financial Manangement Initiative)를 도입하였다.[46] 이 것은 각 부처별로 행정 성과를 측정하고, 그 결과에 따라 부처의 재정을 관리하라는 것이었다.
그런데 정부사업 중에는 여러 부처에 걸쳐서 이루어지는 사업들도 있다. 이런

---

43 이하 본인이 저술한 보고서 "재정관리정보시스템 구축·운영 경험 및 방법론"(KDI, 2012)에서 재구성함.

44 이상 배득종. 2002. 21세기 신재무행정. 박영사. pp.265-269에서 발췌하여 인용.

45 응용(7국10): 지출한도부여, 자율성 확대, 권한위임, 다년도예산제도 등의 도입이 현대적 흐름이다.

46 응용(9지11).

다부처 사업에 대해서는 공동으로 성과를 평가하되(Multi-departmental Review: MDR), 사전에 공동운영지표를 만들도록 하였다.

③ 중앙조달시스템의 전문화

1984년부터는 정부구매행정의 전문성을 높이기로 하였다. 그리하여 1986년에 중앙조달팀을 만들었다. 구매전문가로 이루어진 이 팀은 독자적으로 구매활동을 하지는 않지만, 각 부처의 구매팀과 공동작업을 한다.

④ Next Steps 사업소의 설립

정부기관 중 여권발급사무소와 같이 자체수입이 있는 기관들은 독립채산제로 운영한다. 이것을 Next Steps 사무소라고 하여, 인력과 예산운영의 자율성을 보장하되, 책임평가제를 실시한다. 한국의 책임운영기관들이 Next Steps인 것이다.

⑤ 시민헌장(Citizen's Charter)[47]

1991년에 도입된 시민헌장은 시민이 정부로부터 받아야 할 마땅한 서비스를 공개하도록 하였다.(예, 우편도착 날짜 등) 만약 약속한 서비스가 제공되지 않을 시에는 시민이 정부에게 사과를 요구하거나 보상까지 받을 수 있게 하였다.

(2) 예산제도의 개혁[48]

① 재정안정화준칙

영국은 1997년에 재정안정화준칙(The Code for Fiscal Stability)을 제정하였다. 한 나라의 거시적 국민경제는 금융정책과 재정정책(IS-LM curve)에 크게 영향을 받는데, 재정안정화준칙은 정부예산의 재정정책으로서의 의미를 강조한다. 즉,

---

47 응용(9지09): 시민헌장 또는 행정서비스헌장은 고객과의 약속이다. 평가방법은 아니다. 약속을 훌륭하게 달성한 기관에게는 Charter Mark(service excellency)를 해준다.

48 이하 본인이 저술한 보고서 "재정관리정보시스템 구축·운영 경험 및 방법론" (KDI, 2012)에서 재구성함.

예산지출과 화폐정책과의 연계성을 통해 거시적인 경기조절(안정화)을 한다는 것이다.

② 다년도 예산제도의 도입

그런데 경기라는 것은 몇 년의 주기를 갖는 것이므로, 예산이 매년 편성되는 단년도 예산제도이어서는 거시경제적 안정화 정책의 역할을 제대로 하지 못한다. 그래서 영국 정부는 정부예산을 다년도 편성방식으로 바꾸었다.

다년도 예산은 3년짜리 DEL과 1년짜리 AME로 운영한다. 즉, 각 부처는 부처별지출한도제도(Departmental Expenditure Limit: DEL)에 의하여 3년간의 지출한도를 부여받는다. 그러면 그 범위 내에서 자율적으로 예산을 운영할 수 있다. 다만, 사회복지지출에 대해서는 단년도 지출관리제도(Annual Managed Expenditure: AME)를 적용하여 더욱 통제를 강화하였다.

그러나 DEL이 무한정 자율을 주는 것은 아니다. 2가지의 통제가 주어진다. 각 지출부처는 매 2년마다 지출심사(Spending Review)을 받는다. 이 심사절차를 통과하면, 앞으로 3년간의 자원을 안정적으로 공급받을 수 있다. 이처럼 재원공급의 불확실성이 제거되는 상황을 안정성(tranquility)라고도 하는데, DEL 제도를 통해 지출부처의 안정성이 매우 높아졌다고 할 수 있다. 이에 따라 기관장들은 미래를 예측가능한 상태에서 소관 기관들의 장기적 목표를 추구할 수 있게 되었다.

그러나 영국의 재무부는 각 사업부처들에게 향후 3년간 안정적으로 예산을 공급하기로 하는 대신, 각 부처가 일정한 성과목표를 달성하도록 행정서비스협약(Public Service Agreement: PSA)을 부처별로 체결한다.

(3) 기타의 제도 개선

① 자원회계제도(**Resource Accounting**)

자원회계라고 하면 대단한 무엇이 있는 것 같은 뉘앙스이지만, 사실상 발생주의 정부회계제도를 말한다. 영국은 1866년부터 발생주의 회계제도를 도입해서 사용하고 있지만, 그 중요성은 크지 않았다. 하지만 새로운 재정개혁으로 각 부처가 자율적으로 예산을 사용할 수 있게 되니까, 원가계산 및 성과평가, 그리고 포상 등에 회계적 분석이 필요해졌다.(영국의 정부자원및회계법, Government Resources and Accounts Act)

② 사전예산(**Pre-Budget**)제도

이 제도 역시 매력적인 이름 때문에 많은 관심을 받았는데, 이것은 영국의 의회시스템의 특이성 때문에 유래된 제도이다. 영국은 전형적인 내각제 국가이다. 따라서 의회 다수당의 국회의원이 총리와 장관을 역임한다. 즉, 이들이 만든 예산안은 사실상 의회에서 그대로 통과되는 게 기정사실이다. 만약, 행정부 예산안이 의회에서 부결되었다는 것은 같은 당 소속인 총리와 장관들을 불신임한다는 것이나 마찬가지다.

그래서 영국은 1860년 대 이후 Budget Day라고 해서, 재무부 장관이 마련한 예산안을 선포한다. 이를 단 3일간 의회에서 형식적으로 심의하고, 본회의를 통과해왔던 것이다.(1866년. 재정및감사법. Exchequer and Audit Departments Acts (E&ADA)

그러나 최근에는 국민의 알 권리가 강조되어서, 1997년부터는 Budget Day 4~6개월 전에 국민들에게 사전예산(Pre-Budget Report:PBR)을 공개하고 있다.[49]

3. 스웨덴 예산개혁: Two-Step 예산제도[50]

복지국가 스웨덴. 유럽에서 가장 못 살았던 나라가 복지국가가 된 재원은 무엇이었을까? 세계 제1차대전, 제2차대전, 그리고 한국전쟁은 스웨덴이 막대한 국부를 형성할 수 있는 계기가 되었다.

그랬던 스웨덴도 오랫동안 복지국가를 운영하다 보니까, 1991년~1993년에 심각한 재정위기에 빠졌다. 이때 원인진단에 나섰는데, 그 결과 의회에서 예산을

---

49 보다 자세한 것은 배득종. 2008. "영국의 사전예산보고 제도" 참조.

50 배득종. "재정관리정보시스템 구축·운영 경험 및 방법론" (KDI, 2012)에서 재구성함.

통제하는 기능이 약했다는 것을 알게 되었다.

스웨덴은 예산심의 과정을 두 단계로 나누는 개혁을 하였다. 즉, 봄 의회에서는 내년도 예산의 총액을 결정하고, 가을 의회에서는 총액범위 내에서 구체적인 사업에 자금을 배분하는 방식을 채택하였다.

스웨덴의 예산제도는 1996년과 1997년에 걸쳐 대폭 개혁된다. 개혁 이전의 예산제도는 의회에서 예산안을 심의하는 데에만 5개월 이상 소요되었고, 장기간의 예산심의 결과는 행정부예산안 보다 증액된 규모가 승인되는 경우가 많았다. 따라서 "더 빠르고, 더 효과적이며, 더 이해하기 쉬운" 예산제도를 만들자는 요구가 커져서 예산제도개혁을 위한 "조사위원회"(Commission of Inquiry)가 구성되었다.

조사위원회는 정부예산의 적자 폭을 GDP 대비 3% 이내로 하고, 조기에 균형예산을 달성하기 위하여 Top-Down 예산제도의 도입을 중심으로 한 예산구조의 개혁과 절차의 개혁에 착수하였다.

Top-Down제도와 예산구조의 개혁은, 경제상황에 대한 중장기적인 예측을 바탕으로 국가 전체의 예산총액한도를 설정하고, 이 총액한도를 다시 27개의 세출분야별(Expenditure Area)로 배분한 이후, 각 세출분야별로 더 세부적인 세출안이 결정되는 방식을 채택한 것이다.

행정부에서는 27개 세출분야를 다시 47개의 정책분야(Policy Area)로 세분화하고, 정책분야들은 다시 프로그램과 단위사업들로 나뉘어지는데, 각 집행기관(agency)들은 단위사업들을 주로 담당하게 된다.

예산편성절차 또한 근본적으로 바뀌어서, 순차적(step-wise) 예산결정 절차를 가지게 되었다. 1)지출총액은 춘계의회에서 결정하고, 2) 지출총액을 27개 세출분야별로 배분하는 결정은 매년 11월 말까지 결정하며, 3) 세출분야별 지출한도를 500여개 프로그램에 할당하는 재원배분 결정은 매년 12월 말까지 결정한다. 이처럼 순차적인 예산 심사 및 의결 절차를 통해, 재정규율을 강화하는 한편 배분적 효율성을 제고시키고 있다.

새 제도의 도입으로 예산당국이 안정적으로 거시정책을 설계할 수 있게 되고, 분야-부문 간 재원배분의 합리성도 향상이 된다.

4. 호주와 뉴질랜드의 예산제도 개혁: 산출예산제도

영연방 국가인 호주와 뉴질랜드도 영국의 영향을 받아서 Value for Money의 정신에 입각하여 예산제도를 개혁하였다.

특히 호주는 중기재정계획을 수립함에 있어서 미래 지출의 사전추정치(Forward estimates)를 적용하였다. 이것은, 다른 특별한 사정이 없으면, 각 지출부처는 향후 5년간 지출총액과 분야별 지출금액을 예측치 만큼 배정받게 된다는 것이다.(MTBF)

각 지출부처는 배정받을 것으로 예상되는 예산금액에 맞추어 성과계획을 수립하고, 성과를 최대화하라는 것이 호주의 산출예산제도이다. 다만, 지출심사위원회에서 새로운 정책에 대한 지출검토는 하게 하여, 지출총액을 통제하기는 한다.[51]

뉴질랜드도 호주의 개혁과 비슷하다. 다만, 뉴질랜드는 정부를 민간기업처럼 운영하자는 기조가 더 강하다. 예를 들어, 어떤 부처가 정부청사를 이용하고 있으면, 재무부에 임대료를 지불하여야 한다. 이런 Capital Charge 방식을 통해 청사를 크게 짓고, 비용을 많이 들여서 건축하려는 의욕을 차단하는 등의 방식을 도입하였다.

그리고 뉴질랜드의 성과중심예산제도에서는 지출경비를 사업별로 나누지 않고, 산출물별로 나누고 있다는 특징이 있다. 다만 하나의 산출물을 이루기 위해서는 여러 공무원이 협업을 한다든지, 여러 기관이 협력하는 경우도 많은데, 이런 문제를 해결하기 위해서는 업무분장이 고도로 세분화되고, 상호 연관관계도 명확해야 한다는 전제가 있다.[52]

---

51 응용(9지11).

52 세계 각국의 예산제도에 대한 설명은 다음 두 개의 참고자료를 추천한다: 국회예산정책처. 2012. 주요국의 예산제도 및 주요국의 예산제도(II)

5. 미국의 개혁: 결과지향예산제도

미국은 지난 30여 년간 1) 재정적자 감축과 2) 재정성과를 강화하는 두 가지 방향으로 예산제도를 운영해 왔다. 1980년대 제정한 감축관리 법안 BEA의 PayGo, Sequestration은 실제로는 1990년대 이후에야 비로소 적용되기 시작했다. 그리고 성과주의를 향한 제도개혁은 1993년의 GPRA와 2011년의 GPRA-MA가 가장 대표적이다. 그런데 감축관리제도는 이미 설명하였으므로, 다음에서는 성과관리제도를 중심으로 설명하도록 한다.

그림 5-1 • 현행 미국 예산제도 개혁의 내용

주: Schick의 3대 재정규범 중 하나인 배분적 효율성(allocative efficiency)은 이 그림표에 표시되어 있지 않은데, 그것은 예산편성과정 및 의회심의과정에서 다루어지고 있기 때문이다. 만약 예산배분에 있어서 여야간 협의가 안 되면, 미국의 경우 정부폐쇄(shut down)가 가끔 발생한다.

(1) 신공공관리 정부재창조론의 등장

미국의 지방정부에서는 Osborne과 Gaebler의 "정부재창조"(Government Reinvention)이 주장한 바와 같이, 사업집행자에게 더 많은 예산집행 자율권을 주는 제도개혁이 이루어졌다. 이들은 5%보다 더 적은 수의 공무원들만이 재정비효율을 발생시킬 뿐 95% 이상의 공무원들은 문제가 없다고 본다. 따라서 5%를 잡기 위해 95%를 규제하는 것은 비합리적이라고 한다. 공무원들에게 규제를 줄이고 자율권을 부여하여 힘을 실어주면(empowerment), 이들이 창의적인 방법으로 업무를 수행하여, 결과적으로 훨씬 더 높은 성과를 올린다고 하였다.

전통적인 예산제도는 낭비와 비능률만 초래할 뿐이므로, 발상의 전환을 해야만 효율적인 정부가 될 수 있다고 하였다. 이들은 정부부문에서 생겨난 수많은 발상 전환의 성공 사례사례들 수집하여, 다음과 같은 공통점들을 제시하였다(배득종, 2002, pp.250~251).

① 정부는 직접 일을 하기 보다(노젓기), 방향 키(steering)를 잡아주는 촉진 정부가 되어야 한다.[53]

② 정부가 모든 것을 해결하지 말고, 지역사회의 주민들이 스스로 하도록 도와주어야 한다.

③ 경쟁적 정부: 공공서비스의 공급에 경쟁개념을 주입하라.

④ 법규정 준수를 최고로 생각하는 정부에서 탈피해서 정부 원래의 사명을 중시하는 정부가 되어야 한다.

⑤ 투입(input)보다 결과(result)에 돈을 주어라

⑥ 관료 본인들의 수요가 아니라 고객 필요를 중요시 하는 정부

⑦ 돈을 쓰기만 하는 정부가 아니라 돈을 벌어들이는 기업가적 정부

⑧ 치료(reaction)보다 예방(acting)을 중요시하는 "앞서가는" 정부

⑨ 참여와 팀워크를 중시하는 분권적 정부

⑩ 시장원리를 이용하여 변화를 촉진하는 시장지향적 정부

(2) 연방정부의 성과주의예산제도: 3원화 체계

현재 미국의 성과주의예산제도는 "감축기조" 위에 3가지 성과관리 방법이 사용되는 시스템이다(앞의 [그림 5-2] 아랫부분에 있는 제도들 참조).

---

53 **응용(7국07):** 신공공관리에서는 정부가 방향키 잡기(steering)를 잘해야 한다고 하지만, 앞에서 언급한 신공공서비스론에서는 정부는 (주도적으로) 키를 잡기 보다는 (시민들과 함께 민주적으로) 노를 저어서 서비스를 제공해야 한다고 주장한다.

① GPRA

Osborne과 Gaebler을 직접 면담한 당시의 미국 부통령 Al Gore는 GPRA법을 만들기에 주력하였다. **GPRA**(지프라)는 "정부성과와결과에관한법"(Government Performance and Results Act)의 약자이다. 흔히 "결과지향예산제도" 혹은 "성과주의예산제도"라고 부르기도 한다.[54] 이 법에서는 행정부로 하여금 의회에 성과계획서를 먼저 제출하고, 몇 년 후 그 사업집행에 대한 성과보고서를 다시 제출하게 하였다. 예전에는 성과계획이나 성과보고를 일상적으로 보고하고 토의 수준에 그쳤는데, GPRA에서는 성과를 객관적 수치로 보고하는 공식적인 정부문서로 명확히 하는 제도를 만든 것이다.

Gaebler는 한국행정학회 샌프란시스코 회의(1996년)의 초청강연에서, GPRA 법제화의 어려움을 다음과 같이 토로하였다.

> *"GPRA를 수립하기 위해서는 여러 개의 기존 법을 폐지해야 했다. 그러려면 의원들의 동의가 필요했는데, 이것이 매우 어려웠다. 미국은 법의 명칭에 제안자의 이름을 붙이는 경우가 많은데, 법을 폐지하면 자기 이름도 없어지기 때문에 이를 꺼려하는 의원들이 많았다."*

GPRA는 한국의 예산제도에도 영향을 미쳐서, "성과목표관리제"가 생겨났고, 한국 정부도 성과계획서–성과보고서를 국회에 제출한다.

② PMA(대통령관리의제)

클린턴 대통령때 제정된 GPRA는 어느 한 날 한 시에 성과계획서–성과보고서가 작성되는 시스템이 아니라, 5년~8년 기간에 걸쳐서 서서히 진행되는 평가시스템이었다. 그리고 "준수 시행(Compliance Exercise)에 그칠 뿐이고 이로 인해 성과정보의 대량 공급에도 불구하고 사용에 대한 수요는 없다"는 평을 받았다.[55]

---

54 응용(7국19).

55 Al Gore 밑에서 GPRA 입안을 총괄했던 J.M.Kamensky가 한국재정정보원에 기고한 내용. 2020.12. 지난 30년간 연방정부 성과관리.

그래서 후임인 Bush 대통령은 좀 더 즉각적인 성과평가제도를 원했는데, 그것이 PMA(Presidential Management Agenda)이다.[56] 부시 대통령은 성과관리의 분석 단위를 기관 수준에서 개별 프로그램 수준으로 전환했다. 그리고 BSC(Balanced Score Card) 방식을 적용하여 각 프로그램의 점수를 0에서 100으로 평가하고, 알아보기 쉽게 빨강, 노랑, 초록으로 신호등 표시를 하였다.

이 제도는 5개의 대통령 관심 분야, 즉 ① 정책성과, ② 재정관리, ③ IT 활용, ④ 구매조달, 그리고 ⑤인력관리에 적용되었다. 이 제도가 적용되던 첫 해에, 대부분의 정부기관들이 5개 분야 모두에 걸쳐서 "빨간색"을 기록했다. 이 결과가 국민들에게 즉시 공개되었고, 여기에 책임감을 느낀 정부기관들은 성과를 향상시키기 시작했다. 결과적으로 PMA는 정부사업에 대한 ① 객관적인 성과측정, ② 투명성 향상과 ③ 책임성을 향상시켰다.

PMA의 운영

"OMB는 5년간 매년 약 200개의 프로그램을 평가하여 그 결과와 점수를 웹사이트에 게시했다. OMB는 예산 우선순위 설정에 평가를 활용하려고 했지만, 이 모든 평과 과정을 정치적 노력을 여겼던 의회는 이 보고서를 무시했다. 평가 과정은 각 기관에서 '성과 개선 책임자(이하 PIO)'라는 새로운 역할을 만드는 데 기여했다. 이 책임자는 기관의 최고운영책임자(일반적으로 기관에서 서열 2위 정치관료)에게 보고했다. 평가 점수는 각 프로그램에 대한 "결과"를 산출하는 기관의 능력에 기반했기 때문에, 결과에 대한 책임성을 강조했다. 점수 카드의 의도된 주요 사용자는 프로그램의 효과를 평가하고 예산 결정을 내려야 하는 상급기관의 관료와 OMB였다." (Kamensky. 2020.12)

일반적으로 BSC(균형성과표)는 성과를 하나의 관점에서만 바라보지 않고, ① 재

---

56 전직 OMB 고위관료의 기고문. Robert Shea. A Quiet Legacy: The Bush Management Agenda Continues to Impact Government Reform. OCTOBER 7, 2019 (Govexec.com)

무적 관점, ② 고객 관점, ③ 근로자 관점(또는 학습과 성장의 관점), ④ 업무프로세스 관점 등 다양한 측면에서 평가를 시도한다.[57] 성과를 각 관점의 객관적 수치로 평가하며, 각 관점들 간의 연관관계를 고려하고, 발전된 IT 기술로 관리자에게 성과정보를 제공한다.[58] 한국의 경우에는 미국의 PMA 등을 참조하여, 정부업무평가제도에 적용하고 있다.

BSC는 기본적으로 재무적 성과를 뛰어 넘어서 조직 전체의 종합적 성과를 평가한다.(학생들의 학습능력을 한 과목의 평점이 아니라 여러 과목의 평량평균으로 판단하는 것과 같은 생각이다.) 그래서 BSC는 예산제도에 국한하지 않고 조직운영 전반의 운영에 관심을 둔다는 점에서 MBO와 유사한 점이 있다.[59] BSC는 조직의 비전과 목표로부터 핵심성과지표(Key Peformance Indicators: KPI)를 전략적으로 도출하고, 조직의 내부 요소와 외부요소를 두루 종합적으로 감안한다.[60]

2021년 현재 미국 대통령이 Bush-Obama-Trump를 거쳐 Biden 시대이다. 일반적으로 신임 대통령은 전임 대통령이 수행했던 정책을 뒤집고 자신만의 새로운 방식을 도입하기를 원한다. 그럼에도 불구하고 PMA는 여전히 사용되고 있는데, 그것은 행정이란 비정파적이어서 합리적인 것은 지속적으로 적용되기 때문이다.[61]

---

57 이들 네가지 관점이 가장 기본적인 것인데, 사업성격에 따라서는 관점을 1~2개 더하거나 뺄 수도 있다.

58 응용(9지21 & 7지18 & 9국15 & 9지14): BSC에서는 결과 도출에 관심이 있는데, 결과는 여러 관점들이 복합적, 종합적으로 작동한 결과로 본다. 어떻든 BSC의 키워드는 종합/복합/균형이다. 또 원인(선행)지표와 결과(후행)지표들이 있는데, 대부분 상식과 부합한다. 예)도로공사진척도(선행지표)와 도로이용자수(후행지표). 예산(선행지표)과 결산(후행지표).

59 응용(9국12 & 9국08): BSC는 예산제도에만 국한되지 않는 관리기법이란 측면에서 MBO와 가장 유사하다. 그래서 BSC는 재정관리와도 관련이 있지만, 일반 행정관리의 평가기법이기에 정부업무평가제도에서 활용한다. 기획재정부의 재정사업자율평가 등에서는 사용하지 않는 기법이다.

60 응용(9국15): 조직의 결과를 중요시하기는 하지만 과정도 **종합**(균형)평가표이다.

61 한국의 경우, 정부혁신에 참여한 필자의 경험에 따르면, 후임자는 전임자가 잘못한 것으로 판단되는 정책을 폐지를 한다. 그런 한편, 전임자가 잘 한 정책 역시 폐지하는 경향이 있는 것 같다. 그 결과 그저 그런 정책들만 계속성을 갖는다.

Biden 행정부에서도 정부 사업별 평가를 매분기마다 업데이트하고, 상세한 성과정보를 국민에게 제공하고 있다. 그 결과 정부 재정이 절감되고, 성과가 지속적으로 향상되고 있다. 이것은 "조용히 오래가는 개혁"이다. (Shea. 2019)

③ PART(Program Assessment Rating Tool)

성과는 대개 사업수행 노력과 재정적 뒷받침이 합해져서 발생한다. 그래서 미국의 OMB(Office of Management and Budget)에서는 이 두가지를 모두 관할한다. 다만 한국은 행정은 행정안전부(과거의 총무처)가 관리하고, 재정은 기획재정부가 관리하는 것으로 나누어져 있다.

앞에서 이미 설명하였듯이, OMB는 Yes/No 질문지 방식으로 매년 1,000여개의 연방정부 사업들을 평가한다. 이 제도는 한국에서 "재정사업자율평가" 제도를 도입하는데 참고가 되었다.

④ GPRA-MA

GPRA-MA는 2011년에 GPRA를 수정한 법(Modification Act)를 말한다. 여기서는 모든 사업을 평가하는 대신, 핵심 사업에 대해서 집중적인 평가를 한다는 것이다. 그리고 재정을 다 집행하고 난 다음에 하는 사후평가를 고쳐서, 사업이 진행되고 있는 중간에 모니터링해서, 사업성과가 더 잘 나오도록 조정을 한다는 제도이다.[62]

두 제도 모두 시차를 두고 한국에 적용되었다. 성과목표관리제와 핵심사업평가제도가 그것이다. 미국의 관리예산처가 시행하던 PART(Program Assessment Rating Tool) 제도도 한국의 기획재정부가 재정사업자율평가란 제도로 도입하였다.[63]

---

62 응용(9지11).

63 응용(7국17): PART 역시 성과향상을 위한 도구이지만, GPRA와 약간 궤를 달리한다. 클린턴 대통령 때 만든 GPRA에 대해 후임인 부시 대통령은 GPRA 보다 더 유효한 제도를 개발하라고 해서 만든 것이 PART이다.

1. 한국 예산제도의 발전 역사와 최근 동향

한국의 예산제도는 꾸준히 발전해오고 있다. 그런데 발전의 계기를 보면 외국, 특히 선진국에서 변화가 생기면, 이것을 학습한 후 도입을 검토하는 과정을 되풀이 하고 있음을 알게 된다.

한국은 건국 때부터 품목별예산제도를 사용했는데, 1950년대에 미국이 실적주의 예산제도를 도입하자, 이를 배우기 위해 필리핀에 출장을 가기도 하였었다. 그리고 1960년대에는 미국에서 PPBS가 생기자, 국방부에 도입하고자 시도하였었다. MBO도 예산분야에 적용하려고 하였으나, 현재는 고위공무원단의 성과 향상에 부분적으로 사용되고 있다. 1983년에는 미국의 ZBB를 도입하려고 노력하였지만, 그리 성공적이지 못하였다.

1997년의 외환위기 이후에는 유럽의 제도들도 벤치마킹을 많이 했다. 특히 동병상련이라고 비슷한 외환위기를 겪은 영국과 스웨덴의 개혁제도를 참고하였다. 시민헌장제, 성과계약제, Next Steps 같은 책임운영기관제도 등은 영국의 제도를 참조한 것이었다.[64] 그리고 Top-Down편성제도 및 국가재원배분회의 등은 스웨덴의 사례에서 영감을 받았다. 호주와 뉴질랜드에서는 산출예산제도를 주의 깊게 살펴보았다. 한국에 복식부기 발생주의 회계제도가 도입되는데 직간접적으로 영향을 주었다.

---

64 **응용(9국20):** next steps 사업소의 정식 명칭은 executive agency이며, 영연방국가에 두루 사용되고 있다. 캐나다는 stand-alone agency라고도 한다. 한국에는 외환위기(1997년) 이후, 2000년 대에 도입되었다.

65 **응용(9국19):** 책임운영기관에 대해서는 인사제도에 있어서도 특례가 있다. 우선 기관장의

한국은 1997년에 외환위기를 당하였지만, 영국은 한국에 앞서서 1978년에 이미 외환위기를 당했다. 그 때 영국이 도입한 개혁방안들 중 하나가 Next Steps 사업소 제도이다. 이것을 벤치마킹 한 것이 한국의 책임운영기관이다.

민영화하기에는 공공성이 큰 사업들을 그냥 정부기관으로 놓아 두되(예, 여권발급, 운전면허발급 등), 영업 방식은 민간 방식을 도입한 것이다. 이 기관들은 수수료 수입 기반이 있기 때문에, 기본적으로 독립채산제-책임운영제로 운영한다. 따라서 이 기관들에 대한 성과평가가 매우 중요하다.[65]

한국은 미국의 성과관리예산제도 역시 적극적으로 수입을 하였다. 성과목표관리제(성과계획서-성과보고서 제도), 재정사업자율평가제도, 핵심사업평가제도 등이 그 사례이다.

모방이 나쁜 것은 아니다. 왜냐하면 지혜를 얻는 가장 효과적인 방법은 "남이 하는 것을 관찰"하는 것이기 때문이다. 지혜만 잘 얻어서 활용할 수 있다면, 모방은 매우 효율적이다. 다만, 남의 사례를 모방할 때는, 주변의 여러 사정을 함께 고려하여야 성공할 수 있다.

2. 거버넌스 관점의 등장

신공공관리가 등장하던 시기와 비슷한 시기에 "거버넌스이론"(Governance Theory)도 나타났다.[66] 이것은 government와 governance를 대비시키는데, 전자

근무기관은 최소 2년 이상 5년 이내의 범위에서 결정된다. 그리고 기관소속 공무원의 임용 시험은 행정안전부가 아니라 기관장이 실시한다.

66 응용(7지20 & 9지13): 최근에는 탈신공공관리 경향도 나타나고 있다. 거버넌스 이론도 그 중의 하나이다. 그러나 거버넌스 이론에서도 정부의 역할은 방향잡기(steering)라고 보는데, 이 점에 있어서는 신공공관리와 동일하다. 신공공관리에서는 노젓기(rowing)은 민영화

는 정부가 개인을 "통치"하는 것이고, 후자는 정부와 개인이 공동 협력하여 정책을 만들어가야 한다는 것이어서 "협치(協治)"해야 한다는 것이다.[67]

거버넌스는 흔히 "지배구조"라고도 번역이 된다. 그런데 민간경영 부문에서는 이사회에 사외이사를 임명해야 한다는 정도에 그치지만, 정부부문에서는 시민운동단체 등과 협의하는 구조로 정부를 운영해야 한다는 것으로 발전하고 있다. 정부예산 분야에서 가장 가시적인 거버넌스의 영향은 "주민참여예산제도"이다.[68]

원래 주민참여예산제도는 브라질의 포르뚜 알레그레(Porto Alegre)란 도시에서 시작하였다고 한다. 여기에서는 시의원을 비례대표로만 뽑기 때문에 지역구 의사가 잘 반영이 안되었다고 한다. 그래서 주민들이 예산과정에 직접 참여하겠다고 하여 주민참여예산제도가 시작이 되었는데, 세계 곳곳에서 호응이 있었다.

한국에서도 지방자치단체들을 중심으로 주민참여예산제가 도입되었다. 그리고 최근에는 중앙행정기관에도 그것을 적용하는 "국민참여예산제도"가 시작되었다.

이밖에 "성인지예산"라든지 "온실가스감축인지예산"의 도입에도 시민운동단체의 역할이 컸다. 최근 한국 기업은 ESG에 관심을 기울이기 시작하였는데, 정부 역시 국민들의 다양한 요구를 반영하는 정책을 세우고, 이를 지원하는 예산이 투입되고 있다.

3. 성과와 예산 간의 관계: 한국 고유 모형

재정투입이 이루어지는 정부사업에 대하여 "성과평가를 해서, 그 결과를 다음번 예산편성에 반영하여야 한다"는 생각이 널리 퍼져 있다. 지극히 타당해 보인다.

또는 아웃소싱 하라고 한다.

67 응용(7지08 & 9국21 & 9국10 & 9지11 & 9지09): 신공공관리와 거버넌스 이론은 서로 다른 점이 많다. 마치 자본주의와 사회주의의 차이만큼 차이가 난다. 그러나 현실에서는 양자를 겸비할 수 밖에 없는데, 신공공관리를 위주로 하되 거버넌스론을 보완적, 부분적으로 도입할 수도 있겠다.

68 참여예산제도에 대한 **응용**은 제7장(지방재정) 편에서 다룬다. 대부분의 재정제도는 중앙에서 먼저 시작하는데, 참여예산제도 만큼은 지자체에서 먼저 시작하였고, 적용 사례도 더 많기 때문이다.

그러나 정부는 민간과 다른 점이 많다. 민간의 경우, 성과가 나쁜 사업이나 부서는 예산감축 또는 부서 폐쇄가 답이다. 그러나 정부의 경우, 성과가 나쁠수록 예산을 더 많이 받는 경우가 많다.

예를 들어, 쇄빙선 아라온의 경우, 남극에서 활동하던 한국 대원이 사망하는 사고가 있었다. 극지연구사업의 성과가 뚝 떨어진 것이다. 그러나 이런 사고를 막기 위해서는 쇄빙선이 "필요"해져서 결국 정부예산으로 극지연구 및 구조활동용 쇄빙선 아라온호가 만들어졌다. 또 범죄발생율이 높은 경찰서는 성과가 나쁘기 때문에 예산을 삭감해야 하는가? 오히려 이런 경찰서에는 지원을 더 해서 주민의 안전도를 높여주어야 한다.

이처럼 정부 예산의 결정에는 "성과효율성" 이외에 "필요성"이라는 결정요소가 있다. 대부분의 경우 "필요성"이 훨씬 더 중요한 판단 기준이고, 여기에 곁들여 "효율성, 생산성"이 있다면 더 좋겠다는 것이 올바른 이해일 것이다.

그렇다면 민간과 달리 정부는 어떤 기준으로 예산을 편성해야 하는가? 한국의 해양경찰청에서 독특한 사례를 하나 개발하였는데, **Peter Drucker Society**에서 상도 받았다.

해양경찰청의 공무원들은 1) 성과생산성과 2) 필요성을 2축으로 하는 2×2 매트릭스를 창안하였다. 해경청에서 수행하고 있는 주요 사업들을 이 매트릭스에 표시한 후, 이들을 4개의 그룹으로 구분하였다.

1그룹 – 생산성도 높고, 필요성도 높은 사업
2그룹 – 생산성은 높으나, 필요성은 크지 않은 사업
3그룹 – 생산성은 낮으나, 필요성은 크다.
4그룹 – 생산성도 낮고, 필요성도 작다.

민간기업이라면, 당연히 1그룹 사업을 확장하고 예산도 더 투입한다. 4그룹은 당연히 축소 또는 폐지한다. 2그룹과 3그룹에 대해서는 좀 더 신중한 판단이 필요한데, 아마 기업은 생산성(수익성)이 더 큰 2그룹에 더 많은 재원을 투입하고, 3그룹에는 약간의 투자만 할 것이다.

그림 5-2 • 포트폴리오 예산의 사례: 해경청의 BPS

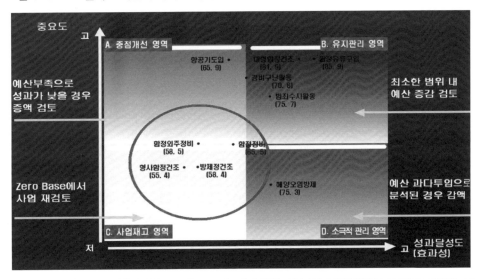

주: 위 그림에서는 "필요성" 대신 "중요도"로, 그리고 "생산성" 대신 "성과달성도"라고 표현하고 있지만, 크게 보아 서로 동일한 개념이다.출처: 해경청 자체보고서. 2006

이에 비해 해경청이 생각하는 투자배분 원칙은 민간의 그것과 완전히 달랐다.

1그룹에 대한 예산배분은 "현상유지"이다. 이미 생산성도 좋고, 필요성도 높은 사업이므로 하던 대로 그대로 하자는 것이다. 4그룹은 역시 축소 또는 예산감액이다.

그런데 2그룹(높은 생산성, 낮은 필요성)에 대해서는 예산 감액을 고려한다. 필요성이 낮은 사업에 너무 많은 재원이 투입이 되어서, 그것 때문에 성과가 높은 것 아닌가 하는 생각을 해 보아야 한다는 것이다.

3그룹이 하이라이트이다. 정부부문은 생산성 보다는 필요성이 훨씬 더 중요하다. 따라서 필요한 사업에 성과가 나오지 않는다면, 예산을 더 투입해서 성과를 올려야 한다는 생각이다.

이상의 아이디어는 일종의 포트폴리오 예산(Porfolio Budget)으로서, 미래 예산 개혁의 대안 중 하나로 추천할 만하다.[69]

---

69 필자가 2006년에 해양경찰청을 자문하면서, 해경청이 독자적으로 개발한 BPS(Budget Performance System)을 만나게 되었다. 이는 "세계에서 가장 독창적인 피드백 시스템"이라 할 만하다. 이 시스템을 통해 적은 돈으로 더 많은 서비스를 하겠다는 한국 공무원들의 창의성이 뛰어나다.

지방재정

제 1 절   서론: 자치권과 지방재정

1. 지방자치법의 전면 개정

2022년 1월 13일은 지방자치법이 전면 개정되어 시행하는 첫 날짜이다. 사실 1988년의 지방자치법은 2020년 12월에 국회에서 전부 개정되었으나, 1년 여의 유예 기간을 거친 후 2022년 1월에 시행되었다.

지방자치는 소위 "87년 체제"에서 헌법 117조와 118조에 의해 민선 자치시대가 열렸다가 이번에 32년만에 전부 개정되었는데, 주요 내용은 다음 네가지로 요약 된다: ① 획기적인 주민주권 구현, ② 자치단체 역량 강화 및 자치권 확대, ③ 자율성 강화에 상응하는 책임성과 투명성 제고, ④ 중앙-지방 협력관계 정립 및 행정 능률성 제고이다. (행정안전부 보도자료)

개정 내용이 방대하지만, 특징적인 것만 예를 들면, 주미주권의 구현을 위해 "주민조례발안제"가 있겠고, 자치단체 역량강화를 위해서는 "특례시"를 신설한

특례시

어느 기초자치단체의 인구가 100만 명 이상이 되면, 그 기초자치단체는 광역자치단체인 특별시로 승격할 수 있다. 그런데 수도권에 인구가 밀집되면서, 너무 많은 광역자치단체가 생기면, 수도권(경기권) 행정에 어려움이 생길 수 있다.

그래서 대안으로 나온 것이 특례시다. 2022년에는 수원, 고양, 용인, 창원 4곳이 특례시가 되며, 향후 성남, 화성, 청주, 부천이 특례시가 될 수 있는 후보이다.

특례시는 기초자치단체이지만, 대규모 인구에 대한 서비스를 제공하기 위하여, 자치행정분야(조직, 인사, 도시계획)와 재정분야에서 폭넓은 재량을 허용받는다. 다만, 2022년 현재, 특례시에 대한 재정과 조세에 관한 우대 방안은 추후 논의하기로 한 상태여서 불확정적이다.

것이다. 그런데 인구 100만 명 이상인 도시를 특례시로 하지만, 이것은 단지 행정적인 명칭으로서, 지방자치단체의 종류는 아니다.(행정안전부 보도자료)

책임성과 투명성 제고를 위해서는 지방자치정보공개시스템을 완비하고, 지방의회에 윤리특별위원회를 설치한다. 마지막으로 중앙-지방 협력관계 정립에 있어서는 "중앙지방협력회의"를 설치하여, 지방에 영향을 주는 국가의 주요 정책결정과정에 지방이 참여할 수 있도록 하였다.

새 법에 따라 앞으로 많은 변화가 예상되지만, 재정 측면에서는 그리 큰 변화는 보이지 않는다. 우리나라 지방자치단체는 말 그대로 지방정부가 아니다. 지방이 정부가 되기 위해서는 사법권, 입법권, 과세권을 가지고 있어야 한다. 즉, 대한민국 법원 소속이 아닌 지방 소속 판사가 있어야 하고, 지방 소속 보안관이 있어야 하며, 자체적으로 법률을 만들 수 있어야 하고, 독자적으로 세금을 부과할 수 있어야 한다.

그러나 우리나라의 지방의회는 "법률의 위임이 있어야" 그 범위 내에서 "조례"을 만들 수 있고, 조세 법정주의에 따라 지방 조례로서는 세금을 신설 또는 개정할 수 없다.[1] 중앙행정기관이 조세법을 개정하여야, 그것에 따라 지방세도 부과할 수 있다. 물론 지방자치단체장이 예산안 편성권을 가지고 있고,[2] 지방자치단체들도 지방채를 발행할 수도 있고, 지방공기업을 설치할 수도 있다. 하지만 이들 역시 중앙에서 만들어 준 법에 따른 것이다.[3]

우리나라 지방자치단체는 종합행정을 하는 기관이다.[4] 종합행정이라 함은 주민의 복리와 편의를 위한 모든 행정을 수행한다. 이에 비해 중앙행정기관들은 기능별로 분화된 행정을 한다. 국방부, 외교부, 국토부 등등 자기 전문분야에 주어

---

1 응용(9지17 & 9지13 & 9지10): 지방자치단체의 조례로서는 세금을 신설할 수 없다. 따라서 새로운 지방세를 만들려면, 중앙행정기관인 행정안전부에서 법안을 기안하여, 국회의 동의로 지방세법에 새로운 세목을 신설하여야 한다.

2 응용(9국20): 현재 자치사업권은 인정되고 있지 않으며, 자치입법권은 지방의회에 있지만, 그 권한은 법률이 허용하는 범위 내에서 인정되므로 전속권까지 있다고 보기 어렵다.

3 응용 (9국20 & 9국21 & 9지13).

4 일본식 표현에 의하면, 일반행정을 수행한다.

진 행정을 수행하지만, 지방자치단체는 자기 고유의 업무들 뿐 아니라 중앙행정기관들과 관계된 모든 업무를 수행한다. 따라서 중앙행정기관과 지방자치단체는 국민(주민)의 복리를 위하여 합력(合力)하여 행정서비스를 제공해야 하는 것이 마땅하나, 문제는 어떻게 합력하느냐 하는 것이 문제이다. 이것을 공식적으로 표현하면, 중앙-지방간 협력관계라고 할 수 있고, 전면 개정된 지방자치법에서도 중요하게 다루는 4개 과제 중 하나이다. 이 관계의 설정에 따라 중앙-지방간 재정관계도 달라진다.

2. 중앙-지방간 협력관계

중앙과 지방간의 협력관계에 있어서는 보충성의 원리(Principle of Subsidiarity)가 가장 많이 언급된다. 보충성의 원리는 "중앙이 하는 일을 지방이 보충하는 것"이 아니라 "행정의 제1차적인 책임은 지방에 있고, 지방이 못하는 일을 중앙이 보충한다"는 개념이다.[5] 이 원리는 연방정부나 EU 같은 연합정부를 구성할 때 많이 적용되는데, 한국에서는 아직 논란이 많으며, 외국의 연방정부도 나라마다 사정이 다르다.

주정부가 먼저 만들어지고, 연방정부가 나중에 만들어진 미국의 경우에도, 주정부 우선이냐, 연방정부 우선이냐를 놓고 오랜 갈등을 하였다. 그러나 결론적으로 도달한 것은 연방 우선이었다.(미국 연방수정헌법 제6조: Supremacy Clause)

한국의 경우, 보충성의 원리는 그리 큰 지지를 받지 못하고 있다. 그 대신 중앙정부는 부모이고, 자치단체는 자식이라는 의식이 더 크다. 즉, "Father knows best"란 관점에서 지방자치를 본다. 따라서 중앙이 모든 것을 기획하고 시키면, 지방은 그대로 따라서 하면 된다는 인식이 있다.

그러나 보충성의 원리나 국가주의 원리, 모두 양극단의 시각이고, 실제로는 둘 사이의 절충하에 중앙과 지방의 협력관계가 진화하고 있다. 물론 진화의 방향은

---

5 응용(9국14 & 7지09): 보충성의 원칙은 지방의 권한을 우선시한다는 것으로서, 일반 상식과 다른 점에 유의하여야 한다.

지방의 자율과 권한을 확대하는 쪽이며, 이런 성향은 선거(選擧)가 치루어질수록 강화되고 있다.

2022년부터 시행되는 지방자치법에서는 "지역적인 사무는 지역에 우선 배분하는 보충성의 원칙을 중앙-지방 간 사무배분의 원칙으로 삼을 것과 중앙행정기관이 이를 준수할 의무"를 천명하고 있다. 그러나 구체적인 사무 배분 문제는 신설되는 "중앙지방협력회의" 등에서 다루어져야 할 과제이다.

3. 중앙-지방간 재정의 관계

지방자치단체의 사무에는 고유사무와 위임사무로 크게 구분된다. 고유사무는 하천관리, 오물처리, 도시계획 등이며, 이것에 소요되는 경비는 기본적으로 지방세 등 자체재원으로 조달하는 것이 마땅하다.

이에 반해 위임사무는 국가 또는 다른 지방자치단체가 해당 자치단체에 사무를 법률에 따라 위임한 것으로서, 주민등록, 각종 인허가사무, 인구조사, 병사, 선거 등의 업무이다. 이 업무들은 일을 맡긴 쪽에서 재원을 부담하는 것이 당연하다.

그러나 지방자치단체는 종합행정을 하는 곳으로서, 몇 퍼센트가 고유사무이고 또 위임청별로 몇 퍼센트씩 업무가 할당되는지 구분하기가 어렵다. 업무량이 항상 변하기 때문이다. 게다가 지방자치단체별로 재정여건이 매우 다르기 때문에, 일률적인 재원조달이나 배분이 쉬운 일이 아니다.

따라서 현재의 자치단체 재정 구조는 다소 복잡하게 이루어져 있는데, 이것을 세입과 세출로 나누어 살펴볼 필요가 있다.

제 2 절 지방자치단체의 세입

1. 자체 세입

"세입"이란 "세금 수입"이 아니라 "일년 동안 들어오는 수입"을 말하며, 지방자치단체의 자체 세입은 크게 보아 1) 지방세수입과 2) 세외수입으로 나눌 수 있다.

(1) 지방세

1) 조세체계

한국의 조세체계는 1) 14개의 국세와 2) 11개의 지방세로 구성되어 있다. 술에는 주세라는 국세가 붙고, 담배에는 담배소비세라는 지방세가 붙는다.[6]

국세 중에서 가장 규모가 크고 중요한 세금은 소득세(법인의 경우에는 법인세)와 부가가치세이다. 과거에는 부가가치세가 국세수입 에서 가장 큰 비중을 차지하고, 그 다음이 소득세였다. 그러나 2016년을 기점으로 소득세가 가장 규모가 큰 세목이 되었고, 그 뒤를 부가가치세와 법인세가 엎치락 뒤치락 하며 2위를 번갈아 하고 있다.[7] (출처: 한국재정정보원. 2021. 주요재정통계 p.7.) 이것은 한국의 조세체계가 간접세 위주에서 직접세 위주로 전환되었음을 의미한다.

이에 비해 지방세 중에서는 재산세와 취등록세(취득세 및 등록면허세)가 가장 중요하다. 그리고 국세는 관련 조세별로 개별법이 있는데 반하여, 지방세는 모두 합쳐서 지방세법 하나로 관리하고 있다. (다음 [그림 6-1] 참조)

2020년 현재 모든 자치단체들의 지방세 수입 총계는 102조 원이며, 전년 대비

---

6 **응용(7국18):** 인지세는 주로 재산과 관련하여 국가의 증서를 발행할 때 부과하는 세금으로서, 법원에 재산을 등기할 때나 은행 대출을 받을 때 많이 부과되므로, 지방세가 아니라 국세이다.

7 **응용(9국16):** 2016년 이후 한국은 직접세 위주의 선진형 조세체계를 갖추게 되었다.

그림 6-1 · 한국의 조세체계

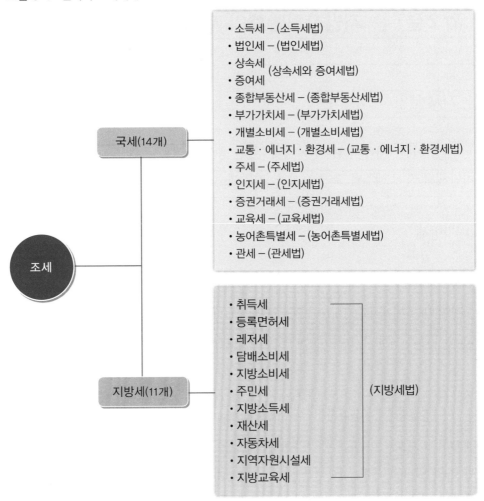

그림 6-1 · 한국의 조세체계

출처: 한국조세재정연구원. 2018.

12.8%가 증가하였다. 2020년은 COVID19로 인하여 명목 GDP가 전년대비 0.3% 증가에 그쳤고, 물가상승을 감안한 실질 GDP가 1.0% 성장이었던 것에 비하여 엄청나게 높은 비율로 지방세가 신장하고 있다.

세입 규모 면에서는 취득세, 지방소득세, 지방소비세, 재산세, 자동차세, 지방교육세 순이다. 이들의 최근 신장율은 매년 6%~8% 정도로 고속 성장하고 있다.

〈표 6-1〉 세목별 지방세 수입(2020년)   (단위: 백만원, %)

세목별	2020년	
	금액	신장율
합 계	102,048,782	12.8
취득세	29,536,271	23.5
주민세	2,123,899	-0.3
재산세	13,773,078	8.6
자동차세	8,134,168	5.3
도축세	0	0.0
레저세	168,640	-82.6
담배소비세	3,577,744	6.6
지방소비세	16,569,227	46.0
등록면허세	2,052,872	11.7
도시계획세(재산세)	-1	-78.9
지방교육세	7,135,758	6.9
지역자원시설세	1,777,278	5.8
지방소득세	16,941,135	-2.8
과년도수입	258,716	-64.0

출처: "지방재정365"에서 자료 받아서 정리

2) 지방세의 원칙

이상의 지방세에는 어떤 원칙들이 깃들여 있는데, 그것은 1)재정수입 측면, 2) 주민부담의 원칙, 그리고 3)징세행정과 관련된 원칙들이 있다.

재정수입 측면에서는 ① 보편성의 원칙(세원이 일부 자치단체에만 소재하면, 그 자 치단체에게 불공평하게 불이익을 주므로, 각 자치단체에 골고루 소재하고 있어야 한다는 원칙), ② 안정성의 원칙(세수가 매년 안정적이어야 한다), ③ 신축성(신장성)의 원칙 (행정수요의 증가에 따라 세수입 역시 증가하여야 한다), ④ 충분성의 원칙(행정수요를 감당할 수 있을 만큼 세수가 충분하여야 한다)이 있다.

주민부담의 측면에서는 ① 응익성의 원칙(이익을 더 많이 본 사람이 더 많은 세금을 부담해야 한다), ② 부담분임의 원칙(많은 수의 주민들이 세수를 분담하여야 한다), ③ 형평성의 원칙(동등한 이익을 본 주민이 동등한 세 부담을 져야 한다)이 있다.[8]

징세행정 측면에서는 ① 정착성의 원칙(세원이 하나의 관할구역에 존재하여야 한다), ② 자주성의 원칙(지방세를 과세를 함에 있어서 자치단체가 자율성이 있어야 한다)이 있다.

이 원칙들 모두 상식적이며, 또 선언적인 의미가 크다고 하겠다. 실제로는 지방의 세수는 충분하지 못하며(충분성 위배), 수도권과 비수도권의 격차가 커서 보편성 원칙에도 어긋나며, 자치단체가 자체적으로 세목을 신설할 수도 없어서 자율성도 부족하다. 다만, 지방세에서 재산과세의 비중이 커서 안정성은 높다.[9]

3) 지방세 관련 특기 사항들

① 탄력세율

일반적인 조세의 경우 세율이 법에 명확하게 기입되어 있다. 그러나 지방세의 경우에는, 지방마다 재정 사정이 많이 다르기 때문에 탄력세율을 적용한다. 예를 들어, 재산세는 각 자치단체에서 표준세율의 50% 이내에서 가감할 수 있다. 취득세, 등록세, 자동차세 등에도 탄력세율을 적용할 수 있다. 이는 자치 재정의 신축성과 자율성을 위한 제도이다.[10] 그러나 자치단체장이 탄력세율을 실제로 적용하는 경우는 매우 드물다. 탄력세율을 적용하지 않는 다른 자치단체들의 거부감이 강하기 때문이다.

---

8 응용(9지09): 모든 지방세가 부담분임의 원칙에 따르나, 그 중에서도 인두세가 그 원칙을 가장 잘 반영하고 있다. 한국에서 인두세와 가장 가까운 것이 주민세(개인균등할)이다. 소득수준에 상관없이, 해당 자치단체에 주소지를 가지고 있는 세대주에 소득금액과 상관없이 동일한 금액을 과세한다. 균등할 주민세에는 주민세(개인균등할) 이외에 주민세(사업소분) 이렇게 두가지가 있다.(2021년 지방세법 개정)

9 응용(9국12): Flow 개념인 소득은 경제상황에 따라서 변동이 크지만, Stock 개념인 재산은 안정성이 훨씬 더 크다.

10 응용(9지17).

2020년 정부의 6.17 부동산대책 이후 집값이 급등하였다. 이것은 공시지가를 인상하게 되고, 소유주의 재산세 부담을 증가시키게 된다. 이에 서초구는 공시가격 9억 이하 1가구 1주택자의 구(區)세분 재산세 50%를 인하하는 조례안을 발표하였다.

그러나 광역자치단체인 서울시는 이 감면 조례를 위법이라고 판단하고, 대법원에 제소하고 집행정지결정을 신청하였다. 탄력세율 적용 자체가 문제가 아니라, 적용대상을 일부 주민으로 한정하는 것은 상위 법을 위반한다는 주장이다.

하지만 몇 달 후 서울시장 보궐선거에서 야당 후보가 당선되었으므로, 향후 이 문제가 어떻게 결론이 날 것인지 두고 볼 일이다.

② 레저세와 지역자원시설세

경륜, 경정, 경마 등 사행성이 어느 정도 있는 레저활동에 과세하는 소비세가 레저세이다. 사업자가 발매금액의 10%를 소비자에게서 원천 징수하여, 관련 지방자치단체에 납부하는 간접세이다.[11]

지역자원시설세는 발전용수, 지하수, 지하자원, 컨테이너, 원자력 발전을 이용하여 사업을 하는 사업자들에게 부과되는 세금이다. 이 세금으로 원자력발전소 인근 주민, 광산 지역 주민 등에게 보조금을 지급한다.

③ 독립세와 부가세

재산세, 취득세 등은 세원에 대하여 직접 과세하는 독립세이다. 이에 비해 부가세(국세인 부가가치세가 아님)는 독립세액에 일정비율의 세액을 부가하여 본세와 동시에 징수한다. 지방소비세, 지방소득세, 지방교육세가 부가세에 속한다.

지방소비세는 원래 일본에서 시작된 것으로서 거래세(sales tax)에 부가되는 세금이다. 예를 들어, 사이타마에 사는 주민이 기차를 타고 도쿄에 가서 물건을 사면, 도쿄 시에 거래세를 납부하게 된다. 하지만 사이타마 기차역에서 물건을 사

---

11 응용(9지15): 레저세는 마권 등의 발매금액 이외의 다른 세원은 없다.

면 거래세와 지방소비세가 사이타마에 납부되는 원리로서, 지방재정의 균형화에 도움이 된다. 그러나 한국은 소비세가 거래세 방식이 아니라 부가가치세(value added tax) 방식이다. 따라서 한국의 지방소비세는 부가가치세에 다 100분의 21만큼 더 부가되는 방식으로 징세하여, 각 광역자치단체별로 안분한다.[12]

지방소득세는 국세인 소득세에 부가되는 세금으로서 지방재정의 확충을 위한 것이다. 개인 소득세 과세표준의 0.6~4.5% 또는 법인세 과세표준의 0.1~2.5%가 지방소득세로 부가된다.

지방교육세는 등록면허세, 레저세, 담배소비세, 주민세균등분, 재산세 등 일정한 지방세에 부가하여 과세한다. 교육 목적을 위한 목적세이다.

④ 도세와 시군세
이상에서는 지방세를 모두 모아 설명하였는데, 지방세를 재원으로 사용하는 기

그림 6-2 • 도세와 시군세

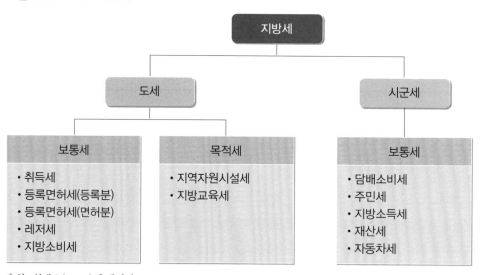

출처: 위택스(wetax) 홈페이지

주 1: 자치구의 세목으로는 등록면허세와 재산세가 있다.

주 2: 특별시와 광역시의 세금 체계는 매우 복잡하므로, 직접 검색 바람.

---

12 응용(9지15): 지방소비세는 도세로서, 국세인 부가가치세(vat)에 부가되는 세원공유 방식의 세금이다.

관별로 나누어보면, 도세(광역자치단체)와 시군세(기초자치단체)로 나누어 볼 수 있다. 시군세는 5개 밖에 없는데, 담배소비세, 주민세, 지방소득세, 재산세, 자동차세이다. 취등록세와 지방소비세 등은 광역인 도세이다.[13]

⑤ 보통세와 목적세

일반적인 정부살림을 위해 징수하는 세금은 보통세이다. 이에 반해 특정한 목적을 위해 만들어진 세금이 목적세이다.

국세에서 목적세는 교육세, 농어촌특별세, 그리고 교통-에너지-환경세 등 총 3종이 있다.

지방세에서 목적세는 도세인 지방교육세와 지역자원시설세, 2가지가 있다.[14] 그런데 앞의 [그림 6-2]를 보면, 시군세에는 목적세가 하나도 없는 것을 알 수 있다.[15]

헨리 조지의 토지공개념과 토지세

최근 헨리 조지의 토지공개념에 대한 논의가 있다. 한정된 자원인 토지는 경제성장과 함께 가격이 상승할 수 밖에 없는데, 그는 이것을 지대(rent 또는 과도한 이익)라고 보고, 지대에 많은 세금을 부과하는 것이 효율적이라고 생각하였다.

그의 주장은 우리에게 정서적으로 호소하는 바가 크다. 그러나 그는 모든 세금을 다 폐지하고 토지세를 단일세로 하면, 토지로 인해 발생하는 빈부격차가 줄어든다고 하였다. 그런데 헨리 조지를 주장하는 사람들 가운데 다른 조세들을 폐지해야

---

13 응용(7지17 & 9지16): 총 11개의 지방세 가운데, 기초자치단체인 시군세에는 5개로서, 담배소비세, 지방소득세, 재산세, 주민세, 그리고 자동차세가 있다. (담득재주자) 그런데 시군세인 지방소득세와 달리 지방소비세는 도세임에 유의하여야 한다.

14 응용(7국13): 지방교육세는 교육에, 지역자원시설세는 시설 인근 주민의 복지를 위해서만 사용해야 하고, 다른 용도로 사용하면 안 되는 목적세이다.

15 응용(7지11): 지방세 구조는 행정단위별로 상이하여서 매우 복잡하게 구성되어 있다. 그러나 시군세와 자치구세에는 목적세가 없는 상태이다.

한다는 주장을 하는 사람은 드물다. 한국의 지공주의자들은 기존 조세는 그대로 두고, 토지세를 더 추가하자는 입장이어서 헨리 조지의 원래 주장과 괴리가 있다.

필자가 약 20년 전에 한국 조세를 토지세 단일세로 바꾸면 어떨까 해서 시뮬레이션 해 보았는데, 토지세 절대 금액이 전체 세수를 감당하기에는 택도 없이 부족하였다. 즉, 헨리 조지의 주장은 백 수십 년 전의 철 지난 주장이며, 사회주의 또는 공산주의가 태동하던 당시에나 해 볼 법한 생각이라 할 수 있다.

그의 주장은 조세의 기본 이론에 의해서도 불완전하다. 모든 조세는 효율성 사장(死藏)효과(deadweight loss of efficiency)를 수반하는데, 헨리 조지의 주장차(지공주의자) 중에서 사장효과를 언급하는 것을 본 적은 없다.

그리고 다른 무엇보다도 조지의 주장은, 사유재산권에 대한 침해이다. 그래서 자유나 평등이냐를 비교형량해야 하는데, 사람이 살아가는 데에는 자유와 평등 말고도 다른 소중한 가치들이 많다. 이런 다른 가치들을 고려하면 할수록 헨리 조지의 주장은 보편성이 줄어든다. 게다가 토지단일세가 순수하게 평등을 위한 것인지, 조지 사후 한참 뒤에 등장한 개념인 시샘 조세(envy tax)에 해당하는 것은 아닌지 생각해 볼 일이다.

국제적으로도 토지단일세를 도입한 나라는 별로 없다. 1909년에 영국이 이를 도입하고자 논의하였으나 폐기하기로 결정했다. 1950년대에 덴마크에서 소위 "토지세 정부"가 들어서서 일시적으로 성공을 거두었으나, 오래 지속되지는 못하였다. 국제기준에서 벗어나는 나라는 자본주의 국제화 시대에 생존하기 어렵기 때문이다.

최근 부동산 급등과 관련하여 보유세(재산세)를 인상하여 부동산가격을 안정화해야 한다는 주장도 있다. 한국의 재산세 부담은 OECD 국가들의 평균에 비해 낮다는 것이다. 그러나 한국에서는 재산관련 세제가 복잡하여서 재산세에 부동산양도소득세를 더하면 OECD 공동 1위 수준으로 올라간다. 여기다가 외국에는 없는 초과이익환수 및 각종 준조세(부담금) 등을 총합하면, 부동산 관련 세부담은 서유럽 사회주의 국가들을 추월한 OECD 단독 1위다. ······16, 17

---

16 응용(7국14): 지방세에서는 재산보유에 대한 과세(재산세)보다 재산거래에 대한 과세(취득세)의 비중이 더 높다.

17 부동산관련 GDP 대비 자산세의 비중(2020년 기준)

(2) 세외수입

　자치단체의 세외수입에는 1) 경상적 세외수입과 2) 임시적 세외수입이 있다. 경상적 세외수입은 매년 규칙적으로 안정적으로 확보할 수 있는 수입이며, 임시 수입은 불규칙적이고 금액 변동이 큰 수입이다. 예를 들어, 자산매각수입은 지자체에서 자산매각이 불규칙하게 이루어지므로 임시 세외수입이 된다. 그러나 보유 자산에서 얻는 자산임대수입은 규칙적이어서 경상 세외수입이다.

① 부담금

　부담금은 중앙행정기관 뿐 아니라 지방자치단체도 징수를 할 수 있는데, 법률에 근거하여 걷는 금액이 아니고 대통령령, 총리령, 부령, 조례에 의해서 부과한다. 물 부담금, 개발 부담금, 재건축부담금(재건축초과이익환수제), 재활용 부담금, 지방 자치단체 공공시설의 수익자 부담금, 출국납부금 등 그 종류만 해도 60여 가지를 넘는다. 명칭은 세금이 아니지만 사실상의 세금에 준한다. 이들은 정부가 어떤 특정한 재화와 용역을 제공함이 없이 걷어가는 금액이어서, 사용료와도 차이가 난다.[18]

② 과징금[19]

　면허 사업자에게 행정적 의무를 부과하였으나 이를 이행하지 않을 때는 면허를 취소하거나 정지할 수 있고, 또는 그 대신 과징금이라는 금전적 제재를 할 수 있

---

18 응용(7국20): 부담금은 흔히 준조세라고 부르지만, 법정 세금은 아니고, 세외수입의 일종이다.

19
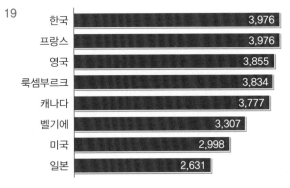

출처: 중앙일보. 2022.2.8.에서 재인용.

주: 2021년에는 부동산관련세금이 너무 많이 징수되어서 추경예산을 편성하였으니, 2021년도에는 GDP 대비 비율(%)은 확실히 세계1위였을 것이다.

다. 벌금이나 과태료와 유사하나, 과징금은 그 수입을 징수분야의 행정 목적에만 사용하도록 하고 있다. 벌금 등은 국고로 귀속되어 일반행정의 경비를 충당하는 데 사용한다. 과징금은 주로 부당이익을 취했을 때 부과된다.

③ 과태료

행정질서를 위반하였을 경우 부과한다. 자동차 속도 위반, 주차 위반, 법인 이사의 의무 위반시에 주로 부과된다. 금전적인 행정벌이기 때문에 형벌은 아니다. 그러나 교통경찰관에게 위반행위가 적발되면 범칙금이 나오는데, 이것은 형벌 중의 하나로서, 행정벌이 과태료와 차이가 있다.

지방 조례를 위반한 경우 과태료는 1,000만 원까지 부과할 수 있다. (지방자치법 제34조)[20]

④ 징수교부금

광역자치단체가 도세의 징수를 기초자치단체에 맡긴 뒤, 세금을 걷는 과정에서 부담한 인건비 등의 경비를 나중에 보전해 주는 교부금이다. 이것은 매년 반복되는 것이기에 경상적 세외수입이다.

⑤ 사용료, 수수료, 분담금[21]

상하수도 요금과 같이, 공공의 시설을 이용하여 이익을 직접 받은 사람들에게는 사용료를 부과한다.

---

20 응용(9국21): 과태료 상한선은 1,000만원이지만, 이를 납부하지 않는 경우 가산금이 75%까지 부과된다.

21 응용(7지10): 세외수입 관련 유사 용어 비교

부과 근거	납부자	명칭	사례
시설 등 재화	직접적인 이익을 얻은 자	사용료	상하수도 사용료
서비스 등 용역	직접적인 이익을 얻은 자	수수료	민원서류 수수료
시설	포괄적인 이익을 얻은 자	분담금	토목사업 분담금
공공사업	포괄적인 이익을 얻거나 피해를 끼친 자	부담금	과밀부담금

그러나 시설이 아니라 공공의 용역에서 이익을 직접 받은 사람에게는 수수료를 부과한다. 예를 들어, 부동산중개인이 수고를 하여 주택 매매가 이루어진 경우, 그의 노고에 대하여 수수료를 지급한다. 지방자치단체에서 문서 발급(용역)에 대한 수수료가 대표적인 사례이다.[22]

한편 공공시설로부터 이익을 받기는 하지만, 그 시설을 이용할 때마다 반대급부로서 사용자에게 돈을 받는 것이 아니라, 그 일대 주민들에게 시설 경비를 부담지우는 것이 분담금이다. 예를 들어, 우리 아파트 근처로 전철역이 들어오게 하기 위하여 주민들이 전철역 건설비의 일부를 분담하는 경우가 여기에 해당한다. 지하철 역사를 이용하는 사용료는 없으므로, 분담금은 반대급부의 개연성은 있으나 직접 반대급부는 없는 경우이다.

이에 비해 명칭이 비슷한 부담금의 대상은 "재화나 용역"이 아니라 "공공사업"이다. 물이용부담금, 과밀부담금 등이 여기에 해당한다.

이들 세외수입에 대해서는 수익자 부담 원칙이 적용된다. 이들은 세금은 아니지만 주민들에게 금전적 부담을 지우기 때문에, 공공서비스에 대한 불필요한 수요를 줄일 수 있다.[23]

(3) 자체수입과 재정자립도

어느 지방자치단체의 재정력을 측정하는 첫 번째 지표는 재정자립도이다. 재정자립도는 (자체수입 규모)가 (일반회계 예산규모)에서 차지하는 비율을 말한다.[24, 25]

---

22 응용(9지13): 수수료는 중앙행정기관이 정한 것과 지방자치단체가 정한 것이 있고, 은행, 증권회사 등이 정한 것이 있다. 지방의회는 조례로 정한 수수료에 대해서만 의결할 수 있다. 법률로 정한 수수료는 의결 대상이 아니다.

23 응용(9국13): 일반적으로 사용료를 부과함에 있어서 누진제는 적용되지 않는다. 조세나 준조세(세외수입) 중 어느 쪽이 더 주민저항을 야기하는지는 불분명하며, 요금이 부과되면 오히려 비용편익분석을 용이하게 해주는 면도 있다.

24 응용(9지21 & 7국14): 재정자립도는 일반회계 세출예산 대비 지방세와 세외수입이 차지하는 비중이다. 그런데 일반회계 세출 예산규모는 일반회계 세입 규모와 대동소이하다.

25 응용(7국12): 재정자립도 산식에 있어서 분모에 일반회계 세출규모만 사용하는 것에 대한

그림 6-3 · 재정자립도 추세

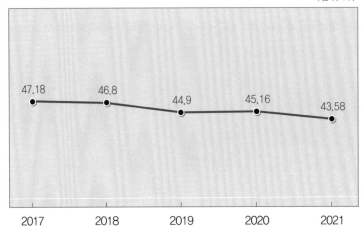

(단위:%)

출처: 지방재정365

즉, 재정자립도가 높다 하면 세출예산의 대부분을 자체세입으로 충당할 수 있다는 것으로서, 그만큼 외부의 도움 없이 자율적으로 재정을 운용할 수 있다는 뜻이다.

한국 자치단체의 평균 재정자립도는 2021년 기준으로 43.58%으로서, 절반에도 못 미친다. 그뿐 아니라 재정자립도는 완만하게 감소하는 추세이다. 이는 재정운용의 자율성이 점차 낮아져 가고 있으며, 그만큼 중앙에 대한 재원의존도가 높아짐을 시사한다.

그런데 이처럼 재정자립도 낮은 데에는 다 그럴만한 이유가 있다. 미국과 일본의 경우, 지방정부의 주요 세원 중 하나는 거래세이다. 즉, 물건을 사고 팔 때 거래세(sales tax)를 받는다. 그러나 한국은 부가가치세를 국세로 받기 때문에, 지방의 주요 세원을 중앙정부가 갖게 된다. 따라서 지방재정자립도가 낮은 것은 무엇이 잘 못 된 것이 아니고, 지극히 당연한 현상이다.

이의제기가 있다. 지자체 역시 특별회계와 기금이 있는데, 이들 모두를 합한 통합지출규모를 분모에 사용하여야 한다는 것이다. 만약 이렇게 하면, 분모의 크기가 커지기 때문에 재정자립도는 더욱 작아질 것이다. 따라서 현재처럼 일반회계 세출규모만 분모로 사용하면, 재정자립도가 커져 보여서, 실제 재정력을 과대평가하는 지표가 될 수 있다.

What if?

지방재정자립도를 높이기 위하여 국세의 일부를 지방세로 전환해야 한다는 주장이 있다. 만약 이 주장대로 국세 일부를 지방세로 전환하면 어떤 일이 생기겠는가?

① 예를 들어, 주세(酒稅)를 지방세로 전환한다면, 인구가 많은 수도권의 자치단체들은 주세 수입은 많을 것이고, 비수도권에서의 주세 수입은 작다. 이런 재정불균형이 더 심해질 것이다.

② 다음 절에서 학습할 내용이지만, 어떤 자치단체의 재정수입이 많아지면, 중앙에서 교부해주는 보통교부세의 규모가 줄어들 수 있다.

③ 지방세 전환으로 인하여, 지방자치단체의 징세를 만만하게 여겨서, 조세저항이 더 커질 것이란 주장도 있다. 그러나 조세저항 여부는 불분명하다.[26]

다만 지방재정자립도가 약하다는 것은 자체재원만으로는 업무 경비를 다 충당하지 못한다는 뜻으로서, 외부, 즉, 중앙정부로부터의 도움이 필요하다는 의미이다.[26]

중앙정부 역시 지방의 주요 세원을 국세로 가져갔으므로, 이를 지방자치단체에게 돌려 주어야 할 의무가 있다.

2. 지방재정조정제도

중앙은 지방자치단체에 재정을 지원해야 마땅하지만, 단순히 지방 몫이어야 할 부가가치세 수입을 지방에 돌려주는 것만으로는 충분치 않다. 그래서 소득세 등 다른 내국세에서 징수한 금액 등을 합하여 그 일부를 지방에 돌려준다. 이것을

---

26 응용(7국09): 재정자립도는 해당 자치단체가 중앙정부로부터 재정지원을 받기 이전의 재정 상태를 파악하게 한다.

27 응용(7지08): 주세 같은 경우, 간접세이기 때문에 보통 주민들이 징세 주체를 알기 어렵다. 따라서 조세저항이 별로 없을 것이라고 예상할 수는 있다. 하지만 사람은 알다가도 모를 존재라서, 그들의 반응을 미리 예단하기 어렵다.

지방재정조정제도라고 하는데, 크게는 1) 지방교부세와 2) 국고보조금이 있다.

(1) 지방교부세

일반적으로 "세"(稅)는 국민에게서 징수한다. 그렇지만 지방교부세는 자치단체가 중앙행정기관(기획재정부와 행정안전부)으로부터 징수하는 금액이다. 지방교부세의 재원은 ① 종합부동산세 총액, ② 담배에 부과하는 개별소비세 총액의 45%, 그리고 ③ 앞의 두 항목을 제외한 나머지 내국세의 19.24%로 한다. (지방교부세법 제4조) 국가는 이 재원을 각 자치단체에게 안분하여, 각 자치단체가 기초적인 행정업무를 안정적으로 수행하는데 기여를 한다.[28]

2022년 현재 지방교부세에는 4가지 종류가 있다. ① 보통교부세, ② 특별교부세, ③ 부동산교부세, 및 ④ 소방안전교부세가 있다. 앞으로 자치경찰교부세 등이 신설될 가능성이 있다.[29, 30]

① 보통교부세

2021년도 보통교부세는 44조 5천억 원에 달하여, 지방교부세 총액인 51조 7천억 원의 대부분을 차지한다. 보통교부세 배분방식은 다소 복잡하다. 각 자치단체마다 기준재정수요액은 산출하고 이것에 비해 기준재정수입액이 얼마나 부족한

---

28 응용(7지15 & 9지17): 지방교부세법 제4조에는 지방교부세의 재원을 3가지로 규정하고 있다. 내국세의 19.24%는 3개 재원 요소 중 하나이다.

29 응용(9지18 & 9국08): 각종 지방교부세는 중앙이 자치단체에 교부하는 재원이고, 조정교부금은 광역시도에서 기초시군으로 지원하는 금액이어서, 이름은 유사하나 내용은 다르다.

30 응용(7지16): 한때 지방교부세의 일환으로 분권교부세라는 것도 있었다. 국고보조금으로 어떤 시설을 건설한다 했을 때 모든 지방에 일시에 자금을 지원하지는 않고, 올해는 어디, 내년엔 어디 하는 식으로 중장기계획에 따라서 지원한다. 그런데 이 보조금을 폐지하면, 아직 지원받지 않은 지자체는 불이익을 받게 된다. 그래서 아직 지원받지 못한 자치단체들에게 별도로 교부세를 지원하되, 당시 국정기조였던 "분권"이란 이름을 붙이게 되었고, 일반재원으로 사용할 수 있도록 하였다. 그러나 분권교부세는 설립 취지를 달성하였으므로, 2015년에 폐지되었다. 그리고 2019년에는 소방안전교부세가 신설되었다.

가를 판단하여, 그 재정부족분에 약간의 보정을 하여 보통교부세 지급액으로 산정한다. 결과적으로 재정사정이 안 좋은 자치단체에 더 많은 교부금을 주는 균형화 효과를 지향한다.[31]

기준재정수용액은 인구, 면적, 사회복지수요 등을 중심으로 측정되는데, 매우 복잡하다. 그래서 행정안전부는 매년 "지방교부서산정해설" 책자를 발간한다.

이에 비해 기준재정수입액은 다소 간단한 편이다. 지방 보통세의 80%을 해당 자치단체의 기준재정수입액으로 산정하고, 약간의 보정을 한다.

교부세산정공식은 매우 민감한 산식이다. 지방교부세 총액이 법률에 의해 정해지기 때문에, 개별 자치단체들 입장에서는 제로섬 게임이다. 즉, 산식을 변경하게 되면 승리하는 자치단체와 패배하는 자치단체가 생기기 마련이다. 따라서 산정공식의 아주 세부적인 사항은 공개되지 않고 있다고 보기도 한다.

어떻든 우리나라의 거의 모든 자치단체들이 금액의 고하를 불문하고 보통교부세를 받는데, 오직 4개의 불교부단체가 있다. 재정사정이 좋은 ① 서울시, ② 경기도, 그리고 ③ 분당과 판교가 있는 성남시와 ④ 동탄신도시가 있는 화성시는 지방교부세를 한 푼도 받지 못한다.

보통교부세를 받은 자치단체는 이 돈을 아무 용도 제한 없이 사용할 수 있다. 인건비로 쓰건, 어떤 건물을 만들던, 그것은 "원래 자치단체의 재원이었던 것으로 간주되는 재원"이라서 자치단체가 자율적으로 쓸 수 있는 일반재원이다.[32]

② 특별교부세

특별교부세는 원래 대통령이 지방 순시 때 약속한 사업들을 추진하는데 사용하던 시혜적인 금액이다. 그런데 민주화되면서, 노태우 대통령이 특별교부세를 사

---

31 응용(7지21 & 9국22 & 9국09): 지방교부세의 가장 큰 기능 지방간 재정격차를 완화시켜 주는데 있다. 그런데 지방교부세는 (모든 중앙행정기관이 아니라) 행정안전부에서만 각 지방자치단체로 안분한다. 그리고 조정교부금이란 행정안전부가 아니라 광역자치단체가 기초자치단체에게 배분하는 금액이다. 교부라는 용어는 공통이지만, 교부 주체가 다르다.

32 응용(9지10): 지방교부세 중에서 보통교부세와 부동산교부세는 일반재원으로 사용되고, 특별교부세는 교부 사유에 따라 일반재원이 될 수도 있고 특정재원이 될 수도 있다. 소방안전교부세는 확실한 특정재원이다.

용하지 않겠다고 선언한 후 그 용도가 바뀌었다.

지금은 보통교부세를 산정하던 당시에는 예상할 수 없었던 재정 여건의 변화가 생겼거나, 자연재해 등 재정수요가 특별히 필요해진 경우 사용하는 특수한 자금이 되었다. 그리고 행정이나 재정운용에 있어서 평가 실적이 우수할 경우, 특별교부세를 지급하기도 한다.[33]

③ 부동산교부세

부동산교부세의 재원은 고가 주택 소유자에게 부과되는 종합부동산세이다. 종합부동산세는 2020년 현재 3조 3천억 원 규모로서, 서울시에서 가장 많이 징수되고 또 서울시에 가장 많이 교부된다.

교부기준은 지방자치단체의 재정여건이나 지방세 운영상황 등을 고려하여 대통령령으로 정한다.(지방교부세법 제9조의 3) 자치단체는 교부받은 부동산교부세를 일반재원으로 사용할 수 있다.

④ 소방안전교부세

2017년 대통령 선거 이후 소방안전의 중요성이 강조되면서 지방직이었던 소방공무원이 국가공무원으로 전환되었다. 재정적으로는 소방안전교부세가 신설되었다.(2019년) 특히 소방안전교부세 중 「개별소비세법」에 따라 담배에 부과하는 개별소비세 총액의 100분의 20을 초과하는 부분은 소방 인력의 인건비로 우선 충당하여야 한다. (지방소비세법 제9조의 4 ②항)

(2) 재정자주도

앞에서 지방자치단체의 재정자립도는 분자를 자체세입(지방세와 세외수입의 합계)으로 하고 분모를 일반회계 세출예산의 규모로 하는 비율이다. 그런데 여기서

---

33 응용(9국07): 보통교부세 불교부단체라 하더라도, 재난 발생이나 재정운용 평가실적이 우수할 경우 등의 이유로 특별교부세를 받을 수 있다.

분자를 더 확대하여 지방교부세까지 합하면, 그 때는 재정자주도가 된다.

$$재정자주도 = \frac{자체세입(지방세 + 세외수입) + 지방교부세}{일반회계 세출예산 규모}$$

지방교부세를 분자에 추가할 수 있는 이유는, 그것은 자치단체가 당연한 권리로 중앙정부로부터 징수하는 금액이기 때문이다. (중앙정부 입장에서는 교부이지만, 자치단체 입장에서는 세금 징수나 마찬가지이다.) 용어 상으로는 자체세입과 지방교부세를 합한 것을 자주재원이라고 하는데 이것이 지방의 재정력을 더욱 타당성 있게 반영한다. 따라서 세출예산규모 대비 자주재원의 크기를 재정자주도라고 하여, 각 자치단체들의 재정력 비교에 가장 많이 활용한다.

재정자주도는 재정자립도 공식보다 분자가 더 크기 때문에, 당연히 재정자립도보다 큰 값을 갖게 된다. 2021년을 기준으로 하면, 재정자주도의 전국 평균 66.42%로, 평균 재정자립도인 43.58%보다 약 23% 정도 크다.

그림 6-4 · 재정자주도 추이

(단위:%)

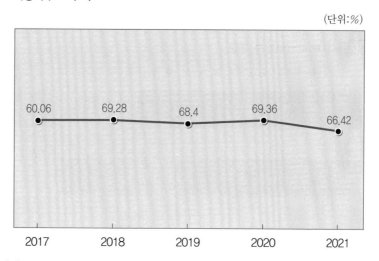

출처: 지방재정365

(3) 국고보조금

지방재정조정제도의 두 축은 지방교부세와 국고보조금이다. 지방교부세는 행정안전부가 기획재정부로부터 법정 예산을 받아서, 각급 지방자치단체에 산정공식에 따라 교부를 해주는 금액이다. 이에 비해 국고보조금은 각 중앙행정기관들이 기획재정부로부터 예산을 받은 후, 자신들의 목적에 맞는 사업을 각 지방자치단체들에게 시킬 때 지급하는 금액이다.

국고보조금의 규모는 미리 법률로 정하여진 것이 아니고, 각 중앙행정기관들이 기획예산처로부터 얼마나 많은 예산을 확보하였느냐에 따라 매년 달라진다.

2020년도에 국고보조금 사업은 총 926개이고, 국비는 총 86조 원이 투입되었으며, 지방비 매칭은 34조 원이었다.[34]

다음 [그림 6-5]에서 볼 수 있듯이, 복지부의 국고보조금이 전체 금액(44조 7천억 원)도 가장 크고, 증가율도 가장 빠르다.

지방교부세는 각 자치단체가 사용처를 자율적으로 판단하는 일반재원이었던 것에 비하여, 국고보조금은 보조금 교부자(소관 중앙행정기관)가 지정한 목적을 달성하는데 사용되어야 하는 특정재원이다. 그래서 국고보조금은 자치단체의 자율

그림 6-5 · 주요 부처별 국고보조금 규모

출처: 행정안전부. 2021

---

34 행정안전부. 2020회계연도 국고보조금 교부 및 집행실적 분석결과. 2021.

성을 저해하는 재원으로 알려져 있다.[35]

그리고 지방교부세가 각 자치단체 간의 재정불균형을 완화시키기 위한 제도적 장치라면, 국고보조금은 재정불균형 완화와는 관계가 없다. 오히려 국고보조금을 많이 받는 지자체와 그렇지 못한 지자체 간의 불균형을 심화시킬 수 있다.

그리고 국고보조금은 중앙행정기관에서 얼마를 부담할 터이니, 자치단체도 일정 비율의 금액(지방대응비)을 매칭하라는 방식으로 지급된다. 따라서 재정력(혹은 자주재원)이 약한 자치단체는 매칭 비용을 조달하기도 힘들어 한다.

또한 국고보조금들 중에는 자치단체의 재정력을 감안하여 차등보조율을 적용하는 경우도 있다. 예를 들면, 사회복지국고보조금의 경우, 재정력이 강한 서울 지역에 대해서는 복지부가 20%의 사업비만 지급하고(지방대응비 80%), 서울 이외의 수도권 자치단체에 대해서는 50%(지방대응비 50%), 그리고 기타 지역에 대해서는 80%의 사업비(지방대응비 20%)를 지급하는 방식이 차등보조율이다.[36]

양자간의 비교는 다음 〈표 6-2〉와 같다.

같은 지방재정조정제도라 하더라도 국고보조금은 "보조금관리에 관한 법률"에 따라 지급된다. 따라서 국토부의 국고보조금, 문화부의 국고보조금, 환경부의 국고보조금 등이 그 숫자가 매우 많은데, 그 중에서도 압도적으로 많은 수의 국고보조금은 복지부에 있다.

국고보조금은 분류하기에 따라 여러 가지가 있겠으나, 그 중에서도 중요한 것은 포괄보조금(block grants)와 특정보조금(specific grants)가 있다.

포괄보조금이란, 교부조건이 포괄적으로 설정되는 보조금이다. 예를 들어, 보건복지부에서 지방자치단체들에게 이 보조금은 "사회복지 관련 사업"에 사용하라고 하면, 그것은 포괄보조금이다. 자치단체들은 그 재원을 가지고, 저마다의

---

35 응용(9지21 & 7국14 & 9국07): 국고보조금은 자율성을 저해하는 것이 맞다. 그런데도 불구하고 각 지방자치단체들은 더 많은 국고보조금을 확보하기 위해 서로 경쟁한다.

36 응용(7지20 & 7국17 & 7지16): 보조금 관리에 관한 시행령 제3조에는 국고보조금 사업의 기준보조율을 정의하고 있고, 동 시행령 제4조에서는 차등보조율(또는 인상보조율)을 규정한다. 인상보조율은 재정사정이 어려운 자치단체에만 적용한다. 그러나 국고보조금 의 종류와 내용이 워낙 다양하기 때문에 차등보조율을 적용하는데 있어서 제각각이다. 그것은 보조금 사업의 성격, 소관 중앙행정기관의 판단과 관행에 따라 제각각일 수밖에 없다.

〈표 6-2〉 국고보조금과 지방교부세의 차이점
(단위: 조원/조원)

구분	국고보조금	지방교부세
근거	보조금 관리에 관한 법률	지방교부세법
목적	지방자치단체의 특정사업 지원	지방자치단체 재원 보장 및 재정 불균형 완화
재원	국가의 일반회계 또는 특별회계 예산	내국세의 19.24%
재원성격	특정 목적 재원	용도 지정 없는 일반재원
배분	사업별 용도지정, 지방비 확보 의무	재원 부족액 기준 배정

출처: e-나라도움(국고보조금통합관리시스템)
주: 지방교부세의 재원은 내국세의 19.24% 이외에 종합부동산세와 담배소비세의 일부도 포함한다.

판단으로 아동복지에 쓸 수도 있고, 노인복지에 쓸 수도 있으며, 장애인복지에도 쓸 수 있다. 매우 자율성이 큰 보조금이라 할 수 있다.

이에 반해 특정 교부금은, 예를 들어, 보건복지부가 이 보조금은 아동복지사업에만 쓰라, 저 보조금은 장애인 복지에만 쓰라는 등 구체적인 사용용도를 지정해주는 보조금이다. 이것은 지방자치단체의 자주성을 제약하는 보조금인데, 우리나라의 대부분의 국고보조금이 특정교부금에 해당한다.

그래서 국고보조금 개선방안에 보조금 포괄화(특히 복지관련 보조금의 포괄화)가 항상 등장하지만, 잘 실현되고 있지 않다.

이상 지방재정조정제도에 사용되는 지방교부세와 국고보조금은 자체세입이 아닌 의존재원이다. 그런데 자체세입이 많고, 의존재원이 적으면 좋은 것인가? 항상 그렇지는 않다. 오히려 자체세입이 적고, 의존재원이 많은 자치단체라면, 주민들은 자기 돈 덜 들이고 남의 돈 많이 받아 쓰는 것이라 더 좋은 것 아닐까?

의존재원은 좋은 역할도 많이 한다. 국가 차원에서는 지역간 불균형도 어느 정도 시정해주며, 전국적으로 통합된 정책을 추진하는데 도움이 된다. 자치단체 차원에서는 안정되게 재정을 확보하는 방안이기도 하다.[37]

---

37 응용(7국18): 의존재원이 전체적인 통합에 기여하다보니 다양성 촉진에는 약한 면이 있다.

국고보조금은 대체로 개별 법률에 근거하여 만들어지는데, 법 개정을 통해서 포괄보조금화 할 수 있는 방안을 찾아야 한다. 특히 감사관련 규정을 개선하여서 포괄보조금이 확대될 수 있어야 할 것이다.

(4) 조정교부금

특광역시에는 자치구가 있다. 자치구의 재정 격차가 클 때 광역자치단체는 조정교부금을 지급하여 그 격차를 조정한다. 이때 교부세란 말을 쓰지 않고, 교부금이란 용어를 사용함에 유의하여야 한다.

다른 광역자치단체인 도청도 관할 시군의 재정력 격차를 조정하기 위하여 조정교부금을 배분한다.[38] 시군에 대한 조정교부금의 재원에 대해서는 지방재정법 제29조에 규정이 있으며, 자치구에 대한 조정교부금은 제29조2에 있다.

재정력 격차를 줄이기 위한 조정교부금 배분 방법은 국가가 지방자치단체에 교부하는 지방교부세의 산식과 동일한 방법을 사용한다. 즉, 기준재정수요액 대비 기준재정수입액의 차이를 보정해준다.

지방교부세와 유사하게, 조정교부금에도 일반조정교부금과 특별조정교부금이 있다.(지방재정법 제29의 3)

3. 지방채

각급 자치단체들은 공공 목적의 필요에 따라 지방채를 발행할 수 있다. 그러나 지방채 발행에는 많은 제약조건들이 있다.

우선, 행정안전부가 자치단체별로 설정해 놓은 발행 한도가 있어서, 각 자치단체들은 한도액 범위 내에서 지방의회의 승인을 거쳐 지방채를 발행할 수 있다. 다만, 외채를 발행할 때는 한도액 이내라 할 지라도, 행정안전부의 사전 승인을

그러나 국고보조금을 포괄보조금화 하면 지방별 다양성도 어느 정도 향상될 것이다.

38 응용(7지21 & 9국08): 조정교부금의 배분주체는 국가가 아니라 광역자치단체이다.

받은 후 지방의회에서 의결할 수 있다.(지방재정법 제11조)[39]

그러나 한도를 초과하여 지방채를 발행할 수도 있는데, 이것 역시 미리 행정안전부 장관과 협의를 하여야 한다. 장관은 해당 자치단체의 재정위험수준, 재정 상황 및 기존 채무 규모 등을 고려하여 협의한다. 장관의 승인하지 않으면, 지방의회에 회부할 수 없다. (지방재정법 제11조 ③항)

발행 사유도 지방재정법에 미리 지정하고 있다. 재해예방과 복구 목적, 재해로 인한 세수 부족의 보전, 재정투자사업의 경비 충당, 그리고 이미 발행한 지방채의 차환 등이다. 지방교육감도 교원의 명예퇴직금을 충당하기 위한 경비로 지방채를 발행할 수 있다. 지방자치단체들이 모여서 구성한 지방자치단체조합도 있는데, 조합이 어떤 자치단체에 대부를 해주기 위해서 지방채를 발행할 수도 있다.[40]

2020년 현재 지방자치단체 전체의 지방채 잔액은 약 30조 원이며, 전년 대비 4조 9천억 원이 증가하였다. (19.5% 상승). 2020년 신규 지방채 발행규모는 11조 1천억 원이고, 상화한 금액은 6조 1천억 원이다. 지방채의 대부분은 광역자치단체가 발행한 것이고(27조 4천억 원), 기초자치단체의 발행규모는 2조 6천억 원에 그친다.

그런데 이 책의 제2장 제2절에서는 국가(중앙행정기관)의 채무와 부채를 D1(국가채무), D2(일반정부 부채), D3(공공부문 부채)로 구분하고 있었다. 그런데 이에 대응하는 지방자치단체의 채무와 부채는 집계되고 있지 않다. 따라서 앞으로는 L1, L2, L3 개념을 정립하여, 중앙과 지방의 재정상황을 일목요연하게 파악할 수 있도록 할 필요가 있다. L1은 지자체 채무, L2는 지자체와 비영리지방공기업의 부채, L3는 지자체와 모든 지방공기업의 부채이다.

---

39 응용(7국18 & 7국09): 행정안전부 장관의 사전 승인이 필요한 이유는, 지방채의 남발을 억제하기 위한 것이다. 재정적인 문제임에도 불구하고, 기획재정부 장관의 사전 승인이 아니라 행정안전부 장관의 승인이 필요한 이유는, 자치단체 소관 사항은 행정안전부 관할이기 때문이다.

40 응용(7국18): 채권 만기가 도래했을 때, 이를 상환하는 것이 마땅하다. 그러나 자금 수요가 계속된다면 다시 또 채권을 새로 발행해야 한다. 이것이 번거롭기 때문에 상환-재차입의 절차를 줄여서, 상환 없이 바로 새 채권을 발행하기도 한다. 이것을 차환(refunding)이라고 한다.

지방자치단체의 세출

　지방자치단체의 세출예산은 이 책의 제3장과 제4장에서 설명한 중앙행정기관의 예산제도와 대체로 유사하다. 다만, 지방자치의 특수성을 반영한 차이점이 어느 정도 있다.

　가장 큰 차이는 중앙행정기관들은 자체 예산안을 작성하여, 기획재정부에 직접 요구한다. 이에 비해, 자치단체들은 기초-광역-행정안전부의 조정을 거치는 과정이 필수적인 예산항목들이 일부 있다.

1. 예산편성 전 단계

(1) 지방재정영향평가

　자치단체가 국제경기대회의 유치 등 대규모 재정을 수반하는 사업을 하려 할 때, 그것이 자치단체 재정에 미칠 영향을 평가하여야 한다. 그리고 평가서를 행정안전부의 지방재정투자심사위원회에 제출하여 심사를 받아야 한다. 대통령령에 정해져 있는 대규모 축제, 행사, 국내경기대회, 공모사업 등이 영향평가의 대상이 된다. (지방재정법 제27조의 6)

　그리고 행정안전부장관은 자치단체의 지방재정영향평가서를 기획재정부장관에게도 제출하고, 협의한다. 결국 사업 재원은 기획재정부에서 나오기 때문이다.

(2) 국고보조금의 신청 및 국고보조사업계획의 통보

　앞 절에서 지방세입 중 국고보조금의 비중이 매우 큼을 설명하였다. 그런데 국고보조금을 받기 위해서는 많은 절차과 결정이 필요하다.

　보조사업을 수행하려는 자(대부분 자치단체)는 회계연도 시작 전년도 4월 30일까지 각 중앙행정기관에 사업신청서를 제출하여야 한다. 이때 광역자치단체인 시도는 관할 기초자치단체들의 신청서를 모아서 일괄 제출한다.(보조금법 제4조)

각 중앙행정관서의 장은 기획재정부에 보조금예산을 요구를 한다. 이때 지방자치단체별 명세 없이 총액으로 보조금 예산을 요구할 수 있다. (보조금법 제6조)

국고보조금에 대해서 지방대응비(매칭)를 요구하는 경우가 많다. 이럴 경우 중앙관서의 장은 행정안전부장관과 협의를 요청하여야 하는데, 행안부 장관은 그것에 대한 의견서를 회계연도 전년도 5월 20일까지 중앙관서의 장과 기획재정부장관에게 제출하여야 한다.(보조금법 제7조)

이후 각 광역자치단체장들은 중앙관서의 장과 기획재정부 장관에서 보조사업의 필요성 등을 설명할 수 있으며, 중앙관서의 장은 회계연도 전년도 9월 15일까지 보조사업을 수행하려는 자에게 "보조금 예산안"을 보조금통합관리망을 통하여 통지하여야 한다.(보조금법 제11조 및 제12조) 이 때는 아직 국회의 예산심의가 시작되기 전이므로 보조금예산"안"이다.

행정안전부 장관은 보조사업계획을 수립하여 회계연도 전년도 10월 15일까지 각 중앙행정기관 및 지방자치단체의 장에게 통보하여야 한다. (지방재정법 제17조의 3) 아직 국회의 예산심의가 진행되는 중이지만, 각 자치단체가 차년도 예산을 수립하는데 도움을 주기 위한 조치이다.

(3) 중기지방재정계획의 수립

지방자치단체들은 예산을 요구하기 이전에 사업계획과 재정계획을 중기적인 시점(5년)에서 마련하여야 한다. 중앙행정기관에서는 중기계획을 멋있게 "국가재정운용계획"이라고 부르지만, 자치단체에서는 원래 그 뜻 그대로 "중기지방재정계획"이라고 한다.

각 자치단체는 이 계획을 지방의회에 제출하고(의결이 아님), 회계연도 30일 전까지, 즉, 11월 말까지 행정안전부 장관에게도 제출하여야 한다. 장관에게 이 계획을 제출하여야 하는 이유는, 행정안전부가 미리 중기지방재정계획을 편성하는 지침을 내렸기 때문에 그 지침의 준수여부를 파악하기 위함이다. 행정안전부는 각 자치단체가 국가의 재정운용계획이나 국가계획 및 지역계획 등에 부합되는 중기계획을 수립하도록 할 의무가 있다.

(4) 타당성조사와 투자심사

자치단체의 사업 중 500억 원 이상의 재원을 소요하는 신규사업들은 투자심사를 받아야 한다. 이것은 중앙행정기관들이 500억 원 이상의 신규사업에 대해서 "예비타당성조사"를 받아야 했던 것을 준용한 제도로서,[41] 지방의 경우 명칭은 그냥 "타당성조사"이다. (지방재정법 제37조)

타당성조사는 비용편익분석을 중심으로 진행되는데, 재무성, 경제성, 기타 사업주체의 의지와 재정여력 등을 평가한다. 대부분의 사업에서 비용편익비율이 1보다 작은데, 그것은 공공부문 사업의 특성상 대체로 그러하다.

타당성 조사 결과는 행정안전부의 중앙투자심사위원회에 제출되어, 투자심사를 받아야 한다. 그런데 이때 분석대상 사업이 해당 자치단체의 중기재정계획에 반영되어 있는지 여부를 체크한다. 중기계획에 반영되지 않은 사업은 애초에 투자심사의 대상이 되지 못하는 것이 원칙이다.(지방재정법 제25조 ⑪) 다만 중기계획이 완벽한 것은 아니기에, 중기지방재정계획에 수록되어 있지 않은 신규사업이 불가피한 경우에는 예외를 둔다. 자치단체가 그 불가피성을 매우 열심히 피력하여야 한다.

2. 자치단체의 예산편성 및 심의

(1) 일반적인 예산과정

자치단체의 예산편성 방법은 중앙행정기관의 예산편성 방법과 대동소이하다. 성인지 예산을 편성해야 하는 것도 같다. 다만, 2022년부터 도입하기로 한 "온실

---

41 이 책의 제4장 제2절에서는 예비타당성조사제도와 관련된 사항을 구체적으로 설명하고 있다.

가스감축예산"은 아직 지방재정법에 반영되어 있지 않다.

행정안전부장관은 지방재정의 건전한 운용과 자치단체간 균형을 확보하기 위해 "예산안편성기준"을 각 자치단체에게 통보한다.

각 자치단체는 이 기준과 법령 및 조례를 준수하면서, 중기재정계획과 투자심사 결정사항들을 참조하면, 지방 현안에 대한 차년도의 예산을 편성한다. 중앙행정기관과 마찬가지로, 지방의 예산서는 ① 예산총칙, ② 세입·세출예산, ③ 계속비, ④ 채무부담행위 및 ⑤ 명시이월비로 구성되어 있다.

예비비는 예측할 수 없는 지출에 충당하기 위한 것인데, 예산총액의 100분 1 이내로 예산에 계상한다.[42] 계속비는 다년간에 걸친 사업에 대하여, 의회가 1회 의결하여 주는 예산인데, 최대 허용기간은 5년이다. 5년을 초과하면, 다시 의회의 의결을 받아야 하는 예산이다.[43]

지방예산과 관련하여 총액인건비 제도와 기준인건비 제도라는 것도 있다. 총액인건비제도란 자치단체가 인건비 총액만 준수한다면, 공무원 정원이나 보수를 자율적으로 결정할 수 있다는 제도이다. 2007년에 도입하였는데, 도입 취지는 좋았지만, 세부적인 운영이 제대로 이루어지지 않아 2014년에 기준인건비 제도로 대체되었다.[44]

기준인건비제도는 행정안전부에서 기준인건비만 제시하고 자치단체별 정원관리는 1%~3% 범위내에서 자율적으로 하도록 하였다. 자치단체별 기준인건비는 지방교부세 산정할 때 감안하여 결정하지만, 자율범위를 넘어서면 지방교부세에서 페널티를 받게 된다.

---

42 응용(9지21): 재난 재해 관련 예비비는 별도로 예산에 계상할 수 있다. 그러나 지방의회에서 어떤 사업에 대하여 감액하였다 해서, 그렇게 감액한 금액을 예비비로 사용할 수는 없다.

43 응용(9지21): 예비비의 사용은 매우 엄격하여서, 재난 재해 예방 및 복구 예비비는 다른 용도로 사용하지 못한다. 지방의회에서 감액된 사업에 감액분을 보전하기 위해 예비비를 써서도 안된다.

44 응용(7국10 & 9지11): 국가, 지방, 공공기관에 모두 적용된 총액인건비제도는 기존의 표준정원제를 탈피하자는 제도로서, 성과와 보상을 연계하고, 기관의 자율성을 신장시키자는 취지의 제도이다. 그러나 정원관리에 있어서는 기관의 자율성을 부여하는 어떤 조치도 취하지 않고 있어서 기준인건비제도로 대체되었다.

(2) 지방의회의 예산심의

지방자치단체의 장은 회계연도마다 예산안을 편성하여 시·도는 회계연도 시작 50일 전까지, 시·군 및 자치구는 회계연도 시작 40일 전까지 지방의회에 제출하여야 한다.(지방자치법 제142조) 광역 시·도의회는 예산안을 회계연도 시작 15일 전까지, 기초 시·군 및 자치구의회는 회계연도 시작 10일 전까지 의결하여야 한다.

국회의 예산심의 일정과 비교하여, 지방의회의 예산심의는 시일이 매우 촉박함을 알 수 있다. 그것은 상급기관으로부터 교부 받는 지방교부세와 조정교부금, 그리고 국고보조금 등이 의존재원이 결정되는 상황을 감안하여 설정된 시한이다.[45]

심의 절차는 국회와 마찬가지로 ① 상임위원회의 예비심사와 ② 예산결산특별위원회의 종합심사로 이루어지며, ③ 본회의에서 확정된다. 그러나 시군 기초의회의 경우, 의원 수가 적다는 점에서 차이가 난다.

그런데 지방의회는 자치단체의 동의 없이 예산을 증액할 수는 없다. 예산안을 삭감할 수는 있다. 다만, 지방의회가 ① 비상재해로 인한 응급복구에 필요한 경비를 축소한 경우나 ② 법령에 따라 자치단체가 의무적으로 지출해야 하는 경비를 삭감한 경우, 그리고 ③ 의회가 예산상 집행이 불가능한 경비의 지출을 의결한 경우에는 자치단체장이 재의를 요구할 수 있다.(지방자치법 제121조)[46]

회계연도 시작 전까지 예산안이 본회의를 통과하지 못하면, 중앙행정기관들처럼 준예산제도가 적용된다.

(3) 추가경정예산과 "간주예산"

지방자치단체의 경우, 전체 예산에서 의존재원의 비중이 절반 이상인데, 이중

---

45 **응용(7국18):** 행정부가 의회에 예산안을 제출하는 기한은 중앙정부는 회계연도 시작 전 120일, 광역은 50일, 기초는 40일이다. 의회가 예산안을 확정해야 하는 기한은 중앙은 회계연도 시작 전 30일, 광역은 15일, 기초는 10이다.

46 **응용(9지08):** 자치단체장의 재의요구권은 필요경비의 삭감 문제 뿐 아니라, 지방의회가 월권을 하였거나 법령에 위반된 결정을 하였을 경우에 인정된다.(지방자치법 120조)

에서도 국고보조금은 예산이 성립한 이후에도 교부가 되는 경우가 많다. 중앙행정관서는 보조금을 지자체별로 구분하지 않고, 총액으로 예산을 편성하기도 한다.(보조금법 제7조) 그렇게 성립된 보조금예산에 대하여, 자치단체들로부터 공모를 받아 보조사업자를 결정하기도 한다. 이럴 경우, 자치단체들은 예산을 집행하는 회계연도 중간에 새로운 세입(국고보조금)이 발생하고, 이것에 대응비를 지출해야 하는 상황이 발생하곤 한다. 따라서 지방자치단체에서는 매년 2~3회에 걸쳐서 추가경정예산을 편성하고 있다.

원래 비용지출은 예산이 성립된 이후에 할 수 있다. 추가경정예산도 마찬가지여서, 추경이 성립된 후 지출하는 것이 원칙이다. 하지만 상급행정기관에서 용도를 지정하여 소요 금액 전액을 교부한 경우, 추가경정예산을 편성하기 이전에도 지출할 수 있도록 하고 있다. 이것을 간주예산이라고 하는데, 중앙행정기관에는 없는 재정운용 제도이다. 그러나 간주예산은 동일 회계 내의 차기 추가경정예산 때 전액 계상하여야 한다.(지방재정법 제45조)

3. 주민참여예산제도

2002년 한일 월드컵 축구대회를 보던 브라질 사람들은 깜짝 놀랐다. 브라질에서 인기 있는 LG가 브라질 회사가 아니라 한국 회사라는 것을 처음 알았다는 것이다. 이처럼 한국과 브라질은 거의 지구 반대쪽에 있는 나라여서, 우리와 다른 점치 참 많다. 그런데 이런 브라질이 한국 행정에 영향을 준 것이 2건 있다.

하나는 꾸리치바(Curitiba) 시의 사례를 벤치마킹한 버스전용차로 및 버스준공영제이고, 다른 하나는 포르투 알레그리(Porto Alegre) 시의 주민참여예산제도이다. 포르투 알레그리의 시의원은 전원 비례대표제로 선발된다. 따라서 지역구의 의견이 잘 반영되지 않는 문제점이 있었다. 이를 보완하기 위하여 주민참여예산제도를 도입하여, 비례대표의원들이 소홀히 했던 분야에 예산을 편성하기 시작하였다.

한국의 지방의회는 전원 지역구 의원으로 선발함에도 불구하고, 세계 각국에 퍼진 주민참여예산제도를 벤치마킹 하여 도입하였다. 처음에는 지방자치단체만 주민참여예산제도를 사용하였는데, 나중에 중앙정부도 2018년부터 "국민참여예산제도"라는 명칭으로 실시하고 있다.

주민참여예산제도는 ① 예산편성단계에, ② 참여라는 과정을 중시하면서, ③ 전통적인 관료중심의 예산운영에서 탈피하고, ④ 자치단체장의 선심성 예산운영도 견제하는 의의가 있다.[47] 주요 참여방식은 공청회, 간담회, 설문조사, 사업공모, 주민의견수렴 등이다.[48, 49]

다음 [그림 6-6]은 서울시 본청의 시민참여제로서 ① 시 재정전반에 걸쳐 주민들이 의견을 제시하는 시민참여와 ② 시민이 제안한 사업들 중 선발하여 예산을 투입하는 시민숙의예산으로 구성되어 있다. 숙의예산은 2019년에 2천억 규모였던 것이 2년 후인 2021년에는 1조원 규모로 신장하였다. 당시 인구 20만~30만

그림 6-6 • 서울시의 주민참여예산제도

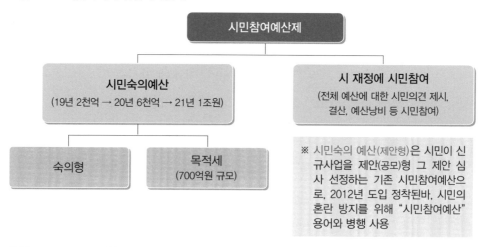

출처: www.yesan.seoul.kr

---

47 응용(7국21 & 7국18 & 7지19 & 7국10): 2003년에 광주 북구에서 처음 시작한 주민참여예산제도는, 2011년의 지방재정법 개정으로 모든 자치단체에 의무적으로 적용되었다. 중앙정부는 2018년에 국민참여예산제도를 도입하였다.

48 윤영진. 새재무행정학. 2021. p.453.

49 응용(7국21): 주민이 참여할 수 있는 예산의 범위가 지방재정법에 명시되어 있지는 않고, 그것은 자율에 맡긴다. 그러다 보니 지방의회의 예산심의권을 침해하는 요소가 있다는 의견도 있다.

명 정도인 도시들의 전체 예산규모에 달할 정도로 성장하고 있다.

이처럼 성장하는 주민예산제도를 잘 관리하기 위하여 지방재정법은 제39조는 지방예산 과정의 주민참여를 규정하고 있다. 가장 큰 것은 예산과정에 주민이 참여할 수 있는 제도를 시행하는 것인데, 다만, 지방의회가 이미 의결한 사항은 주민참여의 대상이 되지 않는다. 자치단체의 장은 주민참여예산위원회를 둘 수 있고, 의회에 예산안을 제출할 때 주민의견서를 첨부하여야 하며, 행정안전부장관은 자치단체별로 주민참여예산에 대한 평가를 할 수 있다.[50]

지방자치에 있어서 주민이 참여하는 법적 제도가 여러 가지 있는데, 주민참여예산제도는 그 중의 하나이다. 나머지 참여제도로는 ① 주민투표제도(주요 결정사항을 주민이 직접 투표하여 결정),[51] ② 주민발의제도(주민이 지방의회에다 직접 조례의 제정 및 개폐를 청구), ③ 주민소환제도(자치단체장이나 지방의원을 소환(탄핵)하는 제도)가 있다.[52]

이밖에 ④ 주민감사청구제도도 참여의 일종이다. 감사청구는 행정행위가 끝난지 2년이 지나지 않은 사무에 대하여, 19세 이상 성인 다수가 신청할 때 이루어진다.[53] 감사청구를 받은 상위기관의 장은 60일 이내에 감사를 끝내는 것이 원칙이며, 감사결과에 따라 하위기관의 장에게 필요한 조치를 요구할 수 있다.

---

50 응용(7지19): 재정분석제도가 있어서 매년 실시하는데, 이때 자치단체별 주민참여예산도 포함된다.

51 응용(7지17): 2011년 당시 서울시장이었던 오세훈은 학교의 무상급식과 관련하여 주민투표를 실시하였다. 투표권자인 서울시민은 무상급식에 찬성 또는 반대하는 투표를 하여, 찬성표가 더 많았다.

52 응용(7지14): 주민참여예산을 자치단체장이 예산편성에 반영하지 않을 수 있는가? 그럴 경우 주민소환제도가 발동할 가능성이 있어서 실질적으로는 예산에 다 반영이 된다.

53 응용(7지16 & 7지14): 청구요건은 광역시도의 경우 500명 이상, 인구 50만 명 이상의 대도시에서는 300명 이상, 그리고 나머지 자치단체에서는 200명 이상의 성인 거주자가 감사청구를 할 수 있다.

제 4 절　　맺음말

1. 지방재정의 미래

　지방재정은 지방의 경제여건 뿐 아니라 국가 전체의 정치, 경제, 사회 문제와 연결되어 있다. 우선, 지방재원의 핵심인 재산세와 취득세, 그리고 국가를 경유해서 지원받는 지방교부세가 모두 국가전체의 경제상황과 밀접하게 관련되어 있다. 즉, 국민경제가 좋아져야 지방의 재정 살림이 좋아진다. 국가전체적으로 보아, 경제성장은 저속이지만 꾸준히 이루어지고 있어서, 이런 기조를 계속 유지하는 것이 지방재정에도 큰 도움이 된다.

　거시적 지역발전 문제를 보면, 과거에는 국제경제에서 일본의 영향력이 막강하여서, 한국의 동남부 지역이 많이 발전하였다. 그러나 앞으로 중국의 영향력이 증가함에 따라 남한 서부 지역의 발전 동력이 커지고 있다.

　인구문제와 관련하여는, 인구감소가 심각한 지역들의 "지방소멸"이 우려되고 있다. 지방소멸이란 다소 과장된 표현이고, 더 적합한 용어는 지방자치단체의 통폐합이 되겠다. 일본 사례를 보아, 인구가 일정 수 이하로 줄어들면, 두 개 또는 세 개의 지방자치단체들로 통합하지 않을 수 없기 때문이다.

　마지막으로 균형발전의 문제이다. 정부는 각 지역들간의 격차 해소, 즉, 균형발전을 위해 막대한 금액의 국고보조금을 지원하고 있다. 균형발전은 아름다운 이념이어서, 선거를 할 때마다 그 중요성이 부각되고, 막대한 재원 투입이 공약되고 있다. 사회복지비의 지출과 함께 균형발전 예산은 선거를 에너지로 하여 성장하고 있다.

　그런데 지역간 균형발전과 함께 지역내 균형발전도 문제가 되고 있다. 한 지역 내에서도 중심지로의 집중 현상이 강화되고 있다. 즉, 어느 지방의 중심도시는 인구가 늘어나는 반면, 외곽지역에서는 인구가 감소하는 현상이 함께 있다. 다시 또 일본의 사례이지만, 일본의 경우 지역 중심도시를 콤팩트 시티(compact city)로 바꾸어 나가는데 노력하고 있다.

수도권 집중화 현상은 그것이 비효율보다 효율이 더 커서 그런 것인데, 지역균형발전은 어떤 면에서는 효율성을 일부 포기하면서 달성해야 하는 과제이다.

최근 들어 지방재정은 사회복지비 다음으로 지출 신장율이 높다. 그래서 인구 20만~30만명 정도 자치단체의 예산규모는 1조원을 넘는다. 이렇게 되자 자치단체들이 창의적으로 지역개발을 하는 사례가 늘어나고 있다. 예를 들어, 강릉시의 바다부채길, 원주시의 소금강 출렁다리, 신안군의 퍼플(purple)교 등.[54]

이런 창의력의 원천이 되는 지방재정의 미래는 1) 국가전체적 경제성장, 2) 지역내 경제여건, 3) 인구변동, 4) 균형발전 정책 등에 좌우된다고 할 수 있다.

2. 국가 대 지방의 재원배분 비율: 4-3-3

마지막으로 교육재정과 관련한 사항을 언급하지 않을 수 없다.

한국의 지방재정과 관련하여 흔히 언급되는 것이 중앙과 지방의 재정규모 비율이 7대3으로, 중앙이 비대한 반면 지방은 빈약하다는 말이다. 그러나 국가우선주의 입장에서는 한국의 재정규모는 중앙이 4, 지방이 6이라고 주장한다.

이렇게 양립될 수 없을 것 같은 주장에, 사실은 다 옳은 말이다. 즉, 7:3이나 4:6이나 모두 옳은 말이다. 왜 그러냐 하면, 교육재정이 있기 때문이다. 한국은 초중등 교사가 국가공무원이기 때문에, 지방의 입장에서 보면 교육재정은 중앙재정이다. 그러나 기획재정부 등 중앙의 입장에서 보면 초중등 학교는 모두 다 지방에 소재하고, 지방자치단체로부터 재정지원도 받고 있다. 그래서 실질적으로는 지방재정이나 다름없다고 본다. 그래서 필자는 한국의 재정구조를 4-3-3으로 표현하는 것이 가장 정확하다고 본다(중앙 4: 교육 3: 지방 3).

그런데 이 책에서는 교육재정에 대해서는 자세히 설명하지 않았다. 교육재정 하나만 가지고도 다뤄야 할 사항이 엄청 많다. 그렇지만 교육은 특정한 분야에 한정되고 있어서, 교육재정은 그 분야의 전문가 설명에 맡기는 것이 더 효율적이

---

54 관련 저서로는 배득종 외. 2015. 지역발전 기업자(起業者)의 한일비교. 연세대학교 출판문화원.

라고 판단한다.[55]

　게다가 교육은 돈만 가지고 논의할 수 없는 독특한 특성이 있다. 약 3,000년 전에 바빌론의 쐐기문자로 쓰여진 말: "얘야, 그렇게 놀러만 다니면 나중에 커가 뭐가 되려고 하니?"

---

55 30여 년 전 필자의 박사학위 논문은 뉴욕 주의 Voorheesville School District의 재정에 관한 것이었고, 미국 전체에서 우수논문상을 수상하였다. 그럼에도 한국의 교육재정에 대한 연구는 아직도 필자의 우선순위에서 뒤처져서 있는 상태이다.

재정관련 이슈들

이상 제1장부터 제6장까지 국가 및 지방의 재정관리에 대하여 기술하였다. 비록 교육재정에 대한 논의가 많이 진행되지 않았지만, 이것으로서 재정의 "몸통"이 설명하였다 할 만하다. 그렇지만 정부의 재정이 관여하는 분야가 워낙 광범위하다 보니까 추가적으로 설명하여야 할 "기타 이슈"들이 많다.

그래서 제7장에서는 공기업을 비롯한 공공기관의 재정, 책임운영기관의 운영, 그리고 공적연금 중에서도 행정과 직접적인 연관성이 있는 공무원연금의 문제나 민간투자로 공공 시설을 건설하는 문제 등등에 대한 논의를 더 하고자 한다.

제 1 절　공공기관

1. 개관

세계적으로 보아, 유럽 지역은 공기업이 많다. 제2차 세계대전을 통해 취약해진 산업기반 상황에서 공공서비스를 제공하려다 보니 공기업들이 아주 많았다. 그리고 서유럽 국가들이라 해도 상당 부분 사회주의 성향이 농후하기 때문에 공기업들이 많다. British Airline, Air France..... 등 유명 회사들이 사실은 공기업이다. 그러나 최근 들어와서는 유럽 공기업들이 점차 민영화하는 추세에 있다.

이에 비해 미국의 경우에는, 연방정부 차원에서는 공기업이 별로 없다. 그 대신 주 정부 차원에서 많이 설립한다. 주정부가 예산 제약 없이(off-budget) 공공서비스를 제공하기 편리하기 때문이다.

한국의 경우, 공기업은 민영화 되는 추세이다. 예를 들어, 현재 우리가 알고 있는 많은 민간기업들은 당초 공기업이었다. (예, 담배인삼공사: 현재의 KT&G, 대한재보험공사: 현재의 코리안RE, 제일은행: 현재의 SC제일은행, 국민은행: 현재의 KB국민은행, 포항제철: 현재의 POSCO) 이와 함께 공공기관들은 더 많이 설립하는 추세에 있다. 거기에다가 지방의 공공기관들은 더 빠른 속도로 증가하고 있다.

IMF, UN, OECD, EU 등 국제기구는 공기업을 제외한 공공기관은 일반정부의 재정범위에 포함한다. 공기업은 일반정부의 재정범위에는 포함되지 않지만, 더 넓은 범위인 공공부문 재정범위에는 포함된다. 그러나 한국 정부의 경우, 통상정책이나 통계를 만들 때 공공부문을 일반정부에 포함시키지 않고 있다. 하지만 다수 국제기구의 지침을 따르고 외국과의 정확한 국제비교를 위해서도 공공기관(공기업 제외)은 일반정부에, 공기업은 공공부문에 포함시킬 필요가 있다. 하지만 공공기관의 예산총규모가 일반정부 예산규모의 1.5배 가량 된다는 점을 감안하면, 결코 무시할 수 없이 큰 돈이 정부재정 범위 밖에서 운용되고 있는 현실도 고려해야 할 것이다.

한국에서 공공기관의 숫자와 재정규모가 점차 커지는 이유는, 국민들의 공무원 숫자에 대한 거부감이 크기 때문인 이유가 있다. 보통의 한국 사람들은 상대적으로 편하고 안정적인 직업이라고 생각하는 공무원들의 숫자가 늘어나는 것을 싫어한다. 하지만 경제사회적 규모가 확장됨에 따라 업무량이 많아져서, 정부는 공무원 정원을 확대하는 대신 공공기관을 설립하여, 정부 업무를 위탁한다. 대체로 공공기관 근로자의 보수가 공무원 보수보다 월등 많기 때문에, 국민들은 공무원 증원을 싫어하는 대가를 많이 치르고 있다고 할 수 있다.

2. 독점생산자(Monopoly)와 독점수요자(Monopsony)[1]

공기업 또는 공공기관들은 주관부처들이 해당 사업에 대해서는 1개 기관만 설립하기 때문에 독점생산자(monopoly)이다. 그러나 공공기관들이 생산한 산출물은 궁극적으로는 국민이 소비자이지만, 제1차적인 소비자는 주관부처라고 할 수 있다. 따라서 수요자가 하나 뿐인 monopsony이다.[2] Monopsony Market에서 가장

---

1 이 단락의 논의는 배득종. 재정사업의 라이프 사이클 평가제도. 2018. 한국조세재정연구원의 재정네트워크 최종보고서. pp.5~6으로부터 재구성함.

2 강태혁에 의하면, 지출부처는 생산자이고, 중앙예산기구는 소비자여서 이들 간의 명확한 계약이 필요하다고 한다. (2018년 3월. 한국조세재정 재정네트워크 토론 중에서) 그런데 이를 달리 표현하면, 지출부처는 monopoly 생산자이고, 예산당국은 monopsony 소비자이

특징적인 것은 갑-을 관계이다.

Monopoly-monopsony market을 상식적으로 표현하면, 갑을관계라고 하는데, 여기서 발생하는 문제를 설명하는 이론으로 주인-대리인 이론(Principal-agent theory)이 있기는 하다.[3] 통상의 주인-대리인 관계는 주인(국민)-대리인(정부), 주인(주주)-대리인(경영진)의 단순한 관계이다. 그러나 공공기관에 대해서는 주인(국민)-중간대리인(정부)-최종대리인(공공기관)의 다중적(Multiple)관계이다. 주인-대리인 이론의 핵심은 대리인이 자신의 사적 목표를 위해 최선을 다하기 때문에, 대리인 비용이 발생한다. 그런데 다중적 대리인 관계에서는 중간대리인(정부)과 최종대리인(공공기관) 모두가 자신의 목표를 중시하므로 대리인 비용이 더 커진다.

이것은 곧 공기업 또는 공공기관의 문제는 민간기업 또는 정부의 주인-대리인 이론과 상이하기 때문에, 앞으로 연구할 것이 많다. Monopoly와 Monopsony가 만날 때 법률적계약(contract)이 중요하다. 따라서 영국에서 재정개혁을 할 때 공공부문 서비스 계약 제도를 도입한 것은 이론적으로나 실무적으로 시사하는 바가 크다.

3. 공공기관의 종류

(1) 중앙행정기관이 설립한 공공기관들

2007년에 "공공기관 운영에 관한 법률"이 제정되었다. 공기업이나 공공기관들은 이 법의 제정 훨씬 이전부터 운영되고 있었지만, 이들은 소관부처(ministries)의 "산하기관"이라고 불렸었다. 그런 만큼 각 기관마다 운영하는 방법도 다르고, 재정적으로 볼 때 이들은 소관부처들의 뒷문 역할을 하기도 하였다.

따라서 당시 공공기관 관리 당국인 기획재정부(당시에는 기획예산처)에서는 모든 공공기관들의 소유권은 소관부처에 있는 것이 아니라 국가에 있음을 천명하였다.

다. (지출부처와 공공기관의 관계 역시 monopsony와 monopoly의 관계라 할 수 있다)

[3] 유승원(2022). 공기업의 정치경제(제2판). 박영사 참조

그리고 기획재정부가 국가를 대리하여, 모든 공공기관들을 소유한다. 그리하여 Alio.go.kr-싸이트를 만들어 공공기관 운영 상태 등을 통일적으로 공개하고, 임원 추천도 하고, 각 기관에 대한 경영평가도 실시한다.

그런데 공공기관이라 하면 그 숫자가 아주 많았다. 2007년 당시 1,000여 개가 훌쩍 넘는 공공기관들을 모두 관리하는 것이 노력 대비 효과가 저조하여, 약 340개의 주요 공공기관들만 관리의 대상으로 하였다. 그런데도 340개 기관들마다 설립목적과 사업방식 등 특성이 많이 달라서, 공공기관들을 그룹별로 분류하였다.[4]

그 첫 단계가 공공기관을 ① 공기업과 ② 준정부기관, 그리고 ③ 기타 공공기

〈표 7-1〉 공공기관의 구분(중앙)

유형	세부유형	분류기준	대표적인 사례
공기업	시장형 공기업	자산규모 5조원 이상 & 직원정원 50명 이상 & 자체수입이 85% 이상	한국전력공사. 한국가스공사. 한국수력원자력(주) 등
	준시장형 공기업	직원정원 50명 이상 & 자체수입이 50~85%	해양환경관리공단. 한국조폐공사 등
준정부기관	기금관리형 준정부기관	직원정원 50명 이상 & 기금관리	국민연금공단. 근로복지공단. 영화진흥위원회. 한국주택금융공사. 국민체육진흥공단. 신용보증기금 등
	위탁집행형 준정부기관	직원정원 50명 이상 & 정부업무위탁	건강보험심사평가원.도로교통공단. 한국장학재단. 한국콘텐츠진흥원 등
기타공공기관		위에 해당하지 않는 기관	강원랜드. 서울대학교병원. 예술의 전당. 한국개발연구원. 한국잡월드. 등

---

4 2007년 이후 매년 공공기관들이 추가로 지정되기도 하고 해제되기도 한다.

관으로 분류하였다. 첫 번째 유형인 공기업에는 규모가 큰 〈시장형 공기업〉과 그 밖의 〈준시장형 공기업〉으로 구분한다. 두 번째 유형인 준정부기관은 업무 성격에 따라서 ① 정부기금을 관리하는 〈기금위탁형 준정부기관〉과 ② 기타의 〈위탁집행형 준정부기관〉으로 분류한다. 그리고 아무 분류에도 속하지 않는 기관들은 세 번째 유형인 〈기타공공기관〉으로 지정한다. (동법 제5조 공공기관의 구분)[5, 6, 7]

모든 유형의 공공기관들을 총합한 결과를 보면, 총자산규모가 902조 원이고, 총부채는 545조 원, 그리고 당기순이익은 5.3조 원이다. 전체의 부채비율은 152.4%인데, 공기업의 부채율은 다소 높아서 182.6%이다. (alio.go.kr, 2020년 기준)

(2) 지방자치단체가 설립한 공공기관

지방자치단체도 "지방공기업" 등에 따라 직접 기업을 운영하거나 법인을 설립하여 경영한다. 지방공사의료원, 지방공사, 지방공단, 그리고 민관공동출자출연법인 등이 여기에 해당한다.

일반적으로는 지방공기업 하면 다음과 같이 3종류가 있다.[8]

① 자치단체가 직접 사업을 운영하여서 직원이 자치단체 소속인 "지방직영기업"

---

5 응용(7국18 & 7국17): 중앙 공공기관의 분류는 기본적으로 알아두어야 할 사항이며, 지방 공공기관은 지방자치단체장이 설립하되, 행정안전부의 승인이 필요하다.

6 응용(9국19): 국립중앙극장은 형태상 민간기관인 공공기관이 아니고, 정부조직상 책임운영 기관으로서 직원들은 국가공무원이다.

7 응용(9국17): 한국방송공사(KBS), 교육방송(EBS), 한국은행 등은 실질적으로 공공기관의 역할을 하지만, 공공기관으로 지정되어 있지는 않다. 다만 한국방송광고진흥공사는 준시장형 공기업이다.

8 응용(9국13): 지방공기업법은 다음과 같이 많은 지역 사업들에 적용된다. 지방공기업법은 지방자치의 발전과 주민복리의 증진을 위한 법이다. 그러나 일반적인 주민복리 사업은 해당이 안 된다. 〈적용대상 사업〉 수도사업. 공업용수도사업. 도시철도. 자동차운송사업. 지방(유료)도로사업. 하수도사업. 주택사업. 토지개발사업. 주택 · 토지 또는 공용 · 공공용건축물의 관리 등의 수탁. 공공재개발사업 및 공공재건축사업. 체육시설업. 관광사업. 그리고 민간의 경영참여가 어려운 주민복리 지역개발사업.(지방공기업법 제2조)

이 있다. 상수도 관리, 하수도 관리, 공영개발이 대표적인 직영기업이다. 직영기업의 재정은 자치단체의 특별회계로 운영한다. 그리고 요건을 충족하는 경우, 직영기업 특별회계에서는 지방채를 발행할 수도 있다. 상수도과니 등 사업을 광역적으로 처리하기 위해 필요한 경우에는 다른 자치단체와 함께 지방자치단체조합을 결성할 수도 있다.

② 자치단체가 50% 이상을 출자한 독립법인 형태의 "지방공사"가 있다. 도시교통공사, 도시개발공사 등 00도시00공사의 명칭을 가지고 있다. 직원은 지방공무원 신분이 아니다. 그러나 자치단체는 자체소속의 공무원을 공사에 파견 또는 겸임할 수 있다. (예, 서울주택공사 혹은 SH공사) 회계처리는 기업회계에 따라 하고, 지방공기업평가원에서 경영 평가를 받는다.[9]

③ 자치단체의 고유업무이지만 이것을 전문성을 갖춘 기관에 위탁하여 수행하는 경우가 있다. 이런 위탁사업을 수행하는 기관을 "지방공단"이라고 한다.(예, 시설관리공단, 경륜공단 등)

이상 3 유형의 지방공기업들에 대한 구체적인 정보는 cleaneye.go.kr에서 검색할 수 있다. 이들의 1년 예산 총계는 약 61조 원이다.(2020년 기준) 그리고 자산총계는 209조 원이지만, 영업이익 총계는 적자로서, 3조 5천억 원 손실이다.

이밖에 지방공기업법이 아니라 "지방출자출연기관의 운영에 관한 법률"에 따라 설립되는 공공기관들이 매우 많다. (예, 지방관광공사, 관광재단 등)

4. 공공기관의 기능과 역할

공기업은 ① 공공수요가 크지만, 민간부문의 자본이 부족할 때, ② 해당 사업의 독점성이 강할 때, ③ 정부의 경직된 관료제를 탈피하여 경영 효율화가 필요할 때 설립한다. 그리고 ④ 사회적 목적, 즉, 국가 안보나 낙후지역 개발을 위한

---

9 응용(7지18): 모든 지방공기업이 지방공기업평가원의 경영 평가를 받는 것은 아니고 ① 지방공사 ② 지방공단, 그리고 ③직영기업 중에서 상하수도 공사만 경영평가를 받는다.

공기업을 설립하기도 한다.[10] 공기업은 독과점의 폐해를 억제하면서, 국민에게 상대적으로 저렴한 요금으로 서비스를 제공하고, 정부의 재정수입을 일부 조달하는 기능을 한다.[11] 이밖에 공기업은 자본주의 시장을 보완해주는 역할도 한다. 공기업은 보통 대량의 원료공급자이기도 하며, 대규모 지출을 하는 공기업은 민간기업의 중요한 매출처이기도 하다.

5. 공기업 민영화의 논란

관료제(bureaucracy)란 대규모 조직을 운영하는 원리로서 이것이 비단 정부에만 적용되는 것은 아니다. 공공조직이든 민간기업이든 조직 규모가 커지면, 이것을 효율적으로 운영하기 위해 관료제가 필요하다. 그러나 효율성을 보장하는 관료제가 아이러니하게도 비효율을 야기하기도 하여, 항상 양면성을 가지고 있다.

공기업을 비롯한 공공기관도 규모가 커지면 커질수록, 관료제도 강화하고 또 동시에 탈관료제도 추진하여야 한다. 이 비율을 잘 조절하지 못하면 비효율이 지배하곤 한다. 주인인 국민 보다 대리인인 공기업/공공기관이 국민 이익 보다는 직원 이익에 매몰된다는 주인-대리인 이론(principal-agent theory)도 있다.

공기업이 관료제 문제를 해결하지 못할 때, 늘 제기되는 것이 공기업 민영화이다. 민간의 경쟁체제를 도입하여 성과를 올리자는 주장이다. 일본의 경우, 철도 서비스를 민영화하여 사철(私鐵)로 운영화하고 있으며, 영국도 철도 서비스를 상당부분 민영화하였다. 미국도 주정부에 따라서는 전기 사업을 민영화 하였고, 한국도 대한항공의 민영화, 포항제철의 민영화 등의 경험이 있다.

그런데 본질적으로 독점기업인 공기업들을 민영화하는 것이 만병통치는 아니다. 가장 큰 문제는 민영화 후 요금의 인상과 공공서비스의 공급량 감소이다.[12]

---

10 응용(7지08): 공기업의 수입 중 일부는 정부의 재정수입이 된다.

11 응용(9국21).

12 응용(7국12): 독점기업(monopoly)의 가장 큰 문제점은, 기업의 이윤극대화를 위하여 공급량을 줄인다는 점은 기본적인 경제원론이다. 공기업 또는 공공기관은 독점적 기관이므로 이들을 민영화하면 독점의 문제점이 그대로 드러나게 된다.

철도의 예를 들면, 민영화되면 당연히 요금이 인상된다. 그리고 수익률이 낮은 시간대의 운행을 줄이게 된다. 이밖에 민영화 과정에서 특수계층에게 이익이 돌아갈 수 있고,[13] 민영화가 국민주 방식으로 이루어지면, 소액주주가 너무 많아져서 민영화한 기업에 대한 감시가 어려워질 수도 있다.

유승원 교수(2020)은 박정희 정부부터 문재인 정부까지(1962~2021년) 한국 정부의 민영화 현황을 소개하고 민영화 정책을 계획측면, 실행측면, 성과 및 환류측면에서 평가하였다. 그에 의하면 그동안 우리정부의 민영화 정책은 긍정적인 평가도 존재하지만 부정적인 평가가 상당수를 차지한다. 민영화 추진시 목표와 전략을 명확히 설정하지 않았거나, 즉흥적으로 추진하였다. 계획대로 이행하지 못한 경우도 다수 있었다. 국민경제 전체에 미치는 영향과 공공성 등을 고려하지 않은 채 민영화하였다.[14]

6. 공공기관 예산과정의 특징

정부의 예산은 기획-편성-심의-집행-결산의 과정을 거침은 이미 제4장에서 설명한 바 있다. 이런 예산과정은 정부 뿐 아니라 민간기업도 대동소이하고 공공기관도 마찬가지이다. 그러나 공공기관의 경우는 공공부문 전체로 보면 산하기관에 해당하기 때문에, 나름대로 거쳐야 할 예산과정이 조금 복잡하다.[15]

① 예산안편성지침: 기획재정부의 공공기관운영위원회에서는 "예산과 자금에 관한 사항"에 관한 지침을 마련하고, 이를 각 공공기관에 통보한다. 지방 공공기관에 대해서는 행정안전부에서 지침을 통보한다.
② 예산안 편성: 공공기관장은 경영목표와 경영지침을 반영하여 다음 회계연도의 예산안을 편성한다.

---

13 **응용(7국15):** SK텔레콤 및 SK이노베이션의 전신은 공기업인 한국이동통신과 유공이었다.

14 구체적인 내용은 유승원(2022) 제11장 참조.

15 이하의 내용은 강태혁(2010), pp.450-467 참조.

③ 이사회 의결: 공공기관의 예산안은 (의회가 아닌) 이사회에 제출해서 승인을 받아야 한다.

④ 주주총회, 심의회, 또는 주무기관장의 승인: 공공기관의 성격에 따라서는 이사회 의결 후 주주총회에서 다시 의결을 받아야 하는 경우도 있다. 또한 공공기관은 주무기관장 또는 기획재정부 장관의 승인을 받아야 한다. 회계연도 개시 시점까지 예산이 성립하지 않으면, 준예산을 적용한다.

⑤ 예산집행: 기획재정부 또는 행정안전부에서 통보하는 예산집행지침은 1) 일반지침과 2) 항목별 집행지침으로 구성되어 있다.

⑥ 결산: 공공기관들은 기업회계기준에 따라 결산서를 작성한 후, 민간기업들처럼 회계감사인의 회계감사를 받아야 한다. 그리고 회계감사서를 첨부하여 결산서를 상급기관(기획재정부 장관, 주무 장관, 자치단체장 또는 행정안전부 장관 등)에게 제출하여야 한다. 그 다음 감사원의 결산 검사를 거쳐 의회 의결을 받음으로써 결산이 완료된다.

⑦ 경영평가 등 : 각 공공기관들은 매년 3~6월에 경영평가를 받아야 한다. 1) 경영진의 리더십과 전략, 2) 경영시스템, 3) 경영성과에 대한 지표별로 평가가 이루어지는데, 평가결과는 인사조치, 성과급지급, 예산환류 등 세가지 방법으로 활용된다. 경영평가 결과를 가지고, 경영진의 해임 등을 건의할 수 있다.[16] 성과급의 차등 지급되며, 우수기관과 부진기관은 각각 내년도 경비예산 중 일부를 증액 또는 감액할 수 있다. 지방 공공기관에 대해서는 한국지방공기업평가원에서 경영평가를 실시한다.

---

16 응용(9지17): 공공기관의 경영평가가 부진하다고 하여 이를 민영화나 기관 통폐합의 근거로 삼거나 하지 않는다. 오직 인사 및 예산상의 불이익을 줄 뿐이다.

국민에 대한 공공서비스의 제공은 정부의 핵심 역할이다. 그러나 공공서비스를 정부기관만이 제공해야 할 필요는 없다. 가능하다면 그 기능을 민간에게 넘길 수도 있고, 제3섹터를 이용하는 방법도 있다.

제3섹터의 종류 역시 매우 다양한데, 그 중에서도 수익형 민자사업(BTO)와 임대형 민자사업(BTL)에 주목할 필요가 있다.

1. BTO

BTO는 사회간접자본의 시설을 민간자본으로 건설하고(Build), 시설물이 완공되면 소유권은 정부에 넘기고(Transfer), 그 대신 약 30년 정도의 운영권(Operation)을 받아서 통행료, 임대료, 사용료 등에서 수익을 내는 방식을 말한다. 대안으로 BOT도 있는데, 이것은 민간이 건설(B)하고, 소유권을 확보한 상태에서 운영하여(O), 사용 계약기간이 종료되면 소유권을 정부에 이전하는(T) 방식이다.

양자의 차이점은 예를 들어 고속도로의 소유권이 누구에게 있느냐 하는 것으로서, 만약 BOT 방식으로 유료도로를 건설하였다면, 이 민간회사는 이것을 기초로 융자도 받을 수 있고, 또 주식시장에 상장도 할 수 있어서 재정적으로 유리하다. 그러나 다소 보수적인 한국 정부는 고속도로 등의 소유권을 민간에게 줄 수는 없다는 입장이며, 그래서 생기는 재정적 손실을 민간에게 보조금으로 주는 방식을 취한다. 일반적으로 총사업비의 약 30%를 정부에서 지원하는데, 이중 대부분은 토지수용비로 사용되고, 약 10%는 건설비 보조로 사용된다.[17]

이 제도를 처음 적용한 사례는 인천국제공항고속도로이다. 이어서 컨테이너선 전용의 부산신항 등이 있다. 공공시설 건설에는 막대한 자원이 소요되는데, 민간

---

17 응용(7지18).

사업자들은 그 자금을 프로젝트 파이낸싱(PF, project financing) 방식으로 조달한다. 보통 은행 등 금융기관에서 융자를 받을 때는 부동산 등 담보를 요구한다. 그러나 BTO에서는 민간투자사업자가 공공시설에 대한 소유권을 갖고 있지 않고, 운영권만 갖기 때문에, 운영권(즉, 사업성)을 담보로 융자를 받아 건설에 임한다.[18, 19]

(1) BTO with MRG

　BTO 제도의 시행 초기에는 민간투자사업의 성공여부가 불투명해서, 정부가 최소수입보장제도(Minimum Revenue Guarantee, MRG)를 적용하였다. 즉, 민간투자로 건설한 시설의 이용자 숫자가 예상보다 70%보다 적다면, 정부가 손실분을 보전한다는 것이다.

　이런 유인책에 힘입어 한때 민간투자사업이 활발하였다. 하지만 MRG 보상금액이 너무 커지자, 차라리 정부재원으로 공공시설을 건설하는 것이 더 저렴하다는 반론이 제기되었다. 정부예산으로 사회간접자본 시설을 건설하는 것을 "재정사업"이라고 하는데, 민간투자사업으로 건설된 시설 이용료(통행료)는 재정사업의 그것 보다 훨씬 비싸다는 것도 민원의 대상이 되었다.

(2) BTO without MRG

　정부는 2000년대 초반에 MRG를 폐지하였다. 민간투자회사들은 정부의 수입보전(MRG) 없이 수익을 올려야 했다. 그러자 민간자본의 투자 의지가 없어져서, 오직 2개의 고속도로만이 MRG 없이 건설되었다. 소위 제2영동고속도로라고 불리는 광주원주고속도로가 그 중의 하나이다.[20]

---

18 생명보험회사 사업특성상 장기간의 높은 확정금리 대출을 선호하기 때문에, BTO 사업의 후순위채에 많이 투자하고 있다.

19 배득종 외. 1995. 민자유치론. 박영사.

20 광주원주고속국도에 대한 사례연구는 Ryou(22) 참조.

(3) BTO-rs와 BTO-a

민간투자사업이 너무 저조 하자, 정부는 새로운 제도를 만들었다. 정부와 민간이 투자도 반반, 위험도 반반, 수익도 반반 나누자는 BTO-rs(risk sharing) 제도이다. 그러나 BTO-rs 역시 호응도가 떨어져서, 이번에는 정부가 75%, 민간이 25% 투자하는 BTO-a 방안도 제시하였다. 물론 이것 역시 투자가 활성화되고 있지 않다.[21]

2. BTL

BTO가 주로 도로, 항만, 터널 등 사회간접자본시설을 민간자본으로 건설하는 것에 반하여, BTL은 학교, 기숙사, 도서관, 박물관 등의 건조물을 대상으로 한다. 민간자본으로 건물을 건설(B)하고, 완공시 소유권은 정부로 이전(T)하며, 그 대신 정해진 기간 동안 임대료(L: Lease)를 받는 사업이다. BTO는 사용료(통행료)를 주 수입원으로 하고, BTL은 임대료를 수입원으로 한다는 차이점이 있다.

이 사업 역시 프로젝트 파인낸싱(PF) 방식으로 재원이 조달된다. 그러나 BTO에 비하여 사업 위험성이 낮은 부동산임대업이므로 수익성이 BTO보다는 낮다. 그 대신 임차인이 주로 정부, 공공기관 등이므로 민간사업자 입장에서는 안정적인 수익을 장기간 확보하는 장점이 있다.

사용자인 정부 입장에서는 부족한 예산 상황에서, 신속하게 많은 공공서비스를 제공할 수 있다는 장점이 있다.[22] 시민의 입장에서도 비용을 조금 더 지불하는 대신, 해당 서비스를 조금 더 일찍 받을 수 있는 시간 이익이 있다. 시간 이익이 매우 중요한 이유는, 인생은 유한하기 때문이다.

---

21 Ryou. 2022. Financial and Social Cost Benefit Analysis of Public Private Partnership without Minimum Revenue Guarantee: A Case Study on Gwangju-Wonju Expressway. 연세대학교 박사학위 논문.

22 응용(7지18 & 9국12 & 9국09): BTO나 BTL 모두 시설에 대한 소유권은 정부가 갖는다. 그 대신 민간사업자들은 일정 기간의 운영권을 갖는다.

민간위탁(contracting out)

사바스(E. S. Savas) 교수는 공공서비스의 생산자와 공급자를 감안한 택소노미를 다음과 같이 제시하였다. 이를 통해, 공공서비스란 정부에 의해서만 생산/공급되는 것이 아니고, 민간을 통해서도 생산 또는 공급되는 방법이 많다고 하였다.[23]

민간보조금은 정부가 할 일을 민간에게 시키면서 거기에 필요한 재원을 공급하는 방식인데(예, 교수들의 연구비 지원), 보조금으로 지원받은 결과물에 대한 소유권은 민간이 갖는다.

프랜차이즈(또는 면허권)은 어촌계의 사례처럼, 일정 구역에서 공공서비스를 제공하는 배타적 권리를 말한다. 어촌계는 해당 지역의 생태계와 환경을 보존하며, 이를 침해하는 어로행위를 할 수 없다.

바우처(Voucher) 방식은, 후술 하겠지만, 쿠폰을 지급함으로써 소비자의 선택과 권한을 향상시킨다. 공공서비스에서 을(乙)의 입장인 시민 소비자를 어느 정도 갑(甲)으로 만들어주는 장점이 있다.

이 중에서도 민간위탁은 정부가 할 일을 민간이 대신 생산하도록 하는 것이다. 물론 정부가 서비스 공급 결정을 하고, 거기에 소요되는 재원도 지불한다. 단지

〈표 7-2〉 공공서비스 택소노미

공공서비스 유형 구분		공급자	
		정부	민간
생산자	정부	전통적인 행정	조달/계약
	민간	민간보조금 민간위탁 프랜차이즈 바우처	자원봉사 자가공급

---

23 응용(9국18 & 7국09): 자원봉사 및 자가공급은 민간이 공급을 결정하고, 민간이 서비스를 생산하는 공공서비스 제공 방식으로서, 비용부담은 자체 해결을 원칙으로 한다.

서비스 생산과 집행을 민간에게 맡기는 방식이다.

즉, 책임은 정부가 지고, 생산을 민간이 대행하는 것이 민간위탁(contracting-out 또는 out-sourcing)인데, 인원감축의 방편으로 사용되기도 한다. 이런 문제점에도 불구하고, Savas의 연구(1987)에 의하면, 민간위탁 계약이 비용절감 효과도 있고, 서비스 품질도 떨어지지 않는다고 한다. 하지만 이와 반대되는 결과도 많은 사례에서 발견되고 있다.[24]

제 4 절 바우처 제도

바우처는 쿠폰(coupon)이다. 특히 사회서비스 분야에서 사용하는 방식들 중 하나이다. 복지, 의료, 고용, 교육 등 각종 사회서비스가 대상이 된다.

정부가 사회서비스를 제공할 때 사용하는 전통적인 방법은 ① 정부기관이 그 서비스를 직접제공하거나 ② 위탁기관이나 보조금사업자가 서비스를 제공한다. 그러면 ③ 서비스 소비자는 서비스제공자가 요금을 지불하거나 또는 요금지불을 면제 받는다. 그런데 문제는 사회서비스 제공자의 품질에 불만이 있더라도, 소비자가 할 수 있는 일은 그리 많지 않다.

이에 비해 바우처 제도는 시군구에서 사회서비스 수혜자를 지정하면 정부가 수혜자에게 구매권(voucher)를 준다. 수혜자들은 여러 서비스제공자들 중에서 자신이 서비스를 선택한다. 따라서 수혜자에게 선택받지 못한 사회서비스 제공자는 도태될 것이라서, 품질 향상에 노력하게 된다.

이 시스템에 의하면, 정부는 사회서비스 제공자에게 보조금 등을 지급하던 기존의 관행에서 벗어나, 수혜자에게 직접 돈(구매권)을 주는 것이나 마찬가지가 된

---

24 이성로(2003. 민간위탁의 과정과 효과. 행정논총 43권4호)에서 쓰레기, 상하수도, 청소년 수련관 등 지방서비스의 민간위탁에 긍정적인 효과가 있다고 한다. 그러나 임도빈과 정지수.(2015. 공공기관 위탁의 허실. 한국행정연구. 24권3호)는 부작용도 있음을 기술한다.

다. 물론 수혜자로부터 바우처를 받은 사업자에게 정부가 비용을 지급하게 되겠지만, 실제로는 소비자가 직접 소비하는 것과 마찬가지 효과를 가져온다.[25]

이렇게 되면 사회서비스 수혜자가 甲이 되고, 서비스 제공자가 乙로 전환된다. 요즘은 IT 기술의 발달로 전자바우처 제도를 활용하며, 바우처를 쿠폰으로 받거나 포인트로 받을 수 있다. www.ssis.or.kr에서 서비스제공기관을 찾을 수 있다. 2020년 1년 동안 집행된 금액은 2조 3천억 원에 달한다.

제 5 절   공무원연금제도

누구에게나 다가오는 은퇴 후의 생활에서 연금은 매우 중요하다. 일반적으로 "3층 연금체계"가 있는데, 1층은 정부가 보장하는 연금이고, 2층은 기업의 퇴직연금, 그리고 3층은 개인의 연금저축 등이다.

1층 연금은 공적연금이라고도 하는데, 거기에는 국민연금, 공무원연금, 군인연금, 그리고 사립학교교직원연금이 있다. 사립학교교직원연금은 공무원연금과 연동되어 있어서 사실상 공무원연금과 대동소이하다.

공무원연금은 박정희 대통령 때인 1960년에 설립된 최초의 공적연금제도로서 사회보험의 원리에 부양원리가 혼합되어 있다. 부양원리가 포함된 이유는 당시의 공무원 봉급수준이 낮았고, 공무원이 은퇴 후에도 가족들이 최소한의 품위를 유지할 수 있어야 한다는 취지가 있었다.[26]

현재 약 100만 명의 국가공무원과 지방공무원이 가입되어 있으며, 선거직인 대

---

25 배득종 외. 2010. 사회서비스 선도사업 성과분석을 통한 발전방안 연구. 한국사회서비스관리원.

26 응용(7국16): 그래야 공무원이 시민들의 모범이 되고, 또 근무 시에 부정부패의 유혹을 뿌리칠 수 있다고 보았다. 또 너무 낮은 수준의 봉급을 퇴직 후에 보충해준다는 보수후불설도 있기는 하다.

통령, 국회의원은 공무원 연금의 대상이 아니다. 그러나 임명직인 장관은 대상이 된다.[27] 다만, (직업)군인은 별도로 만들어진 군인연금을 받는다.

퇴직연금액은 재직기간 1년당 평균기준소득월액의 1.7%에 상당하는 금액으로 하지만, 실제 산정에 있어서는 매우 복잡한 기준들이 적용된다. 대체로 30년 근속 공무원의 퇴직연금액은 월 300여만 원이라 할 수 있는데, 실제로는 변수가 많이 있다. 그리고 공무원연금 수령액이 국민연금 수령액에 비하여 상대적으로 고액이라고 알려져 있지만, 거기에는 고려할 요소가 많다. 첫째, 공무원연금제도는 1960년에 만들어졌고, 국민연금은 1990년대 후반에 본격화되어 아직 성숙 초기에 있다. 따라서 연금 납입기간에 큰 차이가 있어서 연금수령액도 차이가 난다. 둘째, 국민연금을 도입할 때 민간기업 종사자들은 퇴직금 중간정산을 받았지만, 공무원은 그렇지 않았다. 민간이 받는 국민연금 수령액도 시간이 지남에 따라 150만 원, 200만 원, 300만 원으로 점차 증가할 것이다. 셋째, 민간은 투 잡, 쓰리 잡도 할 수 있지만, 공무원은 영리행위를 할 수도 없고, 각종 투자에 있어서도 평생토록 많은 제약을 받아왔다.

그러나 이런 차이에 대한 논란도 점차 사라질 수 밖에 없는데, 요즘 신규채용 공무원의 경우에는 공무원연금이나 국민연금이나 큰 차이가 없다. 장차 두 연금을 통합하는 방안도 제시되고 있다. 그러나 국민연금의 장기적 전망은 그리 밝지

국민연금과 공무원연금의 월 수령액

2022년 현재 국민연금 수령액은 공무원 연금 수령액 보다 작다. 그러나 국민연금의 성숙도가 올라가면서 수령금액도 같이 올라가고 있다. 예를 들어, 67세인 A 씨는 젊은 시절 340개월간 총 8,720만 원을 납부하였고, 이제는 매월 237만원을 수령한다(매일경제. 2022.2.13.). 유사한 연세의 공무원 퇴직자가 수령하는 약 300만 원에 근접해가고 있다. 국민연금이 성숙되어 갈수록 양자의 격차는 줄어들 것이다.

---

27 응용(7국11 & 7지20 & 7지09): 선출직인 자치단체장과 의방의원들도 공무원연금의 대상이 아니다.

않은 상황이다.

우리나라 공무원연금은 기금제(pre-funding system)를 도입하고 있다. 즉, 제도를 도입할 때 기금을 먼저 만들고, 매년 납입금과 이자 수입 등을 통해 연금을 지급하는 방식이다. 따라서 제도의 큰 틀은 기금제이고, 이 기금에 대한 재원조달은 현직 공무원이 일정부분 납부를 하는 기여제(contributive system)로 운영된다. 인사혁신처가 주무부처이며, 공무원연금관리공단이 집행을 담당하는데, 연금 기금의 관리가 복잡하고, 이에 따른 관리비용이 많이 소요된다.[28]

연금기여금의 납부나 퇴직연금 지급 방법들은 간헐적으로 바뀌고 있는데, 전반적인 방향은 납부금을 더 내고, 수령은 적게 하는 추세이다.

제 6 절　재정사업자율평가 vs. 정부업무평가

1. 재정사업자율평가

현재 정부에서 실시하는 분석 및 평가의 가짓수가 대단히 많다. 환경영향평가, 공공기관경영평가, 정부혁신평가 등등. 심지어 행복영향평가제도를 도입하자는 지방자치단체들도 있다.

이 중에서도 가장 중요한 평가제도는 기획재정부가 주관하는 재정사업자율평가제도와 행정안전부 및 국무총리실에서 주관하는 정부업무평가가 있다. 둘 간에 가장 큰 차이는 평가 대상이다. 정부의 많은 사업들을 굳이 둘로 나누자면 ① 재정사업과 ② 비재정사업이 있다. 재정사업은 말 그대로 그 사업을 추진하는데 상당한 재원이 소요되는 사업들이다. 비재정사업은 규제 제정 등 재원 소요가 많지

---

28 응용(7국19 & 7국11): 우리나라 공무원연금은 비기여제(non-contributory system)을 채택하고 있지 않다. 이것은 공무원이 연금 기여금을 납부하지 않고, 전액 국가에서 책임지는 방식이다.

않은 사업들을 말한다.

　중앙행정기관의 재정사업에 대한 주무관청은 당연히 기획재정부여서, 기획재정부 장관이 지출부처들의 재정사업자율평가를 주관한다.(나중에 이 제도는 핵심사업집중평가제도로 변화하고 있다. 이 책의 제3장 제3절의 4 참조.)

　지방자치단체의 재정사업에 대한 평가는 1차로 자치단체장이 주관하고, 그 다음 행정안전부 장관이 주관하는 지방재정분석제도가 있다.

2. 정부업무평가

　행정안전부는 지방재정에 대한 평가를 할 뿐 아니라, 모든 중앙행정기관의 비재정사업에 대한 평가도 한다. 왜 그러냐 하면, 행정안전부가 만들어진 역사를 알아야 한다. 과거에는 총무처가 있어서 모든 행정기관의 조직과 운영에 관한 사항들을 관장하였다. 그런데 나중에 지방자치단체 및 경찰과 소방을 관할하는 내무부와 총무처가 통합하여 행정안전부를 신설하였다. 따라서 행정안전부의 과거 총무처 기능에 입각하면, 비재정사업에 대한 평가를 담당하는 것이 지극히 당연하다.

　그런데 문제는 재정사업/비재정사업의 경계가 모호할 때가 많아서 기획재정부와 행정안전부 간에 평가업무의 조정이 잘 안 되고 협조가 안 될 때가 있다. 그래서 두 부처의 상위기관인 국무총리실에서 정부업무평가를 주관하며, 정부업무평가위원회를 구성한다.[29]

　위원장은 당연히 국무총리이며, 민간위원 중 1인이 공동위원장을 역임한다. 기획재정부장관, 행정안전부장관 및 국무조정실장이 정부위원이며, 다수의 민간위원이 있다.

29　응용(9지18 & 9지17): 도시개발이나 지역개발 시 반드시 거쳐야 하는 환경영향평가는 역사가 아주 오래되어서, 1977년부터 시행되고, 2009년에 환경영향평가법이 마련되어 현재에 이르고 있다. 환경영향평가는 정부업무평가의 대상이 아니다. 지방공기업에 대한 평가는, 앞에서 지방공기업을 다룰 때 이미 설명하였듯이, 행정안전부장관이 설립한 한국지방공기업평가원에서 주관한다.

정부업무평가란 국정운영의 능률성, 효과성 및 책임성을 확보하기 위해 각각의 정부기관들이 자신의 정책 등을 평가하는 것이다. 평가대상은 중앙행정기관, 지방자치단체, 공공기관을 망라한다.[30] 각 기관은 평가를 함에 있어서 자율성과 독립성을 보장받아야 하는 것이 원칙이다.(정부업무평가기본법 제7조)

1) 중앙행정기관에 대한 평가는 ① 자체평가와 ② 특정평가가 있다. 각 중앙행정기관은 자체평가위원회를 두어, 소관의 주요 정책, 재정사업, R&D 사업, 행정관리역량(조직·인사 등)에 대하여 자체적으로 평가하고 이를 보고한다.[31] 특정평가는 국무총리가 국정을 통합적으로 관리하기 위한 주요 정책 및 기관역량 등을 평가하는 것이다.[32]

2) 지방자치단체에 대한 평가는 ① 자체평가(중앙과 동일)와 ② 국가위임사무 및 보조금사업에 대한 합동평가가 있다.[33] 합동평가란 행정안전부장관이 관계중앙행정기관의 장과 합동으로 평가한다는 뜻이다.(정부업무기본법 제21조)

3) 공공기관에 대해서는 공공기관의 경영실적, 연구실적 등에 대하여 외부기관이 평가를 한다. 이점은 자체평가를 중요시하는 중앙행정기관의 평가와 다르다. 외부평가는 통상 주무 중앙행정기관의 장 또는 그가 위임한 기관에서 평가를 실시한다. 평가대상에는 지방공기업도 포함된다.[34] (이상 정무업무평가기본법의 주요

---

30 응용(9국10): 중앙행정기관의 소속기관에 대한 평가는 소속기관과 주무 중앙행정기관을 통합하여 실시한다.

31 이를 위해 각 기관장들은 중장기계획을 세워야 하는데, 이를 "성과관리전략계획"이라고 한다. (정부업무평가기본법 제5조)

32 응용(9국22): 공공기관은 정부업무평가의 대상이기는 하지만, 특정평가의 대상은 아니다.

33 응용(9국12): 중앙행정기관의 자금지원으로 추진되는 지방의 국고보조금 사업은 정부업무평가기본법에 따라 중앙행정기관 합동으로 평가를 하는 합동평가의 대상이다.

34 응용(9국17): 지방자치단체합동평가위원회의 위원장은 위촉직으로서 행정안전부장관이 역임한다. 당연직 위원으로는 행정안전부 지방행정국장이 있고, 다수의 전문가들이 위촉직 위원으로 위촉된다. RE100.

내용임)

　정부업무평가 결과는 해당 기관의 조직, 예산, 인사 및 보수체계에 연계하거나 반영하여야 한다. 예산의 경우, 중앙행정기관장이 다음 해 예산요구에 평가결과를 반영하여야 하며, 기획재정부장관 역시 이를 다음 연도 예산편성시 반영하여야 한다.(기본법 제8조)　그 뿐 아니라 평가결과, 정책에서 문제점이 발견되면, 자체 시정조치나 자체 감사를 하고 그 결과를 위원회에 제출하여야 한다. 반대로 평가결과가 우수하면, 소속 부서, 기관 또는 공무원에게 포상, 성과급 지급, 인사상 우대 등의 조치를 한다.(기본법 제29조와 제30조)[35]

---

35 **기본법과 개별법.** 어떤 법이 있으면 그 법의 세부적인 내용을 다시 정해 놓는 것이 개별법이다. 원래의 모법을 기본법이라고 한다.

제 **8** 장

재정관련 이론들

제 1 절   서론

보통의 저서들은 여러 가지 이론을 소개하는 것으로 시작한다. 그러나 이 책은 제목에서 시사하듯이 "실용"을 중요시하여서, 현실적인 재정과 예산의 문제들부터 살펴보았다. 그리고 또 한 가지 중요한 이유는, 오래 전에 V. O. Key.Jr 교수가 얘기 했던 것처럼 "예산에는 이론이 없다"는 생각에서였다.

넘치고 넘치는 게 각종 이론들인데, Key 교수가 언급한 이론이 없다는 주장은 다소 당황스럽다. 그는 "A라는 사업에 얼마의 예산을 편성하고, B라는 사업에는 또 얼마를 편성할 것인가"하는 질문에 답할 수 있는 이론이 없다고 하였다.

그러나 그의 주장은 1940년대 당시 이야기이고, 지금은 이 질문에 대한 명확한 답이 있다. 그것은 $MRS_{AB} = MRT_{AB}$ 이다. 두 재화의 한계대체율이 두 재화의 한계변환율과 같아질 때 효율성이 달성된다는 것으로서, 모든 경제원론에 잘 설명되고 있다. 사실 이 공식은 Key 보다 훨씬 오래 전에 정립된 것인데, 정부예산 부문에 잘 활용이 안 되었던 것이다.

다만, MRS＝MRT를 현실 세계에 적용하는데 많은 어려움이 있다. 정부예산과 관련된 사람의 숫자가 너무 많고, 관련된 이슈 역시 너무 많아서 Arrow가 말한 "불가능의 영역"에 놓여 있는 것이 예산문제이다. Arrow는 단 세 명이서 3개의 주제만 가지고 재원배분을 해도 유일무이한 해답을 찾을 수 없다고 하였다. 그런데 실제 세계에서는 수많은 관계인이, 역시 수많은 사업에 대하여 예산을 배분한다. 결국 유일무이한 예산배분의 해법은 구하지 못한다는 것이다. 그러나 "단 하나의 유일무이한 사회적 배분"을 찾는 것은 불가능할 뿐 아니라 바람직하지도 않다. 만약 그런 하나의 정답이 있다면, 그게 어디 살만한 세상이겠는가.[1]

그래서 정부예산 분야에서는 어떤 grand theory를 추구하기 보다는, 국가적 현안이 생기면, 그것을 설명하고, 원인을 찾아서, 문제를 개선하는 방안을 제시하

---

[1] 보다 상세한 내용은 배득종.유승원. 2016. 신재무행정. 박영사. pp.73-79. 참조

는 쪽으로 "이론을 활용"한다. 이론 개발이 아니라 이론 활용에 더 방점을 많이 두는 것이 이 분야이다.

다음에서는 정부실패의 문제, 공공재 관련 이론, 예산점증주의 이론, 공공선택론, 공공성으로서의 정의, 신자유주의와 신공공관리 등 재무행정 분야에서 많이 언급되는 개별 이론들을 설명한다.

제 2 절　시장의 실패와 정부의 실패

(1) 시장의 실패

시장의 실패란 용어는 이미 상식적인 용어가 되었다. 시장의 실패를 한 마디로 요약하면 무엇이겠는가? 가격의 실패라고 하는 것이 좋겠다. 자유경제 시장이론에 따른 가격이야말로 "보이지 않는 손"이어서, 모든 것을 조화롭게 조율해준다.

그런데 현실 세계에는 보이지 않는 손(가격)이 잘 작동하지 않는 경우가 아주 많다. 우선, 따뜻한 햇볕. 가격이 얼마인가? 사랑과 행복. 이것은 얼마짜리인가? 남북 평화통일 협상, 국민 안전, 공정한 세상, 막히지 않는 도로교통 등등.

암흑물질(dark matter)이 우주 전체의 무게 중 95%를 차지하고, 우리가 아는 물질의 무게는 고작 5%에 불과하다고도 한다. 마찬가지로 우리들의 일상 생활에서 시장과 가격이 차지하는 비중은 오히려 작다. 그것보다는 가격 원리가 작동하지 않는 시장실패의 비중이 훨씬 더 크다.

일반적으로 시장실패는 ① 공공재(공개재)의 존재, ② 외부효과,[2] ③ 정보의 비대칭성 등으로 발생한다. 공공재는 누구에게나 공짜인데, 누가 돈을 내겠는가?

2　응용(9국15): 외부효과의 문제를 해결하기 위해서는 1) 소유권을 명확히 한다거나, 2) 세금을 부과하거나, 3) 보조금을 지급하는 방식이 있다. 경제학자 피구(Pigou)는 환경침해 배출물에 대하여 세금을 부과하여야 한다고 하였다. 예) 스타벅스의 일회용컵 사용료 등.

어떤 일을 하면, 그것의 파급효과가 항상 있다. 베이징에서 나비가 날개짓을 하면, 뉴욕에 비가 온다는데, 뉴욕에 사는 사람들은 누구에게 비 피해를 보상청구해야 하는가?(외부효과) 정보를 많이 갖고 있는 사람들이 왜곡시킨 가격을 보통 사람들은 왜곡된 줄도 모르고 받아들이고 있지는 않은가?[3]

다들 시장, 그러면 완전경쟁시장을 떠올린다. 완전경쟁시장에서는 가격의 자율적 조정기능에 따라서 자원배분이 효율적으로 이루어진다고 한다. 그렇다면 완전경쟁시장에서 팔리는 상품은 어떤 것들이 있을까? 브랜드 이름이 없는 보통 쌀, 그밖에 어떤 것들이 있을까? 일단 브랜드가 없어야 한다. 브랜드가 붙는 순간 그것은 독점적 경쟁시장의 상품이 된다. 애플이나 삼성 제품은 완전경쟁 상품이 아니라 독점적 경쟁 상품이다.[4] 노루표 페인트도 독점적 경쟁 상품이고, 연세대학교도 독점적 경쟁 상품이며, 이 책도 독점적 경쟁상품이다.

완전경쟁시장이 되려면 수많은 생산자가 있어야 하고, 수많은 소비자가 있어야 한다. 그리고 정보가 완전히 공개되고, 브랜드 이름도 없어야 한다. 그냥 쌀은 경쟁시장의 상품이지만, 철원 오대쌀은 독점적 경쟁상품이 된다. 또 완전경쟁시장에서는 영업활동으로 인한 수익률이 시장금리 정도여야 한다. 이런 완전경쟁시장은 현실적인 시장이라기보다 가상 시장이라고 할 수 있다. 사실 완전경쟁 상품도 몇 개 되지 않는다.

현실적인 시장은 여러 가지 이유로 이상적인 완전경쟁시장과 동떨어질 수밖에 없다. 그런 만큼 가격의 자율조정 기능도 이상적으로 잘 작동하지 않는 경우가 많다. 이것을 시장의 실패라고 한다.

시장의 실패란 한마디로 말하면 "가격의 실패"와 동일한 말이다.

---

3 필자의 박사학위논문은 이 주제와 관련이 있다. Tax-cost Misperception of Publicly Provided Goods: The Existence and Magnitude of Misperception in the School District Referendum. NASPAA. 1990.

4 현실세계에서 완전경쟁시장 상품은 적으나 이론은 많다. 반대로 현실 세계에서는 독점적 경쟁상품이 훨씬 더 많다. 그러나 이 분야의 이론은 빈약하다. 보다 자세한 내용은, 배득종. 공유재 이론의 적용 대상 확대. 한국행정학보. 2004 참조.

(2) 정부의 실패

시장이 실패하는 곳에 정부가 개입하곤 한다. 그렇다면 정부가 개입하면 가격의 자율조정기능이 충분히 회복하는가? 정부가 개입한 결과로 생겨난 새로운 가격은 효율적인, 특히 Pareto efficiency를 달성할 수 있을까?

정부는 시장실패를 교정하기 위하여 다양한 방법으로 개입을 한다. 우선 ① 시장이 독과점기업 등에 의해 왜곡되지 않도록 공정거래 질서를 확립하고자 한다. ② 각종 규제를 적용한다. 가장 보편적으로 많이 사용되는 방법이다.[5] ③ 누진세 등의 세금을 부과한다. ④ 외부불경제를 보완하기 위한 보조금을 지급한다. ⑤ 필요한 재화가 부족한 경우에는 정부가 직접 공급을 하기도 한다.[6]

그런데 정부의 이런 시책들을 집행하는 사람들은 공무원들이다. 이들이 세상의 모든 문제를 잘 해결해줄 철학자 왕(philosopher king)일수는 없다. 이들은 다른 사람들을 대리하여, 정부를 운영하는 평범한 사람들이다. 이들이 이미 실패한 가격기능을 확실하게 해결해 줄 수는 없을 것이다. 오히려 정부의 관료제 규정에 따라서 움직이므로, 시장의 변화에 둔감할 수밖에 없다. 예측 못한 〈파생적 외부효과〉가 발생하면 제대로 대처하지 못한다.[7] 때로는 자기 소속 기관의 이익을 국민

---

5 응용(9국10): 규제는 정부의 실패를 교정하기 위하여 여러 목적으로 두루두루 사용하는 방법이다.

6 응용(9국21 & 7지08 & 9지16 & 9국08): 정부실패를 교정하기 위한 금전적 유인에는 보조금 등 positive incentive와 세금 등 negative incentive가 있다. 그리고 정부가 서비스를 직접 공급하게 되면, 그것은 독점기업과 똑 같은 문제점을 야기한다. 소득분배의 불평등성도 정부가 개입해야 할 분야이기는 하다. 하지만 소득불평등은 경제가 활동한 결과이고, 가격기능과는 상관 없는 주제라서 시장실패나 정부실패의 차한에 부재한다. X–비효율이란, 정부조직에는 엑스레이처럼 눈에 보이지 않는 비효율성이 있다는 것인데, 이것은 정부개혁의 이유이지 시장개입의 논거는 아니다.

7 응용(7지20): 2020년 6월 17일. 김현미 국토부 장관은 부동산 가격억제를 위해 강남의 일부 지역을 투기과열지역으로 지정하고 토지거래허가제를 실시하였다. 그러나 이 조치를 시발점으로 하여 부동산 가격은 더욱 더 올랐다. 정부가 이런 파생적 외부효과에 제대로 대처하지 못하자, 전국의 부동산 가격이 2배 가까이 상승하였다.

의 이익보다 우선시하기도 한다.(내부성의 존재)[8] 집권 정당의 요구와 행정부의 관점이 불일치하기도 한다.[9] 그리고 무엇보다 인센티브의 문제가 있다. 공무원의 노력으로 인하여 국민편익이 발생한다 하여도, 그것이 해당 공무원의 봉급이나 승진에 미치는 영향력이 적다.[10]

결론적으로 가격이 실패한 시장에 대하여 정부가 가격기능을 회복시켜 주기는 역부족이다. 가격이 실패한 것이 시장의 실패인데, 정부인들 가격 기능을 회복시켜 주기가 어렵다. 이것이 정부의 실패이다.

정부의 실패와 관련하여서는 정부 대책 자체에도 문제가 있고, 그것을 집행하는 데에도 많은 문제가 있기 때문이다.[11] 그러나 시장도 실패하고 정부도 실패한다 해서, 대부분의 사람들이 살아가는 데 그리 큰 문제가 되지 않는다. 완벽한 세상이 아니어도, 사람들은 이미 그런 세상에 충분히 적응해서 살아가고 있기 때문이다.

제3절　공공재와 공유재

1. 재화의 분류

경제학 개념에 따르면, 이 세상의 모든 재화는 배제성(excludability)과 경합성(rivalry) 기준으로 나눌 수 있다.

8　검수완박 관련 사례 참조.

9　응용(7국09): 검찰개혁. "홍백기" 등 많은 사례가 있음.

10　응용(7지17): 외부불경제는 시장의 실패 원인 중 하나이다. 정부 대책들 중에는 그 효과가 한참 시간이 지난 뒤에 발생하기도 한다. 예를 들어, 대학 정원 자율화 이후 25년이 지나자, 대학 숫자의 증가와 인구감소가 맞물려서 대학 정원을 못 채우는 대학들이 생겨나기 시작하였다. 이런 것이 예상치 못한 파생적 외부효과로서 정부실패의 한 요인이다.

11　응용(9국16): 정부의 실패와 관련하여서는 1)시장실패의 요인, 2)정부의 대책, 3)그 대책을 수행하는 과정에서 발생하는 문제들을 하나의 세트로 이해하여야 한다.

배제성이란 합법적으로 어떤 사람이 그 재화를 사용하지 못하도록 할 수 있는 권한이다. 예를 들어, 돈을 안 낸 사람이 레스토랑에서 음식을 먹지 못한다는 것이 배제성이다. 간혹 돈을 안 내도 서비스를 이용할 수 있는 경우가 있는데, 예를 들어, 세금을 안 낸 사람도 국방서비스를 향유할 수 있다. 이것을 비배제성이라고 한다.(non-excludability)

경합성이란 내가 이 재화를 소비하면, 다른 사람이 그만큼 그 재화를 소비하기가 어려워지는 특성을 말한다. 오징어 게임이 가장 대표적인 사례이다. 내가 어떤 유명 대학에 입학하면, 다른 사람의 합격 가능성이 낮아지는 것도 경합성이다. 이에 비해 경합성이 없는 재화도 있다. 예를 들어, 내가 인터넷을 사용한다해서 다른 사람이 인터넷을 사용하는데 아무런 지장을 주지 않는다면, 그것은 비경합성(non-rivalry)이다. 물론 네트워크 용량이 충분할 때 이야기이다.

앞에서 언급 한 Savas 교수의 경우에는 〈표 8-1〉에 있는 사적재화를 시장재(private goods)라고 하고, public goods는 집합재(collective goods)라고 부른다. 그리고 Public Commons를 공유재라 한다.[12] 집합재는 원칙적으로 공공부문에서 공급해야 할 서비스이다. 배제성은 있지만 경합성은 없는 서비스는 흔히 요금재(toll goods)또는 클럽재(Club Goods)라고도 하는데, 대체로 공기업에서 많이 제공하나, 민간위탁도 있고 민자유치도 있다.[13]

〈표 8-1〉 재화의 분류

구분		경합성 여부	
		경합성	비경합성
배제성 여부	배제성	시장재(Private Goods)	요금재(Toll Goods) 클럽재(Club Goods)
	비배제성	공유재(Public Commons)	공공재(Public Goods)

---

12 응용(7국15 & 7지10): 후술하겠지만 공유재를 서로 사용하려고 들면, 공유재의 비극이 발생한다.

13 응용(7국12 & 7지08): 강남부동산은 클럽재의 성격이 있다. 그리고 Savas가 말하는 면허 방식이란 프랜차이즈와 유사한 것으로서 민간이 일정 구역을 내에서 공공 서비스를 배타적으로 공급하는 방식이다.

배제성과 경합성이 모두 있는 사적재화와 관련하여, 이것을 정부가 공급하는 경우도 있다. 이와 관련하여 자연독점(Natural Monopoly)을 논의할 필요가 있다. 대규모 초기 투자가 필요한 장치산업의 경우, 그 기업은 생산규모가 커질수록 생산단가가 지속적으로 낮아진다. 이런 경우 상대적으로 생산단가가 높을 수밖에 없는 다른 후발기업의 시장진입이 자연스럽게 어려워져서 자연독점이 된다. 그렇게 되면, 적은 공급량/높은 가격의 문제로 국민들이 피해를 받게 된다. 이 문제를 해결하기 위해 정부가 개입하여 전기, 가스, 우편, 철도 등과 같은 서비스를 국영화 또는 공기업화 한다.[14]

2. 공공재

소비의 배제성도 없고 경합성도 없는 재화를 순수 Public Goods라고 한다. 굳이 영어로 표시하는 이유는, 한국에서는 이것을 공공재라고 번역하는데, 사실 Public Goods는 공개재와 더 유사하기 때문에 주의를 환기하기 위하여 영문으로 표기하였다.

맨큐의 경제학에서는 Public Goods의 사례로 불꽃놀이를 들고 있다. 돈을 안 내도 불꽃놀이를 즐길 수 있다. 내가 불꽃놀이 본다고, 다른 사람이 그것을 즐기지 못하게 되는 수도 없다. 이것을 공공재라고 하는데, 사실 이것은 공개재에 더 가깝다.[15]

공공재라는 용어는 뭔가 대단한 것이 있을 것 같은 뉘앙스를 주기 때문에 그 의미가 과대평가 되고는 한다. 국방, 외교, 행정질서, 무상교육, 일기예보, 무료방송, 등대불빛, 공공도서관 등과 같은 전통적인 공공서비스들은 모두 공공재이다. 그러나 소소한 공공재들이 훨씬 더 많다. 공개된 장소에서의 미남 미녀의 아름다움, 인터넷 무료검색 자료 등등.[16]

---

14 **응용(7국10):** 자연독점에 의해서 발생하는 시장실패는 공기업 등을 설립하여 공적으로 공급함으로써 문제에 대응한다.

15 보다 자세한 논의는 배득종. 2001. 공공재와 공개재 그리고 공유재. kapa@포럼.

16 **응용(7지18):** 경합성은 없지만 배제성이 공공물이 있다. 즉, 요금을 내야만 이용할 수 있는

그런데 상식적으로는 공공재와 유사하면서도 내용에 있어서는 공공재가 아닌 것들이 있다. 공용물과 공공용물이 있다. 공용물은 공용재산이라고도 하는데, 행정관서 사용하기 위한 청사, 관용차, 등대, 소년원, 국공립학교들이다. 이들은 공무원이 아니면 사용할 수 없으므로 배제성이 강하다.[17] 이에 비해 공공용물은 도로, 공원, 항만, 제방 등 일반 시민들이 사용하라고 만들어 놓은 것이다. 배제성은 없지만, 막히는 도로, 붐비는 공원, 이용자가 너무 많은 국공립도서관 등 정체

국립대학은 공공재일까

국립대학은 공용물이지만, 전형적인 사적재화의 특징을 모두 가지고 있다. 일단 배제성이 크다. 입학시험에 합격하여야 하고, 등록금을 납부하여야 이용할 수 있다는 점에서 배제성이 크다. 그런 한편, 입학시험이야말로 가장 전형적인 경합성이다. 여기까지는 국립대학인 사적재화와 다를 바가 없다.

그러나 일단 합격하면 사립대학에 비하여 낮은 등록금은 모든 학생이 향유할 수 있는 공공재이다. 그리고 국립대학에서 양성한 인재가 사회에 기여한 바는 공공재가 된다.

그렇다면 사립대학은 어떠한가? 사립대학에서 양성한 인재가 사회에 공헌한 것 역시 똑같은 공공재라 할 수 있다.

이처럼 배제성이 있는, 그러나 혼잡이 없어서 경합성이 없는, 그런 재화를 혼합재(mixed goods)라고도 한다.[19]

공공시설 등이 그것인데, 예를 들면 고속도로, 철도, 국공립병원 등이 여기에 해당한다. 일단 요금만 내면 누구나 자유롭게 이용할 수 있는데, 그것도 붐비지 않는 상태일 때 그러하다. 명절 때의 KTX 예약은 배제성과 경합성을 모두 가지고 있어서 사적재화와 다를 바가 없게 된다.

17 응용(9국14 & 9지08): 공용재산 중에서도 일반인들 모두에게 사용을 개방한 것을 공공용물이라고 한다. 공공재/공유재 이런 것들은 경제학적 용어여서 개념적 이론적 용어이다. 이에 반해 공용물/공공용물 등은 법률적인 용어여서, 우리 생활의 실질을 다룬다. 등대의 경우 건축물 자체는 공용물이고(법률), 등대의 불빛으로 인해 받는 혜택은 공공재이다.(경제학)

(congestion)이 있는 경우에는 사용의 경합성(rivalry)이 생겨나서, 그 때는 순수공공재가 아니게 된다.

그리고 공공재를 영어로 public goods라고 표현하는 것에 비하여 public bads라는 것도 있다. 온라인 상의 악플, 환경 침해를 하는 외부불경제 효과 등을 지칭한다.

공공재를 시장에서 공급할 때 가장 큰 문제는 과소공급이다. 공공재의 개념상 공짜이므로 누가 돈을 내려 하지 않는다. 이것을 무임승차자(free-rider) 문제라고 하는데, 모두 다 무임승차를 하려고 하면, 이것을 공급하려는 민간사업자는 없다. 이런 경우, 정부가 요금이 아니라 세금을 걷어서 서비스를 공급한다.

3. 공유재

공유재는 배제성은 없지만 경합성이 있는 재화이다. 가장 대표적인 사례는 마을이 공유하는 목초지의 사례이다. 주인이 없는 재화이기 때문에 너도 나도 가축을 풀어 먹이다 보면, 풀이 하나도 없는 목초지가 되기 쉽다. 이것을 공유재의 비극(tragedy of public commons)이라 한다.

정부예산(pubic budgeting)이 가장 대표적인 공유재 사례이다. 너도 나도 정부 돈을 가져다 쓰려다 보면, 결국 적자가 날 수 밖에 없고, 심하면 국가가 부도가 난다. 관리를 잘 못하는 회사의 현금과 비품들도 마찬가지이다. 낭비의 대상이 되기 쉽다. 공기업의 방만경영을 문제삼는 이유가 여기에 있다.

그밖에 평시에는 공공재이다가 사용자가 몰려서 혼잡(congestion)이 생기면 공유재로 바뀌는 재화들이 있다. 부하가 걸린 인터넷망, 출퇴근 시간에 정체된 무료도로, 어족자원 등이 공유재이다.

공유재와 관련하여 발생하는 문제를 해결하기 위해 많은 방안들이 제시되고 있다. 재정준칙을 만들어서 정부 채무 증가를 억제한다든지, 어촌계를 만들어 일정지역의 생태계를 보호하면서 어로활동을 하게 한다든지, 금어기를 설정한다든지, 배타적 경제수역을 만들거나 하는 것들이 대표적인 문제해결 제도들이다.

공유재는 주인은 없고, 가치가 있는 재화를 놓고 경합을 벌이기 때문에 사회적 갈등을 자주 유발한다. 즉, 비용 부담이 없는 각 개인이 자신의 이익을 추구하여 활동하면, 그것이 과잉소비를 유발한다. 이런 부정적 외부효과의 결과적으로 구성원 전체에게 해(害)가 되는 구성의 오류(fallacy of composition)가 자주 발생한다.[18]

주인이 없는 재화라는 것은 소유권이 불분명하다는 것을 의미하기 때문에 면허권, 사용권 등 부여하여 해결하여 해결하기도 한다. 부정적인 외부효과를 초래하는 행위에 대하여, 배타적 경제수역(EEZ)을 설정하기도 하고, 활동기간을 금지(금어기)하기도 한다.

이 분야의 연구에 있어서는 노벨경제학 수상자 E. Ostrom 교수가 가장 유명한데, 이런 공유재의 문제를 공동체 노력을 통해서 극복할 수 있다고 하였다.[19]

가치재

사회적으로 바람직한 특성을 가진 재화이지만, 시장에서는 충분히 공급되지 않는 재화와 서비스가 있다. 이를 가치재(Merit Goods)라고 하는데, 예술문화 작품 및 공연, 비인기 운동 종목, 비인기 학과 전공 등이다. 정부는 보조금 등을 지급하여 가치재의 생산과 공급을 지원한다.[20] One arm's length subsidy라는 것도 있다. 정분가 예술분야에서 지원은 하되, 간섭하지 말고, 한 발짝 물러서서 자유를 보장해야 창의적인 예술활동이 촉진된다는 것이다

---

18 응용(9지15 & 9지12): 무임승차의 문제가 있는 공공재와 달리, 공유재 문제의 해결은 부정적인 외부효과를 어떻게 이해관계자들에게 내재화시키느냐 하는 것이 관건이다.

19 응용(7국12 & 7국10): 공유재의 근본원인은 소유자가 불분명하다는 것이다. 필자도 한때 유사소유권이론(Quasi-Property Right; QPR)을 주창하였다. 보다 자세한 내용은 배득종. 21세기 신재무행정. 박영사. 참조. 그리고 Hardin의 오리지널 이론을 확장하려고 시도하기도 했다. 배득종. 2004. 공유재 이론의 확대 적용. 한국행정학보. 참조.

20 응용(9지12): 문화행사는 가치재 중의 하나이다.

예산결정이론

예산결정이론이란 특별한 어떤 하나의 이론을 지칭하는 것이 아니다. 예산배분과 관련된 현상을 설명하는 이론을 찾아가려는 노력들을 말한다. 다만, 그 노력들을 몇 가지로 유형을 잡아볼 수 있는데, 윤영진 교수(2021, 새재무행정 제7판)는 이를 1) 총체주의적 접근, 2) 점증주의 접근, 그리고 3) 다중 합리성 모형으로 구분하고 있다. "Public Choice"란 저술을 한 Muller의 경우, 이 분야의 기존연구들을 일목요연하게 저술하였다. 마찬가지로 윤영진 교수 역시 예산결정이론들에 대한 리뷰를 매우 잘 제시하고 있다.[21] 다음은 그의 기술을 중심으로 필자가 재해석한 것들이다.

1. 총체주의

총체주의(또는 합리주의)란 일종의 Grand theory를 찾는 작업이다. 모든 재정 현상을 다 설명할 수 있는 하나의 이론을 말한다. 총체주의는 기본적으로 파레토 효율성 이론을 예산 분야에 적용하려는 노력이다. 가장 대표적인 정리(定理, theorem)는 앞서 언급한 $MRS_{AB} = MRT_{AB}$ 이다.

정리(定理)란 "정의나 공리에 의해 가정(assumption)으로부터 증명된 명제"를 말한다.(위키백과) 여러분이 경제원론을 배울 때, 소비자효용모형을 설정한 다음, 가격을 변동시키면, 결과적으로 우하향하는 수요곡선이 도출되는 것을 학습하였을 것이다. 이처럼 몇 가지 가정을 충족하면서 생각을 연역시키면, 필연적으로 도착하는 상태가 규정된다. 이런 과정을 규범적 과정(normative process)라고 하는데, 여기서 규범이란 도덕이나 법규와는 상관이 없는 의미이다. 여기서 규범이란, 논리적으로 연역하면 그렇게 도착할 수 밖에 없는 상태를 말한다.

---

21 윤영진. 2021. 새재무행정학. 제7판. 대영문화사. 윤 교수님의 또 다른 저서인 "복지국가 재정전략"(대영문화사, 2012)은 사회과학도들의 필독서로 추천한다.

규범적 과정에 반대되는 개념은 실증적 과정(positive process)이라고 한다. 여러 실제적인 자료들을 통해서 귀납적으로 어떤 현상을 파악해내는 방법이다. 유명한 소크라테스의 3단 귀납법이 가장 이해하기 쉬운 개념일 것이다. A도 죽는다, B도 죽었다. 따라서 사람은 모두 죽는다.[22]

가장 대표적인 연구사례는 경제학자 Lewis(1952)이다. 경제학은 재원배분에 있어서 절대적 효용보다 상대적 효용을 더 중요시한다. 그래서 기수(基數)냐 서수(序數)냐의 논쟁에서 서수가 압도적으로 우세한 판정을 받았다. Lewis는 이런 상대적 효용의 개념을 예산결정이론에 적용하였다. 그 결과 예산배분은 ① 정부사업(program)들의 상대적 가치를 따져서 우선 순위를 결정하고, ② 한 사업이 다른 사업보다 우선적으로 선택되었다 하더라도 그 사업에 투입하는 재정규모는 한계효용 체감의 원리를 감안하여야 한다. 그래서 사업의 비용과 편익에 대한 증분분석(incremental analysis)이 필요하다. 그리고 ③ 재정에서 프로그램이란 여러 사업이 모여서 공통의 목적을 달성하는 것이다.[23] 이 프로그램 내의 여러 하위 사업들은 그들이 공통목표 달성에 얼마만큼 기여하는지 그 상대적 기여도 혹은 상대적 효과성을 비교하여, 예산을 배분한다.[24]

루이스의 주장과 견해는 경제학자 또는 재정학자들이 공통으로 공유하고 있는 패러다임(paradigm)으로서, 전형적인 연역적 논리, 즉 규범적 이론이다. 패러다임(paradigm)이란, 한 시대의 대다수 사람들이 공유하고 있는 이론적 틀이나 개념을 말한다. 패러다임은 그것이 맞냐 틀리냐를 떠나서 대다수가 옳다고 믿는 것으로서, 그렇기 때문에 정책적 영향력이 있다. 루이스 류의 패러다임이 있었기 때문에 PPBS와 같은 예산제도를 구상하고 도입할 수 있었다.

---

22 이것에 대한 강력한 반론은 기독교이다. 모든 사람은 예수에 의해 죽지 않는 존재가 된다.

23 프로그램에 대한 구체적인 내용은 앞의 장에서 프로그램 예산제도를 설명할 때 기술하였던 내용을 참조하기 바란다.

24 응용(7국17): 보다 구체적인 논의는 윤영진(2021, p.298) 참조.

2. 점증주의

연역적/규범적 입장과 다르게, 귀납적/실증주의를 예산배분에 적용한 가장 대표적인 연구 사례들이 바로 점증주의(incrementalism)이다. 즉, 예산은 전년도 예산을 기초로 하되, 1년 사이에 변화된 부분만큼을 반영하여 조금씩 변화한다는 주장이다.

인간은 총체주의에서 설정하는 "합리적인 인류 대표 1명"과 상당히 다르다. Herbert A. Simon은 소방서에서 사람들이 행동하는 것을 면밀히 분석한 결과, 경제학에서 말하는 이상적인 합리적 인간과는 상당히 다르게 행동한다는 것을 밝혀내었다. 즉, 소방대원들은 모든 (화재관련) 정보를 알지도 못하고, 그는 어떤 (진화) 대안이 가장 좋은지도 모르는 것이 보통이다. 다만, 본인에게 주어진 상황과 능력 수준에서 최선의 결과를 얻고자 행동할 뿐이었다. 이와 마찬가지로 보통사람도 효용을 극대화하려는 의도는 모두 동일하다. 그러나 저마다 제한된 합리성(bounded rationality) 밖에 갖지 못하기 때문에 저마다 다른 행동을 선택한다는 것이다.[25]

미리 주어진 규범을 떠나서 현실 상황을 있는 그대로 분석하려는 Simon처럼, Lindblom이나 Wildavsky 같은 이들은 예산결정행태를 실증적으로 분석하였다. 그랬더니 가장 두드러지게 발견되는 것이 예산은 점증적으로 결정된다는 것이었다. 즉, 현실세계에서 최적의 재원배분은 전년도 상황을 기초로 하여, 지난 1년간 변화된 부분을 점증적으로(incrementally) 반영하는 행위라는 것이다. 이들은 "예산결정은 종합적이 아니라 점증적이며, 각 기관의 예산편성 작업은 모든 가능한 대안과 비교해 현행의 모든 프로그램의 가치를 재검토 하는 일은 없고, 전년도 예산을 기초로 하여 좁은 범위 내에서 증감이 이루어진다"고 주장한다.(윤영

---

25 Simon은 나중에 노벨경제학상을 수상한다. 그러나 그는 인간이 합리적이지 않은 존재라는 점에 대해 매우 실망하였고, 그 대신 인공지능을 탐구하는 선구자가 되었다. 인공지능과 로봇은 사람이 생각하는 것과 다른 방식으로 문제를 풀 수 있는데, 그것이 더 효과적인 경우가 있다. 예를 들어, 알파고나 알파고 마스터의 경우, 인간 바둑선수에게는 금기가 되어 있는 천원 (天元, 바둑판 한 가운데의 점)에 시작 돌을 두어서 수많은 일류 기사들에게 승리하였다.

진, 2021, p.306)

　물론 지난 1년 사이에 변화된 내용 중에는 경제적인 것도 있지만, 정치적인 것도 크다. 저명한 Aaron Wildavsky는 1979년에 "Politics of Budgetary Process"을 발간하였다. 예전 Lewis 류의 경제학적 패러다임은 최적 예산배분 상태를 찾아내려고 애썼지만, 그것은 허황되다고 하였다. 인간은 그렇게 합리적이지 않다는 것이다. 그렇다고 비합리적으로 의사결정을 하는 것도 아니다. 부족한 합리성을 보완하기 위해 각종의 제도와 절차를 만들어 놓았다. 이런 제도와 절차를 걸치면, 최적의 자원배분은 달성할 수 없을지 몰라도, 그것에서 크게 벗어나는 엉뚱한 자원배분에 도달하지는 않는다고 보았다. 그리고 각 과정을 진행할 때 정치활동이 일어난다. Harold Lasswell은 정치를 "who gets what and how"라고 정의하였는데, 그 정의에 딱 맞는 대상들 중 하나가 바로 예산이다. 정당 정치인과 행정 관료가 펼치는 정치활동의 결과가 예산배분의 결정이라는 것이 Wildavsky의 논지이다. 미리 어떤 규범을 설정하지 말고, 실제 사람들이 펼치는 행동을 분석하여야 한다는 것이다.[26, 27]

　그리고 점증주의자들의 주장을 뒷받침하는 실증연구들도 상당히 많다. 사실 정부예산이라는 것이 어느 한 해에만 편성하고 마는 것이 아니라 매년 반복되는 과정이라는 점을 생각하면, 점증주의는 어떤 "주의"라고 할 만한 것이 아니라 "상식"이다. 지난 1년 사이에, 팬데믹이 발생했다면, 그것에 부응하는(response) 예산을 편성한다. 대통령이 바뀌어서 정책 방향이 바뀐다면, 그 변화를 반영하여 새

---

26 필자가 생각건대, 경제학의 연역적 규범적 방법으로 이런 조치를 취하면 이런 결과가 나올 것으로 예견한다. 그리고 그 예견에 기초하여 정부정책을 논한다. 이에 비하여 행정학은 그런 결과는 자동으로 나오는 것이 아니다. 수많은 절차와 과정을 거쳐서 결과에 도달하는데 그것은 미리 예견할 수 있을 정도로 쉬운 과정이 아니라고 생각한다. 즉, 경제학은 예견을 중요시하고, 행정학은 절차를 중요시한다고 볼 수 있다.

27 응용(7국19 & 7국11): Wildavsky는 예산의 실제 행태를 국제적으로도 비교하였는데, 그 결과는 다음과 같다.

구분		경제 규모	
		크다	작다
예측력 (행정능력)	크다	점증예산 (선진국)	세입內지출 예산 (미국의 지방정부)
	작다	보충예산 (예, 산유국)	반복적 답습예산 (개도국)

롭게 예산을 편성하는 것은 지극히 자연스러운 현상이다.

다만, 특별한 변화가 없는 평시에는 소수 기득권자들의 견해가 예산에 더 많이 반영되는 측면이 있기는 하다.[28] 그래서 새로운 획기적인 예산제도의 도입 등에 소극적이다.[29]

3. 다중 합리성 모형

세상만사가 다 그렇듯, 현실은 총체주의자나 점증주의자들이 생각하는 것보다 훨씬 더 복잡하다. 민간기업이든 정부든 어떤 일이 이루어지는 과정을 보면, ① 제도, ② 과정, ③ 사람의 다이내믹스에 의해서 다양하게 전개된다. 이 다양성은 너무도 다양해서 미리 뭐라고 설정할 수가 없을 정도이다.

정부예산도 제도가 어떤지, 그리고 어떤 사람들이 관련되었으며, 어떤 과정과 절차를 걸쳐서 결정되느냐에 따라서 다이내믹하게 결정된다. 그래서 필자는 행정에 대한 연구는 경제학처럼 특정 연구기법이나 연구대상이 정하여진 것이 아니라, ① data-base, ② issue-base, ③ model-base가 어우러진 결과라고 하였었다. 어떤 이슈가 문제가 되고 있는지, 그와 관련된 자료들(사람에 대한 자료 포함)은 어떤 것들이 있는지에 따라서 여러 분석 모델 중 가장 적합한 것을 골라서 분석해야 한다는 입장이다.[30]

Olsen 등은 이것을 쓰레기통 모형(garbage can model)이라고 불렀다. "정책결정이 일정한 규칙에 따라 이루어지는 것이 아니라, ① 문제, ② 해결책, ③ 선택 기회, ④ 참여자의 네 요소가 쓰레기통 속에서와 같이 뒤죽박죽 움직이다가 어떤 계기로 서로 만나게 될 때 이루어진다고 본다."(위키백과)

---

28 응용(7지14): 여기서 평시라 함은 특별한 변화 없이 그동안의 관계가 규칙적이고, 내부 협상만으로도 문제해결이 가능하고, 외부적 사태가 적다는 뜻이다.

29 응용(9지16): 보수와 진보의 지향점은 동일하다. 부국강병과 국태민안이다. 그러나 보수는 여건이 허락하는 범위 안에서 변화를 하자는 것이고, 진보는 하루 속히 변화를 이루자는 입장이다. 둘 다 장단점이 있다. 취향의 문제이다.

30 배득종 외. 행정학 헤드스타트. 박영사.

Kingdon은 이런 ad hoc(특정목적을 위한 임기응변) 방법론을 정책분석에 적용하였다. 그는 ① 어떤 특정 문제의 존재, ② 정책대안, ③ 정치적 결정이 잠재적으로 따로따로 존재하다가 기회의 창이 열리면, 함께 결합하여 실질적인 정부정책으로 나타난다고 하였다. 정부의 예산은 이런 정책결정을 집행하기 위한 수단이 된다.

이론가들은 세상이 자신의 이론에 들어맞기를 원한다. 그러나 만약 그런 이론이 존재한다면 끔직한 세상이 될 것이다. 이론가가 세상을 지배하는 세상이 될 터이니까. 하지만 세상은 항상 변하여서, 이 모두를 아우르는 이론은 나타나기가 어렵다. 우리는 예산주기(편성-심의-집행-결산)의 각 부문에서 발생하는 미시적인 문제들에 대해서, 조금이라도 더 좋은 견해와 해결책을 제시하려고 노력할 수 있을 뿐이다.[31] 가끔씩 정부예산의 전체 판을 뒤집으려는 노력이 안 생기는 것은 아니다. 하지만 그런 노력들은 대부분 그리 오래 지속되지 못하였다는 것이 역사의 교훈이다. (예, ppbs, mbo, zbb 등)

Irene Rubin은 예산분석가로서는 독특한 이력을 가지고 있다. 사회학자로 시작하여 도시문제연구자를 거쳐서 정치학 교수가 되었다. 그녀는 public budgeting 분야에 꾸준하게 연구발표를 해오고 있는데, 그의 독특한 경력에서 비롯되듯이 다소 독특한 모형을 제시하고 있다.

일반적으로 예산주기는 편성-심의-집행-결산으로 이루어지며, 각 단계는 서로 영향을 주는 정도가 그리 크지 않은 독립적인 것으로 간주한다. 그러나 Rubin은 편성 단계를 세입결정-세출결정-균형결정으로 세분화 한다. 이들 세입-세출-균형은 본질적으로 상호 연동성이 강하다. 그런데 Rubin은 편성의 3단계 뿐만 아니라 집행단계와, 그리고 전체 예산과정에서의 의사결정이 동시에(real time)에 이루어진다고 본다. 비록 이런 연동성은 서로 느슨하게 연계되어 있기는 하지

---

31 응용(7지19): 합리주의는 규범적-연역적이며, 점증주의는 실증적-귀납적이다. 이에 반해 다중합리성 모형은 예산과정 전체를 하나의 이론으로 분석하는 것은 무리이며, 각 과정별/이슈별로 거기에 적합한 이론을 찾아서 적용해야 한다고 본다. 최악의 상태를 피하자고 보는 입장은, 다음 절에서 설명하는 maximin 전략으로서 롤스의 공정성으로서의 정의(justice as fairness)에 적용된다.

만, 서로 동시에 이루어진다고 할 만한 실시간 예산(real-time budgeting)이라는 것이다.

각 과정별로 이슈가 되는 정치문제가 있다. 세입 결정에 있어서는 누구에게서 얼마를 걷을까 하는 전통적인 이슈가 있고, 세출 결정에 있어서는 누가 얼마를 가져갈 것인가 하는 정치가 펼쳐진다. 균형예산을 편성할 것인지 확장예산(그래서 적자예산)을 할 것인지 긴축예산(그래서 흑자예산)을 결정할 것인지도 매우 중요한 정치결정이다. 이것이 정부의 범위와 역할을 어떻게 설정할 것이냐 하는 문제와 연계되어 있기 때문이다.

정부의 예산안이 의회의 심의를 거쳐서 집행단계에 이르렀다고 해서 정치가 없는 것은 아니다. 집행이란 "예산편성과 심의에서 의도한 바를 실천하는 기술적 과정"이기는 하다. 그러나 "악마는 디테일에 있다"는 말처럼, 성립된 예산을 집행하는 단계에서 더욱 치열한 정치가 펼쳐진다. 실제로 돈이 입금이 되는 단계이기 때문이다. 다만, 집행단계에서의 정치는 아무 제한 없이 이루어지는 것은 아니다. 돈이 지출되면, 그에 상응하는 책임성(accountabililty)이 뒤따르기 때문이다. 책임성을 전제로 하는 정치가 집행단계에서 펼쳐진다.[32]

그런데 누구에게 얼마가 입금될 것인가 하는 문제가 이미 세출결정, 균형결정 및 세입결정에 어느 정도 사전에 연계되는 경우도 많다. 따라서 "입금예정자"의 정치적 활동은 예산과정 전체에 걸쳐 암암리에 펼쳐지고 있다고 보는 것이 Rubin의 "실시간예산"의 핵심 논지이다. 따라서 각 단계별 의사결정은 다른 단계의 의사결정들과 서로 상호작용을 한다. Rubin의 관점은 흥미롭지만, 새로운 것은 아니다. 이미 당연하게 알고 있는 것들을 잘 기술한 것이다. 다만 그것이 실증분석을 통해 입증되었느냐 여부는 아직 불분명하다.

---

32 응용(7국20 & 7지16): 책임성을 가장 중요시하는 예산주기는 집행단계이다.

공공선택론(Public Choice)은 이름 자체는 매우 매력적이지만, 실제로는 매우 따분한 분석영역이다. 그러나 사람들의 주목을 끄는 만큼, 이와 관련한 학습이 필요하기는 하다.[33]

1. Buchanan과 Tullock

공공선택론이란 한 마디로 공적 재화의 공급을 위한 집단 의사결정 메카니즘을 연구하는 분야로서, 미시경제학의 한 부분이라고 할 수 있다. 이 분야에서는 Buchnan & Tullock이 1962년에 공저 출간한 "The calculus of consent : logical foundations of constitutional democracy"가 가장 유명한 저서이다. Buchanan은 유명한 경제학자로서 나중에 노벨경제학상을 수상한다. 이에 반해 Tullock은 법학전공자로서 해방 전후에 한국 관련 업무를 하였었다.

Buchanan의 경력에서 알 수 있듯이 공공선택론은 미국식 자유경제 이론에 입각하여, 인간을 효용을 극대화하는 합리적 존재로 설정한다. 그리고 시민과 이익집단을 공공서비스의 소비자로 보고, 정부와 정치권을 공공서비스의 공급자로 본다. 시민, 관료, 정치인 모두 개인효용함수에 따라 예산이나 권력을 극대화하는 전략을 취한다고 본다.[34]

이것은 마치 "경제원론"에 수록된 이론들, 특히 소비자효용함수를 정부부문에 적용하는 것이나 마찬가지여서, 국가의 숭고한 의지보다는 개인의 선택을 더 중요시한다. 집단의 목표보다는 개인의 효용극대화에 기초한다. 따라서 정치 분석 역시 지도자의 영도력이나 사회적 혁명 등을 분석하기 보다는 보통 시민들의 미

---

33 필자가 1991년에 뮬러의 "공공선택론"을 번역 출간한 적이 있다. (나남출판사).

34 응용(9국14 & 9지08): 마치 "경제학 원론"을 정치와 행정에 적용시키는 것이 공공선택론이라고 보아도 무방하다.

시적 교환(trade-off) 과정으로서의 투표 행위를 더 많이 분석한다.[35]

다만, 이런 교환 과정들이 중구난방으로 이루어지는 것이 아니라 헌법이나 법률에 의해 만들어진 제도적 장치 속에서 이루어진다. 그래서 공공선택론에서는 국회의원 선거제도(소선구제 vs 중대선거구제), 투표 방법(다수결 vs 결선투표) 등 정치제도들을 주요 분석대상으로 삼는다.[36]

그런데 경제이론을 정치행정에 확대 적용하는데 있어서, 경제학적인 효용극대화만 가지고 모든 것을 설명하려는 것은 무리라는 견해도 있다. 시장의 실패, 정부의 실패가 존재한다면, 정치의 실패 또한 있는 것이어서, 가격 이론이 만능은 아닌 것이다.[37] 정치는 선택 과정이기도 하지만, 동시에 전략 게임이기도 하여서, 단순한 소비자효용모형 그 이상을 필요로 한다.

2. 행정관련 공공선택론: Downs, Niskanen과 Dunleavy

공공선택론은 공공서비스를 공급하는 행정분야도 분석을 한다. Anthony Downs는 "An Economic Theory of Democracy"(1957년) 등의 저서를 통해, 관료들은 공익이나 보람 같은 이타적인 목적과 권한이나 명성 같은 이기적인 목적을 동시에 갖는 존재로 본다. 다만 두 목적을 동시에 추구하는 방식은 개인에 따라 복합적으로 다르다 하였다.

그러나 경제학자인 Niskanen은 이런 공무원, 저런 공무원 할 것 없이 이들은 모두 자신의 권한(효용)을 극대화하는 존재로 본다. 공무원들은 민간기업인이나 마찬가지로 효용을 극대화하려고 한다. 그러나 공직의 특성상, 민간기업과 다른

---

35 응용(9지16 & 7국07): 공공선택론은 자유경쟁시장의 미시경제론을 주로 활용하기 때문에 사회주의 성향의 연구주제들은 잘 다루지 않는다. 이 주제들은 원래 정치경제(political economy) 쪽에서 많이 다루었는데, 고전적인 정치경제는 공산주의나 사회주의 문제들을 많이 다루었다. 그러나 최근의 정치경제 연구들 역시 미시적 경제분석에 치중하게 되면서, 다른 일반 경제 분석과 큰 차이점이 없어져 가고 있다.

36 응용(7지10).

37 응용(9지18): 정치에는 가격으로 표현되지 않는 그 무엇인가가 많이 존재한다.

구조 속에서 공공서비스를 생산하고 공급한다.

공공서비스의 생산이란 측면에서 보면, 관료는 공공서비스를 "독점적으로 생산"하는 **monopoly**이다. 그렇다면 이들의 생산물을 소비하는 사람들은 누구인가? 국민인가? 궁극적으로는 그렇겠지만, 정치인들이 소비자이다. 게다가 이 소비자는 "독점적인 소비자"(**monopsony**)이다.

자유경쟁시장에서는 한계효용과 한계비용이 일치할 때 생산과 소비가 균형을 이룬다.(MB＝MC)[38] 그러나 생산자가 monopoly이고 수요자가 monopsony인 경우에는 MB＝MC라는 최적재원배분 공식이 적용이 되지 않는다.[39] Monopsony/monopoly 상황에서는 "힘"이 중요한 결정 요인이 된다. 누가 힘이 더 센가? 힘센 사람(들)의 결정이 실질적인 자원배분으로 이어진다. 일반적으로 예산결정에 있어서는 너무나 많은 사람들이 너무나 많은 이슈에 대해서 충돌하기 때문에, 이것을 국민을 대신하여 조정해주는 사람(Representative Government)이 필요하다. 그 역할을 하는 것이 관료이기 때문에, 그 범위 내에서 최대한 힘을 예산으로 반영한다. 물론 관료들의 힘은 법규 및 제도에 의해 제약을 받기는 한다. 그렇다 하더라도 자신들의 힘을 발휘할 영역은 매우 넓다. 그러다 보니 관료들은 실제 필요한 금액 보다 더 많은 금액의 예산을 극대화하는 성향을 보인다고 하였다. 이상이 Niskanen이 1971년에 발간한 "Bureaucracy and Representative Government"의 핵심 내용인데, 관료제에 대해 매우 신랄한 비판이기도 하다.[40]

이에 비해 Dunleavy는 관료라고 해서 모두 같은 존재는 아니며, 고위층과 중하위층은 서로 다른 성향을 보인다고 분석하였다. 이들은 모두 개인 효용의 극대화를 추구한다는 점에서는 니스카넨과 같은 견해이다. 그러나 중하위 관료들은

---

38 이 최적 배분 공식을 두 개의 재화에 적용하면, 앞에서 언급한 $MRS_{AB}＝MRT_{AB}$ 공식이 된다.

39 이것은 바로 공공부문의 핵심적인 특징이다. 즉, monopoly와 monopsony가 만나는 곳에서의 재원배분이 이루어지는 곳이 정부이다. 그러나 monopoly에 대한 연구는 많지만, monopsony에 대한 연구는 많지 않고, 이 둘이 만나는 상황에 대한 연구는 매우 미흡하다고 할 수 있다. Monopsony/monopoly 문제에 관해서는 배득종. "재정사업의 라이프 사이클 성과관리를 위한 제도개선", 정부회계연구. 2019에 추가적인 언급이 있다.

40 응용(9국14).

전체 예산 중에서도 관서운영비 등 자신의 복리와 관련된 예산의 증액에 더 관심이 많다. 그리고 복지비 등 민간으로 이전되는 예산지출은 일만 많아지는 요인으로 본다. 이에 비해 고위층은 전반적인 예산극대화 보다는 자신의 영향력을 확대시키주는 방법에 더 관심이 많다고 본다. 그래서 Bureau-shaping strategy(관청형성전략이라고 번역하고 있다)를 취하게 된다. 위원회를 만든다든지, 산하기관을 설립한다든지 하는 방식을 더 선호한다는 것이다. 그들의 영향력 극대화에 큰 도움이 안 되는 기능들은 민영화 한다든지, 위탁계약을 하든지 한다.

이상과 같은 Dunleavy의 견해는 Niskanen의 분석에 비하여 훨씬 더 현실적으로 관료제를 분석하고 있다고 할 수 있다.[41] 그래서 그런지 Niskanen은 그의 생각을 수정하여, 1994년에 "Bureaucracy and Public Economics"란 책을 발간한다. 여기서는 관료들은 모든 예산의 극대화 보다는 재량적 예산(discretionary budget)을 극대화 하는 경향이 있다고 한다.[42]

3. 개인과 소규모 집단의 행정적 선택: Ostrom과 Tiebout

앞의 공유재 문제에서 언급하였던 Ostrom의 경우 앞의 학자들과는 다소 다른 견해를 피력한다. 예산극대화이든 영향력(관청형성) 극대화이든, 이런 방법들은 정부조직 자체를 비대화시킨다. 그런데 이런 큰 조직들은 소규모집단들의 수요를 충족시키지 못한다. 그래서 Ostrom은 정부와 민간이 협력하는 준정부기관(Quasi-governmental organization) 등의 활용을 적극 권장한다.

한편 Tiebout(프랑스식 이름이어서 그런지 "티부"라고 발음한다)는 "발로 하는 투표"

---

41 응용(7국20): 양자의 차이점은 인간에 대한 설정에 있다. 전통적인 경제이론에서는 모든 사람을 대표할 수 있는 합리적 인간 1명을 설정하여 분석을 시작한다. 그러나 좀 더 현실적인 분석을 시도하는 입장에서는 다양한 인간 집단들이 존재하고, 집단별 성향이 다름을 분석한다.

42 미국 정부의 예산은 의무적 예산(mandatory budget)과 재량적 예산(discretionary budget)으로 구분된다. 의무적 예산은 사회지출과 같이 법률에 정해진 예산지출이고, 재량적 지출은 국방, 과학기술 등 법률에 얼마를 지출해야 한다고 규정되어 있지 않은 지출들이다. 한국도 최근 재량적 지출 규모를 집계하여 발표하기 시작하였다.

라는 가설을 제시하여 유명하여졌다.

Hirschman은 1972년 "Exit, Voice, and Loyalty"라는 저서를 출간하였다. 정부가 마음에 들지 않을 때 개인이 대응하는 방법은 세 가지라는 것이다. 순응(loyalty)하든지, 저항하든지(voice), 아니면 떠나서 다른 곳으로 이사 가라(exit)는 것이다. 여기서 Exit과 관련되는 것이 바로 티부의 가설이다.

티부는 여러분이 사는 지역에 지방세가 많다든지, 공공서비스가 나쁘면, 그 지역에서 이루어지는 투표 등에 반대표를 행사할 수도 있지만, 아예 그 지역을 떠나서 다른 곳으로 이주할 수도 있다고 보았다. 물론 이 가설이 성립하려면, 개인들은 이주의 자유가 있어야 하고, 지방정부가 제공하는 서비스에 대한 정확한 정보를 알고 있어야 한다.[43]

이 가설의 특징은 다음과 같다. 어느 지방정부든 자원의 최적 배분을 이루기는 어렵다. 누구든 불만이 있는 사람이 있기 때문이다. 그러나 그런 것에 괘념할 필요는 없다. 불만이 있는 사람은 자기가 좋아 하는 곳으로 이주하면 된다. 그렇게 되면, 여러 지방정부가 있다고 할 때, 지방 정부 하나 하나는 모두 최적배분을 이루지 못한다. 그러나 자기가 좋아하는 곳으로 떠나가는 사람이 있기 때문에 모든 지방정부들을 모아 놓고 보면, 자원 배분이 어느 정도 자동보완 되는 효과가 있다는 것이다.[44]

---

43 응용(7국19 & 7지12): 티부 가설이 성립하기 위해서는 이주 비용이 저렴하여야 한다. 비용 때문에 제 발로 떠나지 못하면, 가설 성립이 안 된다. 그리고 지방정부간 파급효과와 외부효과가 커도 티부 가설이 적용되기 어렵다. 파급효과가 크다는 것은 딴 지방으로 이사를 가도 마찬가지 효과를 받는다는 것으로서, 굳이 이주할 필요가 없기 때문이다.

44 응용(7지08 & 9지15): Samuelson은 전체적인 사회적 효용극대화를 논의하였다. 지방 문제와는 다소 무관

유명한 마이클 샌델의 정의론(Justice)의 출발점이 된 것은 존 롤스(John Rawls)의 "공정성으로서의 정의"(Justice as Fairness)이다. 롤스의 이론은 몇 개의 과정을 거쳐서 공정성에 도달한다.

우선 어떤 사람이든 정의를 얘기할 때 자기 입장에서 생각하게 되는데, 이것부터 탈피해야 객관적인 입장에서 판단을 하게 된다. 그러기 위해서는 사람들은 원초적 상태(a state of nature)로 돌아가야 한다. 그런데 원초적 상태로 가기 위해서는 "무지(無知)의 장막"(veil of ignorance)을 들어가야 한다. 즉, 자기가 부자인지 가난한 사람인지, 남자인지 여자인지, 이런 것들을 모르는, 인간 그 자체의 순수한 존재가 설정되어야 한다.

둘째는 그 순수한 인간에게 물어본다. 실제 상황에서 당신 앞에 다음 상황들이 놓여 있다. ① 당신은 찢어지게 가난한 사람이 될 수도 있고, ② 엄청난 부자일 수도 있고, 또는 ③ 그 중간이 될 수도 있다. 당신은 이 셋 중 하나의 상황에 속할텐데, 그 확률은 모른다.

셋째, 여기서 롤스는 합리적인 사람이라면 maximin 전략을 선택할 것이라고 가정한다. Maximin이란 최악의 상황이 되었을 때, 그 피해가 가장 적은 것을 선택하는 전략이다.

넷째, 이성적인 인간은 자신이 부자가 될지 가난한 사람이 될지 그 확률을 전혀 모르는 상태에서 "본인이 부자가 되기보다는 가난한 사람이 되는 경우를 피하고 싶은 선택," 즉 maximin 선택을 할 것이다.

그래서 다섯째, 합리적 인간은 "최약자(the least advantaged)를 배려해주는 정책"을 선택하면, 어떤 경우든 자신이 최약자가 되는 곤경을 피할 수 있다. 이런 상태를 롤스는 공정한 상태(fairness)라고 한다.

여섯째, 사회적으로는, 형편이 상대적으로 더 좋은 사람이 최약자를 도와주고, 최약자에서 벗어난 사람은 자기보다 더 약자를 또 도와주고…… 이런 과정을 반복하면 어느 덧 좋은 사회가 올 것이라는 의미가 된다. 즉, 최약자를 해소하려는 끊임없는 과정을 매우 중요시하는 이론이다.[45]

Rawls는 경제학자도 아니고, 행정학자도 아닌 순수 철학자이지만, 최약자를 도와주는 것이 공정한 정의라는 논리(logos)를 고안하였다. 그야말로 로고스를 사랑하는 사람(philosopher, 철학자)이다.

혹자는 롤스의 이론이나 공리주의(utilitarian) 모두 사회계약론에 따른다. 그러나 공리주의가 자유방임적인데 반하여, 롤스는 최약자를 우선적으로 돕는 것이 "공정성으로서의 정의"이므로 이를 위한 개입은 논리적으로 당연하다고 보는 입장이다.[46]

롤스의 공정성으로서의 정의는 모든 일에 두루 적용되는 universal 개념이다. Logos라는 것이 원래 그런 것이다. 영원불멸의 법칙.

그런데 후일 Sandel이 등장하여, 그런 universal 개념에는 무리가 있고, 공정성으로서의 정의를 사건의 사안별로 적용해야 한다고 주장한다. 즉, 상대주의적 공정론을 제창하여 많은 인기를 끌었다.

그러나 롤스를 비판할 때, 왜 합리적인 사람이 다른 수많은 전략들 중에서 꼭 maximin을 택해야 하는지, 그것에 대한 논거가 빈약하다고들 한다. "무지의 장막"이나 maximin이 너무 비현실적이라는 비판에 대해 롤스 등은 아직 적절하게 대응하고 있지 못하다. 필자의 생각으로는, "공정성으로서의 정의"는 교실이나 연구실에서는 아주 좋은 이론이지만, 상아탑을 벗어나는 순간 공허해진다. 사람들은 모두 각자의 상황에 대해서 잘 알고 있으며(no veil), 그 상태에서 자기에게 가장 유리한 선택을 하면서 살아가고 있기 때문이다. 즉, maximin 말고도 다양한 전략을 취하면서, 생존하고 번성하고 있기 때문이다. 자유주의는 생명력이 강

---

45 응용(9지09): 이런 과정을 끊임없이 되풀이하면 저절로 좋은 결과가 달성될 것으로 기대된다. 그러나 어떤 결과에 도달할 것인지는 미리 알 수 없다. 그것은 어떤 과정을 어떻게 거쳐야 하는지에 따라 좌우되든 막연한 결과이기 때문이다.

46 필자의 석사학위 논문. 배득종. 1984. "공정성으로서의 정의를 위한 소득재분배 정책". 연세대학교 대학원. 이 당시에는 Rawls의 이론에 매료되었지만, 세상을 살아보니 veil of ignorance은 너무 비현실적인 설정이었던 것 같다. maximin도 무리한 설정으로 생각된다.

하지만, 이와 배치되는 롤스의 이론은, 신선한 가설일 뿐이다.[47] 학문의 자유와 양심이 만들어낼 수 있는 좋은 사례이다. 다만 현실 적용에는 제약이 있다 하지 않을 수 없다. 물론 그런 사례가 없는 것은 아니지만 우리 생활의 main stream이 될 수는 없겠다.

---

47 응용(9국18): 롤스는 자유주의자인 노직(Nozick)과의 치열한 논쟁을 벌였다. 그러나 무지의 장막과 맥시민에 대한 주장을 되풀이했을 뿐, 왜 그것이 다른 주장보다 우월한지 밝히지 못하였다.

제 9 장

미래의 재무재정

1. 미래를 대표하는 공식

$$X + AI$$

재무행정과 우리의 모든 결정을 설명하는 공식은 MRS = MRT 이다. 이 공식은 영원불변이다. 하지만 우리가 여기에 X + AI를 추가하면, MRS = MRT를 훨씬 더 쉽고 유용하게 활용할 수 있다.

AI는 모두 아는 바와 같이 인공지능이다. X는 우리가 현재 생활하고 있는 것 모두를 일컫는다. 즉, 현재 우리가 살아가는 방법에 AI가 모두 접목 되는 것이 미래의 사회이다. 재무행정도 여기서 예외가 아니다.

AI를 이용한 재무행정, AI의 도움을 받는 재무행정이 전개되기 시작하였다. 지금은 그 영향력을 잘 느낄 수 없겠지만, 머지 않아 우리가 그 속에 살게 된다. 컴퓨터가 처음 만들어 졌을 때, 당시 최고의 기술 기업인 IBM은 전세계에 컴퓨터 5대만 있으면 된다고 하였으나, 이제 그것 없이는 사는게 허전하다.

2. 인공지능에는 지능이 없다

Artificial Intelligence는 기술용어가 아니라 문학적인 용어이다. AI에는 지능이 없다. 단지, 시행착오(trial and error)를 매우 빨리, 대용량으로 처리해서 어떤 결과를 보여줄 때 사람들이 지능이 있는 것처럼 오인할 뿐이다. 마치 마법사가 초자연적인 힘이 있는 것처럼 연기하지만, 실제로는 온갖 장비를 동원해서 착시를 일으키는 것과 유사하다.

다음 두 사례를 보면, 인공지능에 지능이 없다는 것을 잘 알게 된다. 첫째 사례는 정통 통계학 기법인 단순 회귀분석이다. 이것을 이용하여 우리는 미래를 예측할 수 있다.[1]

---

1 전통적인 계량경제학에는 Principle of Parsimony가 있다. 즉, 가장 간결한 것이 가장 좋은 것이다. 그래서 계량경제학에서는 가능한 한 적은 수의 변수를 사용하려고 한다. 이에 비해 미래 예측 기법 중의 하나인 System Dynamics 기법에서는 변수를 200개 정도는 써야, 사

(1) 회귀분석을 이용한 변수간의 관계와 향후 예측

일반적으로 인공지능은 여러 변수들 간에 숨어 있는 관계를 밝혀주고, 또 그것을 이용해서 어떤 예측을 잘 해 준다고 믿어진다. 그런데 만약, 다음과 같이 X변수와 Y변수의 관계를 나타내주는 관찰 값이 있다고 하자. 이 때 X1 값에 대응하는 Y의 값을 예측할 수 있을까?

그림 9-1 • 상황 설정

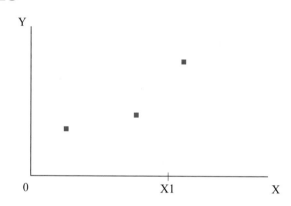

당연히 있다. 특히 단순회귀분석을 이용하면 매우 쉽게 예측치를 구할 수 있다. 기초 통계학을 배운 사람은 매우 간단한 방법을 통해 X1에 해당하는 Y1-hat을 구할 수 있다.

회귀분석에서는 "회귀직선 상의 값과 관찰치 간의 오차"를 최소화 하는 직선식을 제공해준다. 여기서 오차를 최소화해준다는 것이 핵심 포인트인데, 그래서 회귀공식을 OLS라고도 한다. Ordinary Least Square. 즉, 오차들을 제곱하여 합한 총오차를 가장 적게 만들어주는 직선을 구해준다. 직선을 사용하는 이유는, 그것이 가장 간단하여서, 사람들이 가장 편리하면서도, 그 중에서도 오차가 가장 적은 일종의 "예측선"을 제공한다.

다음 [그림 9-2]는 수학적으로 회귀공식을 구한 후, 그 공식에 X1 값을 대입하

람들이 그 예측결과를 신뢰한다고 한다.

면 추정치인 Y1-hat이 도출되는 것을 보여준다. 이것은 어디까지나 통계학적 추정치이기 때문에 물론 일정 범위의 신뢰구간 오차를 포함하고 있다. 그러나 간단한 공식을 통해, 가 보지 않은 곳에서, 가 보지 않은 시간에 어떤 일(Y1-hat)이 벌어질 것인지 어느 정도 알아 맞출 수 있다. 호모사피엔스-사피엔스들의 위대한 업적 중 하나임에 틀림없다.

그림 9-2 · 단순 회귀분석

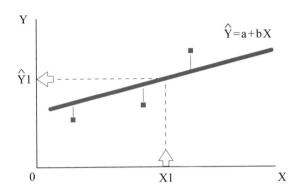

주: 이 그림에서 "가는 실선"은 예측 오차를 나타낸다.

(2) 인공지능이 예측선을 구하는 방법: 예시

만약 [그림 9-1]과 같은 상황을 인공지능 또는 기계가 예측을 한다면, 어떤 방식으로 이 문제를 풀어갈 것인가? 여러가지 방법이 있겠지만, 학생들이 이해하기 쉬운 방식으로 설명하자면, 그 설명은 [그림 9-3]으로 시작하는 것이 유익하겠다.

우선, 가장 왼쪽에 있는 첫번째 관찰점과 두번째 관찰점을 잇는 직선을 긋는다. (직선번호 1) 그러면 이 두 개의 점과 예측선 간에는 오차가 하나도 발생하지 않는다. 하지만 이 직선과 세번째 관찰점 간에는 큰 오차가 발생할 것이다.

이제 직선 2를 그어본다. 그러면 이 예측선과 두번째 관찰점은 어느 정도 오차가 발생한다. 그러나 세번째 관찰점과는 그 오차가 줄어든다.

직선 1과 직선 2 중에서 총 오차의 합이 작은 것은 무엇인가? 만약 총오차의 합이 (또는 오차의 제곱을 총합한 값이) 직선 2라면, 일단 이것을 선택한다. 그런 다음 직선 3과의 총오차 합을 다시 비교한다.

이런 "시행 착오" 과정을 여러 번 반복하여, 직선 4가 오차를 최소화하는 것으로 결정되면, 이제 다음 단계로 넘어간다.[2]

그림 9-3 · 시행착오 방식으로 추정하는 첫 단계

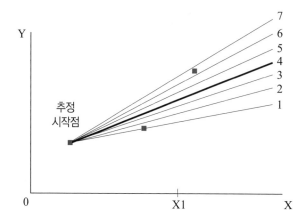

일단 직선 4가 선택된 단계에서, 이번에는 방향을 바꾸어, 직선의 Y-절편을 찾아야 한다. 직선 4를 유지한 채, 여러 개의 절편 값을 "시행착오"방식으로 구하게 되면, 궁극적으로 [그림 9-4]에 있는 "굵은 선"으로 표시되는 새로운 예측선이 찾

그림 9-4 · 두번째 단계

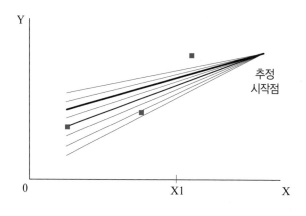

---

2 사실 통계분석 패키지들로 gradient를 최소화 하여 여러 번의 itenery를 거친다.

아진다. 이 단계까지는 이 직선이 가장 오차를 최소화해주는 예측선이 된다.

앞의 [그림 9-4]에서 오차를 최소화 해주는 기울기와 절편이 구해졌다. 그러나 이것이 과연 정말 오차를 최소화 하는 것일까? 이런 질문은 아직 남아 있다. 수학에서는 오차를 최소화 하는 공식을 찾았다면, 그것은 바로 Q.E.D.가 되겠지만, 기계가 시행착오 방식으로 찾은 공식은 아직 신뢰성이 부족하다. 다른 답이 나올 가능성이 아직 많이 남아 있기 때문이다.

그래서 다음 [그림 9-5]에서와 같이, 절편을 상하로 움직여 본다. 그리하여 최종적으로 가장 오차를 최소화하는(least squared error) 직선을 찾게 되는데, 그 결과는 수학으로 찾아낸 OLS 회귀직선과 동일한 것이 도출된다.

그림 9-5 · 세번째 단계

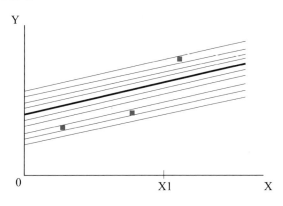

기계에다 직선으로 예측오차를 최소화하는 예측선을 구하라고 하면, 수많은 시행착오를 거쳐서 통계학의 회귀직선과 동일한 예측선을 찾아내게 될 것이다.

사람이 SPSS 등과 같은 통계분석 패키지를 코딩할 때는 복잡한 수학공식에 따라서 문제를 풀도록 프로그래밍한다. 사용자는 간단하게 변수 이름과 데이터 값만 입력하면, 나머지 과정은 미리 정해진 수학공식에 따라서 처리되고, 우리는 그 결과만 간편하게 볼 수 있게 된다.

이에 반해서, 인공지능은 오차를 최소화 주는 직선을 무수히 많은 시행착오 방식으로 찾아내게 된다. 그러나 요새는 기술이 워낙 발전하여서, 이런 무수한 시행착오가 거의 인스턴트하게 처리가 되어서, 사람이 입력 키 스트로크만 치면,

거의 즉시 결과물이 나온다. 그 속도가 워낙 빨라서 사람들은 기계가 지능이 있다고 착각하게 되고, 그런 착각을 부풀려서 인공지능이라고 한다.

그러면 통계분석 패키지를 이용하는 전통적인 방식이나, 인공지능이 결국에는 동일한 결과에 도달한다면, 인공지능을 사용하는 유익은 무엇인가?

우리가 통계학을 이용하려면, 기초 지식 및 응용 지식을 많이 배워야 한다. 최소한 2학기 이상 학습을 해야만 한다. 이것에 비해서, 인공지능이란 것을 이용하면, 통계학을 배우지 않아도, 배운 것과 유사한 결과물을 손쉽게 도출해낼 수 있는 장점이 있다.

거기다가 클라우드 컴퓨팅 및 빅 데이터를 이용하면, 변수 값을 일일이 입력하지 않고도, 전문 통계분석가에 맞먹는 그런 결과물을 얻을 수 있게 된다.

그리고 지금까지는 아주 간단한 회귀분석을 가지고 설명하였지만, 실제로 전문 통계분석가들은 몇 년 또는 몇 십 년의 훈련을 거쳐서 고도화된 통계 분석을 하고 있다. 그러나 이것 역시, 인공지능의 다음 단계를 만나면, 비전문가도 전문가 못지 않은 분석을 할 수 있게 된다.

다음 [그림 9-6]은 "머신 러닝, 딥 러닝, 인공지능"이라는 복잡한 타이틀을 가지고 있다. 앞의 [그림 9-5]까지 설명한 것은 "직선으로 오차를 최소화하는 예측치"를 찾으라는 것이었다. 이처럼 사람이 어느 정도 방향 지침을 주는 것이 머신 러닝(Machine Learning)이다. 우리가 지금까지 설명들은 내용은 머신 러닝 중에서도 지도 학습(Supervised Learning)이란 것이다.

이에 비해 딥 러닝(Deep Learning)이란 사람이 특별히 가이드라인을 주지 않고, 간단한 몇 개의 룰만 주면, 나머지는 기계가 다 알아서 maximization 또는 minimization을 한다. 다음 [그림 9-6]을 보면, 앞에서 설정한 상황, 즉, 3개의 관찰점을 통해서, X1에 부응하는 Y1-hat을 찾으라는 명령이 주어졌다 하자. 이럴 경우, 기계는 직선이 아닌 다른 어떤 방법으로, 오차의 합이 제로가 되는 그런 공식을 찾아낼 수 있다.

그렇게 되면, 우리는 Y1-hat을 더욱 정교하게 찾아낼 수 있게 된다. 이것이 딥 러닝이다. 머신 러닝이 "알파고"라면, 딥 러닝은 "알파고 마스터"라고 비유할 수 있다.

현재까지 인공지능이라 불리는 것의 95%는 딥 러닝이라고 한다. 따라서 아직까지는 딥 러닝과 인공지능을 동일한 것으로 간주하여도 크게 무리가 아니다. 다만 이것도 기술발전에 따라서 새로운 형태의 인공지능이 나타나겠지만 말이다.

그림 9-6 · 머신 러닝, 딥 러닝, 인공지능

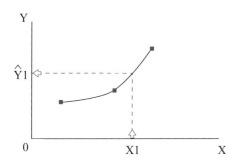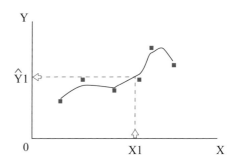

[그림 9-6]의 왼쪽에 있는 곡선 예측선은 사실 사람(통계분석가)도 찾아 낼 수 있는 것이다. 그러나 오른쪽에 있는 예측 곡선은 사람이 계산하기에는 너무도 복잡하여서, 시도하지도 않는 그런 예측선일 것이다.

새로운 관찰점이 발견될 때마다, 복잡한 예측선이 새로 만들어지고, 그것을 통해서 더욱 더 정교하게 Y-hat을 추정하게 되는 것. 그렇지만 그런 추정이 매우 쉽게 이루어지는 것. 이것이 우리가 살게 되는 미래의 세상이다.

3. 재무행정에 인공지능 활용하기

필자가 A국가의 재무부를 컨설팅하면서, 인공지능을 비롯한 새로운 기술을 재무행정이 적용한다면, 어디에 적용할 수 있는지 설문조사를 실시하였다. 그 결과는 다음과 같다.

(27) machine learning for financial forecasting or projection of government receipts and payments according to the economic changes.

(23) EIS using data visualization to support financial decision-making such as expansionary expenditures, issuance of government bond, policy areas in need of more investment, etc.

(20) Artificial Intelligence for proper cash management for idle money and for short-term shortage of fund.

(18) big data to detect the similar government projects among many ministries.

Less prefered applications are:

(8) deep learning for detecting and alarming deviant transactions

(4) Artificial Intelligence for proper asset management

(4) Metaverse to train financial officers.

출처: KDI(2022)

역시 가장 선호되는 신기술은 수입 지출에 대한 머신 러닝 예측이었고, 가장 선호가 덜 되는 것은 메타벌스를 이용한 교육이었다. 그런데 이 조사 과정에서 재무행정 분야에서 가장 유용할 것 같은 인공지능 서비스가 하나 발견되었는데, 그것은 바로 legal compliance이다. 즉, 재무공무원이 어떤 재정 활동을 할 때 그것이 법규와 부합되는지 아닌지 여부를 인공지능이 알려주면 좋겠다는 것이다.

미래에 없어질 직종 중 하나로 변호사가 지목되고 있기도 하듯이, 기술이 더욱더 발전하면, legal service가 기계화 될 수 있다. 그런 측면에서 보면, legal compliance 자문은 인공지능을 재무행정 분야에 적용하는 killer application이 될수도 있겠다. 항상 감사(audit)를 걱정해야 하는 공직자들에게는 꼭 필요한 기능일 것이다.

앞으로 공학자들은 인공지능 기법을 발전시키는데 바쁠 것이고, 인문사회과학자들은 인공지능을 활용하는 방법을 찾는데 힘쓸 것이다.

4. 맺음말

이상 미래 재무행정에서의 X + AI에 대하여 설명하였는데, 비전공 인문사회과학도들이 이해하기 쉽도록 필자가 고안한 휴리스틱 방식으로 설명하였다. 이런 저술 철학은 필자의 "통계학 헤드스타트" 및 "행정학 헤드스타트" 등 헤드스타트 (처음으로 머리 깨우치기) 시리즈에 적용된 바 있다.

1990년 지금으로부터 30여 년 전에 한국 사회에는 중요한 모토가 하나 있었다. "산업화에는 뒤졌지만, 정보화에는 앞서자." 이 구호에 따라 열심히 노력한 결과 한국의 정보화에 있어서 최강국 대열에 섰고, 우리 모두 그 혜택을 보고 있다.

이제 2020년 이후에는 새로운 모토가 필요하자. "우리 모두 AI를 배우자"이다. 일본이 메이지 유신을 하던 당시, 일본이 발전하려면 영어를 해야한다. 영어를 빨리 배우려면, 모두 외국인과 결혼하자고 했었던 것처럼, 그런 태도로 새로운 시대를 대비할 필요가 있다. 우리가 이 책의 제1장에서 제8장에 이르기까지 배운 내용과는 달리, 미래에 가장 실용적인 재무행정은 AI 적용이 아닐 수 없다.

참고문헌

강태혁. 2010. 한국예산제도론. 율곡출판사.

국회예산정책처. 2012. 주요국의 예산제도(Ⅱ).

_____. 2016. 한 눈에 보는 대한민국 재정 2016.

_____. 2017. NABO 재정동향&이슈.

기획재정부. 2011. 한국의 재정혁신과 디지털예산회계시스템 구축성과.

기획재정부. 2020. 2020-2024 국가재정운용계획.

배득종. 1984. 공정성으로서의 정의(Justice as Fairness)를 위한 사회정책. 연세대학교 석사학위 논문

_____.(역) 1992. 공공선택론. 나남출판사.

_____. 1996. 신재무행정. 박영사.

_____. 2001. 공공재와 공개재, 그리고 공유재. Kapa@포럼.

_____. 2004. 공유재 이론의 적용대상 확대. 한국행정학보.

_____. 2010. 발생기준 복식부기 회계정보의 유용성에 관한 실증 분석. 한국행정논집.

_____. 2012. 재정관리정보시스템 구축: 운영 경험 및 방법론. 한국개발연구원.

_____. 2017.6. dBrain의 수출. 나라재정. 한국재정정보원.

_____. 2018. 한국 국회의 예산심의제도 개선방안. 정부회계연구.

_____. 2019. 재정사업의 라이프 사이클 성과관리에 관한 연구. 정부회계연구.

_____. 2020.6. 결산과 책임성 확보 기제. 나라재정. 한국재정정보원.

_____. 2021.5. 국가결산과 행정. 나라재정. 한국재정정보원.

_____. 2022.4. 지방재정분석제도 지표체계와 분석결과의 활용. 한국지방재정학회. 2022년 춘계학술대회 발표문.

배득종·김성수·유평준. 1994. 민자유치론. 박영사.

_____ 외. 2008. OECD 국가와의 비교를 통한 한국 사회지출의 적정성 탐구. 공공관리학보.

배득종·강인재·정창훈·이영범. 2008. 전자바우처 제도에 관한 선진국 비교연구-미국, 영국, 호주를 중심으로. (재)사회서비스관리센터.

배득종·정창훈·강인재·정진원·하재용. 2010. 사회서비스 선도사업 성과분석을 통한 발전방안 연구. 한국사회서비스관리원.

배득종·유승원. 2014. 신재무행정. 박영사. 제3판.

배득종 (외) 편. 2015. 지역발전 기업자(起業者)의 한일 비교. 연세대학교출판부.

유승원. 2020. 정부예산과 재정관리. 문우사.

_____. 2022. 공기업의 정치경제. 박영사.

윤영진. 2021. 새재무행정학. 대영문화사.

이남수·배득종·이효·신두섭. 비용편익분석. 도서출판 오래.

이성로. 2003. 민간위탁의 과정과 효과. 행정논총 43권4호.

임도빈·정지수. 2015. 공공기관 위탁의 허실. 한국행정연구. 24권3호.

조경엽. 2020.10. 국가채무의 국제비교와 적정수준. KERI Brief. 한국경제연구원.

한국조세재정연구원. 2018. 한국의 조세체계.

행정안전부. 2021. 2020 회계연도 국고보조금 교부 및 집행실적 분석결과.

허웅·윤성식. 2011. 정부회계학. 법문사.

매일경제신문. 2021.02.09. 국세수입 줄어드는데, 지출은 급증.

서울경제. 2017.8.26. 나라 빚의 규모.

중앙일보. 2022.2.8. 세계 각국의 부동산관련세금.

한국경제. 2019.01.02. 래퍼 교수와의 인터뷰.

Bae, D.J. 1990. Citizens' Tax-cost Misperception of Publicly Provided Goods: the existence, the sources and the impacts of tax-cost illusion in budget referenda for public education expenditures. Doctoral Dissertation. State University of New York at Albany.

Cangoz, C., Storkey, I., Bae, D.J., and Redelinghuys, J. 2022. Cash Management and Optimization: Survey Findings on Treasury Roles and Functions in PEMNA, and Country Cases (South Korea and South Africa). World Bank.

Hirschman, A.O. 1972. Exit, Voice, and Loyalty. Harvard University Press.

Musgrave, R.A. and Musgrave, P.B. 1973. Public Finance Theory and Practice. McGrow Hill.

OECD. 2001. Managing Public Expenditure: Some Emerging Policy Issues and a Framework for Analysis. ECO/WKP(2001)11.

Osborne and Gaebler. 1992. Reinventing Government. Addison-Wesley.

Ryou, J.M. 2022. Financial and Social Cost Benefit Analysis of Public Private Partnersip without Minimum Revenue Guarantee: A Case Study on Gwangju-Wonju Expressway. Dissertation. Yonsei University.

Schick, A. 1966.12. The Road to PPB: The Stages of Budget Reform. Public Administration Review.

Shea, R. 2019. October 7. A Quiet Legacy: The Bush Management Agenda Continues to Impact Reform. (Govexec.com)

_____. 1998. A Comparative Approach to Public Expenditure Management. World Bank Institute.

www.alio.go.kr
www.cleaneye.go.kr
www.e-나라지표.go.kr
www.지방재정365.go.kr
www.fis.kr
www.gosi.go.kr
www.moef.go.kr
www.openfiscaldata.go.kr
www.ssis.or.kr
www.yesan.seoul.kr

찾아보기

ㅇ

저자 약력

배득종

연세대학교 글로벌행정학과 교수
한국정부회계학회 회장

Tax-Cost Misperception of Publicly Provided Goods: the existence, the sources, and the impacts of tax-cost illusion in budget referenda for public education expenditure(1990)
발생기준 복식부기 정부회계 정보의 유용성에 관한 실증 분석(2010)
Application of Advanced Information and Communication Technology for Efficient Financial Information Analysis System of Indonesian IFMIS(2022)

유승원

경찰대 행정학과 부교수
공기업경영평가단 평가위원(간사)
기획재정부 서기관

정부예산과 재정관리(2020)
공기업의 정치경제(2018)
The Effects of Performance Evaluation on Punishment in Organisations(2021)
Does External Monitoring Substitute for or Complement Internal Monitoring by Corporate Board Evidence From Korean State-owned Enterprises(2020)

실용재무행정

초판 1쇄 인쇄 | 2022년 08월 17일
초판 1쇄 발행 | 2022년 08월 25일

지은이 | 배득종·유승원
펴낸이 | 황인욱
펴낸곳 | 도서출판 오래
      04091 서울시 마포구 토정로 222, 406호(신수동, 한국출판콘텐츠센터)
      전화 02-797-8786, 8787
      팩스 02-797-9911
      이메일 orebook@naver.com
      홈페이지 www.orebook.com
      출판신고번호 제2016-000355호

ISBN 979-11-5829-209-6

값 20,000원